ESTRÉS:

POR QUÉ EL ESTRÉS ES BUENO PARA TI

EL LADO

Y CÓMO PUEDES VOLVERTE BUENO PARA ÉL

BUENO

KELLY McGONIGAL

ESTRÉS:

POR QUÉ EL ESTRÉS ES BUENO PARA TI

EL LADO

Y CÓMO PUEDES VOLVERTE BUENO PARA ÉL

BUENO

OCEANO

Diseño de portada: Jorge Matías Garnica / La Geometría Secreta
Fotografía de la autora: Mark Bennington

ESTRÉS: EL LADO BUENO

Título original: THE UPSIDE OF STRESS

© 2015, Kelly McGonigal

Traducción: Enrique Mercado

D. R. © 2016, Editorial Océano de México, S.A. de C.V.
Eugenio Sue 55, Col. Polanco Chapultepec
Del. Miguel Hidalgo, C.P. 11560, México, D.F.
Tel. (55) 9178 5100 • info@oceano.com.mx

Primera edición: 2016

ISBN: 978-607-735-943-2

Impreso en México / Printed in Mexico

No es propósito de la editorial ni de la autora ofrecer al lector consejos o servicios profesionales. Las ideas, procedimientos y sugerencias contenidos en este libro no pretenden reemplazar la consulta a un doctor. Todo lo relativo a la salud requiere supervisión médica. La autora y la editorial no se hacen responsables de pérdidas o daños supuestamente resultantes de información o sugerencias de este libro.

Aunque la autora se empeñó en proporcionar números telefónicos, direcciones de internet y otros datos de contacto que estuvieran vigentes al momento de la publicación de este volumen, ni ella ni la editorial asumen responsabilidad alguna por errores o cambios ocurridos después. Adicionalmente, la editorial no tiene control ni asume ninguna responsabilidad sobre sitios web de la autora o terceros, ni sobre su contenido.

Cuando en este libro sólo aparecen nombres propios, son seudónimos, para proteger la privacidad de los individuos, por lo que también se cambiaron detalles de sus historias, para usar las cuales la autora obtuvo autorización siempre que le fue posible. Las citas textuales incluidas en ellas proceden de correos electrónicos o intercambios personales, y no fueron alteradas. En los demás casos, en los que se usaron nombres completos, todas las citas y detalles proceden de entrevistas realizadas por la autora y/o de las fuentes publicadas referidas en la notas.

Si sientes mariposas en el estómago,
invítalas a tu corazón.

—Cooper Edens

Índice

Introducción

Si tuvieras que resumir lo que piensas del estrés, ¿cuál de los siguientes enunciados representaría más fielmente tu opinión?

A) El estrés es dañino y se debe evitar, reducir y controlar.
B) El estrés es útil y se debe aceptar, utilizar y aprovechar.

Hace cinco años, sin duda habría elegido el enunciado A. Soy psicóloga de la salud, por tanto, a lo largo de mi formación en psicología y medicina recibí un mensaje claro y rotundo: el estrés es tóxico.

Durante años, en clases y talleres, investigaciones, artículos y libros, difundí ese mensaje. Le decía a la gente que el estrés enferma; que aumenta el riesgo de todo, desde resfriados hasta afecciones cardiacas, depresión y adicción; que mata las células del cerebro, perjudica al ADN y acelera el envejecimiento. En foros mediáticos del *Washington Post* a *Martha Stewart Weddings*, daba el tipo de consejos para reducir el estrés que quizá ya has escuchado miles de veces: respira hondo, duerme más, administra tu tiempo y, por supuesto, haz todo lo posible por reducir el estrés en tu vida.

Convertí al estrés en el enemigo y no era la única. Era sólo uno entre muchos psicólogos, médicos y científicos en campaña contra la ansiedad. Igual que ellos, creía que ésta era una epidemia peligrosa que se imponía detener.

Sin embargo, mi opinión sobre el estrés ha cambiado y ahora también quiero cambiar la tuya.

Permítaseme comenzar refiriendo el asombroso descubrimiento científico que me hizo reconsiderar el estrés. En 1998, se preguntó a treinta mil adultos estadunidenses cuánto estrés habían experimentado el año anterior y si creían que la tensión era nociva para su salud.

Ocho años más tarde, los mismos investigadores que hicieron esas preguntas registraron los archivos públicos para saber cuántos de aquellos treinta mil participantes habían fallecido. Daré primero la mala noticia: un alto nivel de estrés aumentó cuarenta y tres por ciento el riesgo de muerte.[1] Pero lo que más me llamó la atención fue que ese riesgo mayor sólo era aplicable a quienes creían que el estrés era malo para su salud. Quienes reportaron un alto nivel de estrés pero no lo veían como dañino no tuvieron más probabilidades de morir. De hecho, su riesgo de muerte fue el más bajo del estudio, más bajo incluso que el de quienes dijeron experimentar muy poco estrés.

Los investigadores concluyeron que lo que mató a esas personas no fue sólo el estrés; fue su combinación con la *certeza* de que es perjudicial. Los investigadores estimaron que, durante los ocho años de su estudio, posiblemente ciento ochenta y dos mil estadunidenses habían muerto en forma prematura por creer que el estrés era malo para su salud.

Esta cifra me impactó. ¡Estamos hablando de más de veinte mil muertes al año! De acuerdo con las estadísticas de los Centers for Disease Control and Prevention, eso convertiría a "creer que el estrés es malo" en la decimoquinta causa de muerte en Estados Unidos, arriba del cáncer de piel, el VIH/sida y el homicidio.

Como es de imaginar, ese hallazgo me desconcertó. Yo había dedicado mucho tiempo y energía a convencer a la gente de que el estrés es malo para la salud. Había dado totalmente por supuesto que ese mensaje —y mi trabajo— ayudaba a la gente. Pero ¿y si no era así? Aun si efectivamente las técnicas que enseñaba para reducir el estrés (hacer ejercicio, meditar y relacionarse con los demás) eran útiles, ¿acortaba su beneficio al transmitirlas junto con el mensaje de que el estrés es tóxico? ¿Era posible que, en nombre del manejo de la tensión, hiciera más daño que bien?

Admito que estuve tentada a ignorar ese estudio. Después de todo, era uno apenas, ¡y correlativo, además! Los investigadores habían examinado una amplia gama de factores que pudieran explicar su descubrimiento, como género, raza, origen étnico, edad, nivel de estudios, ingresos, condición laboral, estado civil, tabaquismo, actividad física, padecimientos crónicos y seguro de salud. Nada de eso explicó por qué la convicción sobre el estrés interactuaba con el nivel de éste para predecir la mortalidad. No obstante, los investigadores no habían manipulado la convicción de los participantes sobre el estrés, así que no sabían si esto *era* lo que les había quitado la vida. ¿Era posible que quienes creen que el estrés es dañino tengan un tipo de estrés diferente, en cierto modo más tóxico? O quizá su personalidad los vuelve particularmente vulnerables a los dañinos efectos del estrés.

Con todo, no podía sacarme ese estudio de la cabeza. Aunque me había hecho dudar de mí misma, también sentí en él una oportunidad. Siempre había dicho a mis alumnos de psicología de la Stanford University que el descubrimiento científico más emocionante de todos es el que pone en tela de juicio tu concepto de ti y del mundo. Entonces comprendí que la situación se había invertido: ¿estaba preparada para ver desmentidas mis propias convicciones?

El hallazgo con que tropecé —que el estrés sólo es nocivo cuando se cree que lo es— me dio la oportunidad de reconsiderar lo que enseñaba. Más todavía, fue una invitación a replantear mi propia relación con el estrés. ¿Aceptaría esa invitación, o archivaría aquel artículo y continuaría mi campaña contra la ansiedad?

Como psicóloga de la salud, dos cosas en mi formación me predisponían a favor de la idea de que lo que se piensa sobre el estrés es relevante, y de la posibilidad de que decirle a la gente que el estrés mata tuviera consecuencias imprevistas.

Primero, ya sabía que ciertas convicciones influyen en la longevidad. Por ejemplo, las personas con una actitud positiva hacia el envejecimiento viven más que las que tienen estereotipos negativos sobre él. En un estudio clásico, investigadores de Yale University siguieron durante veinte años a adultos de edad madura. Los que tenían una opinión positiva del envejecimiento vivieron en promedio 7.6 años más que los que tenían una opinión negativa.[2] Para poner esta cifra en perspectiva, piénsese en esto: se ha comprobado que muchos de los supuestos factores protectores obvios y esenciales, como hacer ejercicio con regularidad, no fumar y mantener una presión arterial y un nivel de colesterol saludables, añaden en promedio menos de cuatro años a la vida de un individuo.

Otro ejemplo de una convicción con impacto de largo alcance tiene que ver con la confianza. Quienes creen que la mayoría de la gente es de confiar tienden a vivir más. En un estudio de quince años realizado por investigadores de Duke University, sesenta por ciento de los adultos mayores de cincuenta y cinco años, que veían a los demás como confiables, seguían vivos al final de la investigación. En contraste, sesenta por ciento de aquellos con una opinión más cínica de la naturaleza humana había fallecido.[3]

Hallazgos como éstos ya me habían persuadido de que, cuando se trata de la salud y la longevidad, algunas convicciones importan. Pero lo que no sabía aún era si lo que se piensa sobre el estrés se contaba entre ellas.

La segunda cosa que me predispuso a admitir que podía estar equivocada respecto al estrés era lo que sabía sobre la historia de la promoción de la salud. Si decir a la gente que el estrés mata es una mala estrategia de salud pública, ésta no sería la primera vez que una popular estrategia de promoción de la salud resultara contraproducente. Se sabe que algunas estrategias de uso común para alentar una conducta sana hacen justo lo contrario de lo que los profesionales de la salud esperan.

Por ejemplo, cuando hablo con médicos, en ocasiones les pido predecir los efectos de mostrar a fumadores advertencias vívidas en las cajetillas de cigarros. En general, ellos creen que esas imágenes disminuirán el deseo de fumar e inducirán a dejar de hacerlo. Pero los estudios demuestran que dichas advertencias suelen tener el efecto inverso. Las imágenes más amenazadoras (como la de un paciente de cáncer de pulmón agonizando en una cama de hospital) en realidad *aumentan* la actitud positiva de los fumadores hacia el tabaquismo.[4] ¿La razón? Esas imágenes causan miedo, y ¿qué mejor manera de serenarse que fumar un cigarro? Los médicos supusieron que el temor induciría un cambio de conducta, pero lo cierto es que despierta el deseo de escapar de una sensación desagradable.

Otra estrategia sistemáticamente contraproducente es avergonzar a las personas por sus conductas insanas. En un estudio de la University of California, campus Santa Bárbara, mujeres con sobrepeso leyeron un artículo en el *New York Times* sobre la discriminación laboral de los empleados con sobrepeso. Pero en vez de proponerse bajar unos kilos, esas señoras consumieron más tarde el doble de calorías de comida chatarra que mujeres con sobrepeso que leyeron un artículo sobre un problema laboral distinto.[5]

Miedo, estigma, autocrítica, vergüenza: todos éstos son estimados por muchos profesionales de la salud como mensajes motivadores que ayudan a la gente a mejorar su bienestar. Pero cuando se les somete a la prueba científica, resulta que esos mensajes empujan a la gente justo hacia las conductas que los profesionales de la salud quieren modificar.[6] Al paso de los años, he visto desarrollarse, una y otra vez, esta dinámica: médicos y psicólogos bienintencionados transmiten un mensaje que juzgan provechoso, pero los receptores terminan abrumados, deprimidos e instados a asumir en respuesta comportamientos autodestructivos.

Tras descubrir el estudio que asociaba la convicción sobre el estrés con la mortalidad, comencé a poner más atención en las reacciones de la gente cuando le hablaba de los efectos nocivos de la tensión. Noté así que mi mensaje producía la misma sensación de agobio que esperaba de las advertencias médicas destinadas a asustar o avergonzar. Cuando les hablaba a exhaustos estudiantes de licenciatura de las consecuencias negativas del estrés justo antes del periodo de exámenes finales, ellos salían de la sala de conferencias más deprimidos aún. Cuando refería a cuidadores de enfermos estadísticas alarmantes sobre el estrés, a veces había lágrimas. Pero fuera cual fuese mi público, nadie regresaba después para decirme: "Gracias por haberme hecho notar lo tóxico del estrés. Sabía que podía librarme de él, ¡pero nunca se me había ocurrido hacerlo!".

Me di cuenta de que aunque creía que hablar del estrés era esencial, la forma en que lo hacía quizá no era útil. Todo lo que enseñaba sobre el manejo del estrés se basaba en el supuesto de que la tensión es peligrosa y de que la gente debe saberlo. Una vez que ella entendiera que el estrés era malo, lo reduciría, lo que la volvería más sana y feliz. Pero ahora ya no estaba tan segura de eso.

Mi curiosidad por la forma en que la actitud ante el estrés influye en el impacto de este mismo me impulsó a buscar más evidencias. Quería saber esto: ¿de veras importa lo que se piense del estrés? Y si creer que el estrés es malo resulta malo para la salud, ¿cuál es la alternativa? ¿Hay algo bueno en él que haga que valga la pena aceptarlo?

Mientras examinaba minuciosamente estudios científicos y encuestas de las tres últimas décadas, analizaba los datos con una mente abierta. Buscaba evidencias de algunos de los efectos nocivos que tememos, pero también de beneficios que es raro que reconozcamos. Investigué la historia del estrés, aprendiendo más acerca de cómo la psicología y la medicina se habían persuadido de que es tóxico. Asimismo, conversé con científicos que forman parte de una nueva generación de investigadores de la ansiedad, cuya labor consiste en redefinir nuestra comprensión del estrés iluminando su lado positivo. Lo que aprendí de esos estudios, encuestas y conversaciones en verdad cambió mi forma de pensar sobre el estrés. Los datos científicos más recientes revelan que éste puede hacerte más inteligente, fuerte y exitoso. Te ayuda a aprender y a crecer. E incluso puede inspirarte valor y compasión.

La nueva ciencia demuestra, igualmente, que cambiar tu noción del estrés puede volverte más sano y feliz. Tu concepto del estrés lo afecta todo, desde tu salud cardiovascular hasta tu capacidad para encontrar significado en la vida. La mejor manera de manejar el estrés no es reducirlo o evitarlo, sino reconsiderarlo, e incluso aceptarlo.

En consecuencia, mi meta como psicóloga de la salud ha cambiado. Ya no te quiero ayudar a librarte de tu tensión; quiero que te vuelvas mejor para sortearla. Éste es el ofrecimiento de la nueva ciencia del estrés y el propósito de este libro.

Acerca de este libro

Este volumen se basa en el curso sobre la nueva ciencia del estrés que imparto en Stanford Continuing Studies. Dicho curso, abierto a personas de todas las edades y condiciones, está diseñado para transformar la manera de pensar en el estrés y de vivir con él.

Saber un poco sobre los datos científicos en los que se funda la aceptación del estrés es útil por dos razones. Primero, son fascinantes. Cuando el tema es la naturaleza humana, cada estudio es una oportunidad para entendernos mejor y entender a quienes más nos importan. Segundo, la ciencia del estrés contiene auténticas sorpresas. Ciertas ideas sobre la ansiedad —entre ellas la premisa central de este libro: que la ansiedad es buena para ti— son difíciles de creer. Sin evidencias, sería fácil desecharlas. Ver la información científica en que se basan esas ideas te ayudará a tomarlas en cuenta y a pensar cómo aplicarlas a tus experiencias.

Los consejos de este libro no se apoyan en un estudio impactante, aunque fue algo así lo que me movió a replantear el estrés. Las estrategias que aprenderás aquí se basan en cientos de estudios y en las ideas de docenas de científicos con los que platiqué. Saltarse la ciencia y pasar directamente a los consejos no dará resultado. Saber qué está detrás de cada una vuelve más perdurables las estrategias. Así, este libro incluye un curso intensivo de la nueva ciencia del estrés y de lo que los psicólogos llaman *mentalidades*. Conocerás a investigadores en ascenso y algunos de sus estudios más interesantes, todo ello en una forma que espero que cualquier lector pueda disfrutar. Si tú tienes un apetito enorme de detalles científicos y quieres más información aún, las notas al final del libro te permitirán cavar más hondo.

Pero lo esencial es que ésta es una guía práctica para vivir mejor con el estrés. Aceptar el estrés puede hacerte sentir más fuerte ante cualquier reto. Puede permitirte usar mejor la energía del estrés sin agotarte. Te puede ayudar a convertir experiencias estresantes en una fuente de vinculación social más que de aislamiento. Y por último, puede conducirte a nuevas formas de encontrar significado en el sufrimiento.

A lo largo de este libro encontrarás dos tipos de ejercicios prácticos por hacer.

Los ejercicios "Reconsidera el estrés" de la primera parte están diseñados para cambiar tu noción de la ansiedad. Úsalos como guía para escribir, o para el modo de reflexión personal que prefieras. Piensa en ese tema mientras estás en la caminadora del gimnasio o en el autobús, camino al trabajo. Conviértelo en una reflexión privada o úsalo para iniciar una conversación. Platica de él con tu pareja durante la cena o menciónalo en la comunidad religiosa de tus padres. Escribe una nota en Facebook y pide comentarios a tus amigos. Además de ayudarte a pensar de otra manera sobre el estrés en general, estos ejercicios también te animarán a reflexionar en el papel que él desempeña en tu vida, en relación entre otras cosas con tus metas y valores más importantes.

Los ejercicios "Transforma el estrés" de la segunda parte incluyen estrategias de aplicación inmediata en momentos de tensión, así como reflexiones personales para encarar retos específicos. Estas prácticas te permitirán explotar tus reservas de energía, fortaleza y esperanza cuando te sientas ansioso, frustrado, molesto o agobiado. Los ejercicios "Transforma el estrés" se apoyan en lo que llamo "reseteo de mentalidad", cambios en lo que piensas del estrés que estás experimentando en un momento dado. Tales reseteos de mentalidad pueden alterar tu respuesta física al estrés, cambiar tu actitud y motivarte a actuar. En otras palabras, transforman el efecto que la tensión tiene en ti justo en el momento en que te sientes estresado. Estos ejercicios se basan en estudios científicos y te invito a tratarlos como experimentos. Pruébalos para ver cuál de ellos te da mejor resultado.

Todos los ejercicios de este libro se desprendieron de los comentarios de mis alumnos y de mis experiencias al compartir estas ideas con comunidades de, entre otros, educadores, expertos en salud, ejecutivos, entrenadores profesionales, terapeutas familiares y padres del mundo entero. Incluí las prácticas que la gente me dice que le han sido personal y profesionalmente provechosas, por producir cambios en su vida y en las comunidades donde trabajan.

En conjunto, estos ejercicios contribuirán a modificar tu relación con el estrés. Podría parecerte raro pensar que tienes una relación con el estrés, sobre todo si acostumbras concebirlo como algo que simplemente te sucede. Pero, en efecto, tienes una relación con él. Tal vez te sientes su víctima, indefenso contra él o su rehén. O sostienes con él una relación de amor-odio, dependiendo de su influjo para cumplir tus metas, pese a que te preocupen sus consecuencias a largo plazo. Quizá te sientes en constante conflicto con el estrés, e intentas reducirlo, evitarlo o manejarlo sin lograr controlarlo nunca. O sientes que las experiencias estresantes de tu pasado siguen dominando tu yo presente. A lo mejor juzgas que la tensión es tu enemigo, un huésped indeseable o un socio en el que no puedes confiar. Cualquiera que sea tu relación actual con el estrés, qué piensas de él y cómo respondes desempeña un papel destacado en cómo te afecta. Reconsiderando y aun aceptando el estrés, modificarás su efecto en todo, desde tu salud física y bienestar emocional hasta tu satisfacción en el trabajo y tu esperanza en el futuro.

A lo largo de este libro también nos ocuparemos de cómo la ciencia del estrés y las mentalidades te permiten apoyar a las personas, comunidades y organizaciones que más te importan. ¿Cómo podemos cultivar la resistencia en nuestros seres queridos? ¿Cómo sería una cultura laboral que aceptara el estrés? ¿Cómo puede la gente formar redes de apoyo para lidiar con el trauma o la pérdida? Presentaré algunos programas (entre mis predilectos) que ya se valen de esta ciencia para crear comunidades capaces de transformar el sufrimiento en crecimiento, significado y unión. Estos programas pueden servirte de modelo e inspiración, puesto que ilustran cómo traducir la ciencia en servicio, e ideas abstractas en acciones con impacto.

¿Este libro me ayudará a manejar el estrés?

Hasta aquí he evitado definir el *estrés*, en parte porque éste se ha vuelto un término muy general para aludir a todo aquello que no queremos experimentar y a todo lo que marcha mal en el mundo. La gente usa la palabra *estrés* para describir lo mismo un embotellamiento de tránsito que un deceso en la familia. Decimos que estamos estresados cuando nos sentimos ansiosos, ocupados, frustrados, amenazados o bajo presión. Cualquier día podría exasperarte el correo electrónico, la política, las noticias, el clima o tu creciente lista de pendientes. Y en este momento la principal fuente de estrés en tu vida quizá sea el trabajo, la paternidad/maternidad, resolver una crisis de salud, salir de una deuda o consumar un divorcio. En ocasiones usamos el término *estrés* para describir lo que ocurre en nosotros —nuestros pensamientos, emociones y respuestas físicas—, y otras para describir los problemas que enfrentamos. *Estrés* suele emplearse para aludir a irritaciones triviales, pero es igualmente probable que sea una forma breve de indicar problemas psicológicos más serios, como depresión y ansiedad. Una definición única de *estrés* no podría abarcar todo esto, pero usamos esa palabra para referirnos indistintamente a ello.

El hecho de que empleemos el término *estrés* para describir tantas cosas de la vida es una ventaja y una desventaja al mismo tiempo. La desventaja es que puede complicarnos hablar de la ciencia del estrés. Aun los científicos —acostumbrados a definiciones claras— usan *estrés* para designar una serie pasmosa de experiencias y resultados. Un estudio podría definirlo como una sensación de agobio por las exigencias de cuidar a un enfermo y otro analizarlo en términos de agotamiento en el trabajo. Un estudio utiliza estrés para señalar las dificultades diarias y otro para hablar de los efectos del trauma a largo plazo. Peor todavía, cuando esta información científica se difunde en los medios, suele llevar en el encabezado la popular palabra *estrés*, pero sin dar detalles de lo que el estudio realmente evaluó, de modo que tenemos que adivinar si sus hallazgos se aplican o no a nuestra vida.

El beneficio de la amplia naturaleza del término *estrés* es que como lo usamos para describir tantos aspectos de la vida, lo que pensamos de él tiene un profundo efecto en cómo experimentamos la existencia. Cambiar tu noción del estrés puede tener un efecto igualmente profundo y transformar tanto las molestias cotidianas como la manera en que te relacionas con los mayores retos de la vida. Así, en vez de ofrecer una definición estricta y manejable de *estrés*, prefiero preservar su amplio significado. Sí, sería más fácil decir: "Este libro trata de cómo prosperar bajo presión en el trabajo", o "Este volumen te ayudará a controlar los síntomas físicos de la ansiedad". Pero la fuerza transformadora de optar por ver el lado positivo del estrés se deriva de que cambia qué piensas de, y cómo te relacionas con, tantos aspectos diferentes de la vida.

Al iniciar juntos este viaje, ofrezco entonces este concepto: *estrés es lo que surge cuando está en juego algo que te importa*. Esta definición es lo bastante amplia para contener, por igual, la frustración por el tráfico y el dolor de una pérdida. Incluye tus pensamientos, emociones y reacciones físicas cuando te sientes estresado lo mismo que cómo decides encarar situaciones que describirías como estresantes. Esta definición también resalta una valiosa verdad: que estrés y significado están inseparablemente unidos. No te estresas por cosas que no te interesan y no puedes tener una vida significativa sin experimentar algo de tensión.

Mi meta al escribir este libro fue proporcionar datos científicos, historias y estrategias que abordan la gama completa de lo que entendemos por estrés, aun a sabiendas de que no todos los ejemplos encontrarán eco en ti y de que es imposible tratar todos los aspectos de la experiencia humana calificada como "estresante". Nos ocuparemos del estrés de la salud, escolar, laboral, familiar, financiero y social, así como de los retos de lidiar con la ansiedad, la depresión, la pérdida y el trauma, cosas que quizá sería mejor describir como *sufrimiento*, pero que emergen siempre que invito a la gente a pensar en el estrés en su vida. También he incluido las voces de mis alumnos, para señalar cómo han aplicado las ideas de este libro. Cambié los nombres y detalles reveladores de quienes quisieron guardar el anonimato, pero debes saber que son historias verdaderas de personas reales que, al compartir sus experiencias, esperan ayudarte a tener una experiencia diferente de estrés. Asimismo, sentirás su presencia en esta obra a través de las preguntas e inquietudes que traté de abordar. Les doy las gracias por haberme ayudado a aprender más sobre lo que significa aceptar el estrés en circunstancias muy diferentes a las mías.

Confío en que prestarás especial atención a los datos científicos e historias que se ajustan a tu vida actual. Lo mismo puede decirse de los ejercicios y estrategias del libro. Así como ningún estudio científico se aplica a todas las formas de estrés, ninguna estrategia para enfrentarlo se aplica a todas las situaciones. Una estrategia para vencer la ansiedad de hablar en público, o para conducir mejor un conflicto familiar, podría no ser la que más te ayude a resolver problemas financieros o a manejar el dolor. Te exhorto a elegir los métodos que más convengan a tus retos.

Cada vez que hablo del lado positivo del estrés, alguien pregunta: "Pero ¿y el estrés *realmente* fuerte? ¿Lo que usted dice también se aplica a él?". La gente ve con facilidad lo útil de aceptar el estrés moderado: cierta presión en el trabajo, un poco de nerviosismo por un acontecimiento relevante. Pero ¿y el gran estrés? ¿El concepto de aceptar el estrés también se aplica al trauma, la pérdida, los problemas de salud y el estrés crónico?

No puedo garantizar que todas las ideas de este libro ayuden a sortear cada forma de estrés o sufrimiento. Sin embargo, ya no me preocupa que los beneficios de aceptar el estrés se atribuyan solamente a la variedad menor. Para mi sorpresa, aceptar el estrés me ha ayudado más que nada en las situaciones más difíciles: superar la muerte de un ser querido, encarar un dolor crónico e, incluso, vencer el miedo paralizante a volar. Lo mismo me han dicho mis alumnos. Lo que cuentan al final del curso tiene poco que ver con mejorar en el trato de fechas límite o de un vecino exasperante. Versa más bien sobre aceptar la pérdida de la pareja. Enfrentar la batalla de toda una vida contra la ansiedad. Hacer las paces con un pasado que incluye el abuso infantil. Perder el empleo. Someterse a un tratamiento de cáncer.

¿Por qué ver lo bueno del estrés ayudaría en estas circunstancias? Creo que esto se debe a que aceptar la tensión cambia tu concepto de ti mismo y de lo que puedes manejar. No es un ejercicio puramente intelectual. Fijarse en el lado positivo del estrés transforma el modo en que lo experimentas física y emocionalmente. Cambia tu manera de enfrentar los retos de la vida. Escribí este libro con ese propósito en mente: ayudarte a descubrir tu fuerza, valor y compasión. Ver el lado positivo del estrés no es decidir si éste es totalmente bueno o malo. Es optar por ver lo bueno en él porque eso te ayuda a vencer los retos de la vida.

PARTE I

Reconsidera el
estrés

1 Cómo cambiar tu noción del estrés

Me encontraba en el Behavioral Research Lab de Columbia University sosteniendo el brazo derecho a la altura del hombro. La psicóloga Alia Crum intentaba empujarlo hacia abajo. Forcejeamos unos segundos. Pese a ser menudita, Crum tenía una fuerza sorprendente. (Más tarde supe que ella había jugado en la primera división de hockey sobre hielo en la universidad y que ahora era una triatleta de alto rendimiento de categoría internacional.)

Mi brazo cedió.

—Ahora, en lugar de resistirte, imagina que extiendes el brazo hacia alguien o algo de tu interés —me dijo.

Me pidió imaginar que, mientras ella presionaba mi brazo, yo canalizaba su energía a aquello que deseaba tocar. Este ejercicio se inspiró en su padre, *sensei* (maestro) de aikido, arte marcial basado en el principio de transformar la energía perniciosa. Visualicé lo que ella me indicó y probamos de nuevo. Esta vez me sentí mucho más fuerte y Crum no pudo bajar mi brazo. Mientras más esfuerzos hacía ella por empujarlo, más fuerte me sentía.

—¿De veras te esforzaste más esta vez? —pregunté.

Crum sonrió radiante. Acababa de hacer una demostración de la idea que motiva todas sus investigaciones: que nuestra noción de algo puede transformar su efecto en nosotros.

La había ido a ver a su laboratorio en el sótano de la Columbia Business School para hablar de sus investigaciones sobre el estrés. Para ser tan joven, ella tiene un insólito historial de descubrimientos notables. Su trabajo llama la atención porque demuestra que la realidad física es más subjetiva de lo que pensamos. Cuando la gente cambia su noción de una experiencia, puede alterar lo que ocurre en su cuerpo. Los descubrimientos de Crum son tan sorprendentes que muchas personas se rascan la cabeza y preguntan: "¿Qué? ¿De veras eso es posible?".

Esta reacción —¿De veras eso es posible?— no es desconocida para los estudiosos de las *mentalidades*. Éstas son convicciones que definen nuestra realidad, incluidas nuestras reacciones físicas objetivas (como la fuerza de mi brazo mientras Crum lo empujaba) y hasta nuestra salud, felicidad y éxito a largo plazo. Más todavía, el nuevo campo de la ciencia de las mentalidades indica que una intervención breve, concebida para cambiar tu noción de algo, puede mejorar tu salud, tu felicidad y tu éxito por muchos años. Este campo está repleto de descubrimientos singulares que te harán pensar dos veces en tus convicciones. En terrenos que van desde los placebos hasta las profecías que se autocumplen, la percepción importa. Luego de este curso intensivo en la ciencia de las mentalidades, sabrás por qué tus convicciones sobre el estrés importan y qué puedes hacer para empezar a modificar tu concepto de él.

El efecto que esperas es el que obtienes

"Baja de peso con el pensamiento" y "Convéncete de que estás sano" fueron sólo dos de los titulares que anunciaron la publicación de uno de los primeros estudios de Alia Crum.[1] Ella había reclutado a camaristas de siete hoteles de Estados Unidos para un estudio sobre cómo las convicciones afectan el peso y la salud. Las labores de limpieza son un trabajo extenuante, que quema más de trescientas calorías por hora. Como ejercicio, eso lo pone al nivel del levantamiento de pesas, los aeróbicos acuáticos y caminar a 5.5 kilómetros por hora. En comparación, el trabajo de oficina —asistir a reuniones u operar una computadora— quema aproximadamente cien calorías por hora. Pese a ello, dos tercios de las camaristas reclutadas por Crum creían que no hacían ejercicio con regularidad, mientras que el tercio restante dijo no hacer ejercicio en absoluto. El cuerpo de todas esas mujeres reflejaba esta percepción. La presión arterial, la proporción cintura-cadera y el peso de la camarista promedio eran justo los que cabía esperar de una persona sedentaria.

Crum diseñó un cartel que explicaba que las labores de limpieza pueden considerarse como ejercicio. Cargar colchones al tender camas, tirar toallas al suelo, empujar carritos pesados y aspirar son actividades que requieren fuerza y vigor. El cartel refería incluso las calorías quemadas en cada actividad (una mujer de sesenta y cinco kilos, por ejemplo, quemaría sesenta calorías tras quince minutos de limpiar baños). Crum proporcionó esta información a las camaristas en una presentación de quince minutos, en cuatro de esos siete hoteles. Además, fijó copias del cartel, en inglés y en español, en el tablero de avisos del cuarto de camaristas. Les dijo que era obvio que ellas cumplían y hasta excedían las recomendaciones de ejercicio físico de las autoridades de salud y que debían dar por supuesto que verían los beneficios de salud de su actividad. Las camaristas de los otros tres hoteles compusieron el grupo de control. Recibieron información sobre la importancia del ejercicio para la salud, pero *no* se les dijo que su trabajo equivalía a ejercicio físico.

Cuatro semanas más tarde, Crum volvió a reunirse con las camaristas. Las que habían sido enteradas de que su trabajo era ejercicio habían bajado de peso y perdido grasa. Su presión arterial era menor y hasta disfrutaban más su trabajo. No habían hecho ningún cambio en su conducta fuera de su empleo. Lo único que había cambiado era su percepción de sí mismas como practicantes de ejercicio. En contraste, las camaristas del grupo de control no mostraron ninguna de esas mejoras.

¿Esto quiere decir que si te dices que ver televisión quema calorías bajarás de peso? Disculpa, pero no. Lo que Crum les dijo a las camaristas era cierto; ellas realmente hacían ejercicio. Pero en su primer encuentro con Crum, ellas no veían así su trabajo. Por el contrario, tendían a ver las labores de limpieza como perjudiciales para su cuerpo.

La sugerente hipótesis de Crum es que siempre que son posibles dos resultados —en este caso los beneficios de salud del ejercicio o la presión del trabajo físico—, las expectativas de una persona influyen en cuál de ambos es más probable. Ella concluyó que la percepción de las camaristas en cuanto a que su trabajo era un ejercicio saludable transformó los efectos de éste en su cuerpo. En otras palabras, *el efecto que esperas es el que obtienes*.

El siguiente estudio de Crum en llegar a los titulares noticiosos llevó esa idea todavía más lejos. El "estudio de ingesta de licuados" invitó a hambrientos participantes a presentarse en el laboratorio a las ocho de la mañana sin haber desayunado.[2] En su primera visita, los participantes obtuvieron el licuado "Indulgencia: El gusto que te mereces", cuya etiqueta nutrimental reportaba seiscientas veinte calorías y treinta gramos de grasas. En su segunda visita, una semana después, tomaron el licuado "Sensi-Shake: Satisfacción sin culpa", con ciento cuarenta calorías y cero gramos de grasas.

Mientras bebían sus licuados, a los participantes se les tomaban muestras de sangre por medio de un catéter intravenoso. De esta manera Crum medía los cambios en el nivel sanguíneo de la grelina, también llamada hormona del hambre. Cuando el nivel de grelina en la sangre baja, te sientes lleno; cuando sube, te pones a buscar un bocadillo. Cuando comes algo con alto contenido de calorías o grasas, el nivel de grelina baja drásticamente. Alimentos que llenan menos tienen un impacto menor.

Era de esperar que un licuado de complacencia y otro saludable tuvieran un efecto muy distinto en el nivel de grelina y así fue. Tomar el Sensi-Shake produjo un reducido descenso en grelina, mientras que el licuado Indulgencia causó un descenso mucho mayor.

Pero he aquí el quid de la cuestión: la etiqueta de los licuados era falsa. En ambas ocasiones, los participantes tomaron un mismo licuado, de trescientas ochenta calorías. Así, no debería haber habido ninguna diferencia en la reacción digestiva de los participantes. Pero cuando ellos creyeron que el licuado era un festín de indulgencia, su nivel de grelina bajó tres veces más que cuando pensaron que se trataba de una bebida dietética. De nueva cuenta, el efecto que esas personas esperaban —saciedad— fue el que obtuvieron. Este estudio de Crum demostró que las expectativas pueden alterar algo tan concreto como la cantidad de una hormona que secretan las células de nuestro tracto digestivo.

En los estudios tanto de la limpieza como del licuado, cuando las percepciones de la gente cambiaron, también lo hizo la respuesta de su cuerpo. Y en cada uno de esos estudios, una convicción particular pareció reforzar la respuesta más adaptativa del cuerpo: ver el trabajo físico como ejercicio ayudó al cuerpo a experimentar los beneficios de la actividad; ver un licuado como un antojo alto en calorías ayudó al cuerpo a producir se-ñales de saciedad.

Pese a lo interesante de la pérdida de peso y las hormonas del ham-bre, Crum quería saber qué otras consecuencias podían revelar la influencia de nuestra manera de ver las cosas. ¿Hay una percepción que determine nuestra salud en formas más amplias aún? Ella dio en preguntarse entonces sobre el estrés. Sabía que la mayoría de la gente lo juzga dañino, pese a que también puede ser provechoso. Ambos efectos son posibles. ¿El efecto del estrés en nuestro bienestar podría estar determinado, en parte, por el efecto que esperamos? Y si Crum podía cambiar lo que una persona piensa sobre la tensión, ¿eso alteraría la respuesta corporal de ese individuo?

Esta pregunta era el motivo de mi presencia en el laboratorio de Alia Crum, aquella soleada mañana de abril. Tras bajar las escaleras a ese sótano sin ventanas e intercambiar presentaciones con el equipo del laboratorio, uno de los alumnos de posgrado de Crum me sujetó a lo que un observador externo habría considerado un instrumento de tortura. Dos bandas de cinta metálica ciñeron mi tórax y, otras dos, mi cuello; ambas estaban conectadas a un aparato de cardiografía de impedancia para medir la actividad de mi corazón. Una pulsera de presión sanguínea apretaba mi bíceps izquierdo, mientras que otra sujetaba el dedo índice de mi mano izquierda. Electrodos en la parte interior del codo, las puntas de los dedos y las piernas medían mi circulación y sudoración. Un termómetro acoplado a mi dedo meñique derecho registraba la temperatura de mi sangre. Más tarde, un asistente de laboratorio me pidió escupir en un tubito de ensayo para buscar hormonas del estrés en mi saliva.

Estaba ahí para experimentar por mí misma lo que habían sentido los participantes en el más reciente estudio de Crum.[3] La meta de este estudio fue manipular su noción del estrés y ver después cómo respondía su cuerpo a una situación estresante.

El estrés que estaba a punto de encarar era una entrevista de trabajo simulada. Para contribuir a mi desempeño, los presuntos entrevistadores me harían comentarios sobre la marcha. Pero éste no era un juego de roles ordinario. Para volverlo más estresante, se había pedido a los entrevistadores dirigirme (como a los demás participantes) comentarios negativos, independientemente de lo que yo dijera o hiciera. Mi contacto visual dejaba que desear. Había elegido un mal ejemplo. No cesaba de soltar mi muletilla preferida, "este…". Mi postura revelaba falta de seguridad en mí misma. Ellos hacían preguntas peliagudas, como "¿Cree usted que la desigualdad de género en el trabajo sigue siendo un problema?". Dijera lo que dijera, los evaluadores criticaban mis respuestas, como lo habían hecho con los demás participantes. Aunque sabía que todo esto era un experimento preparado para desbalancearme, no por eso dejaba de ser estresante.

Antes de la entrevista de trabajo simulada, a cada participante en el estudio se le había asignado aleatoriamente uno de dos videos sobre el estrés. El video de tres minutos que me tocó a mí iniciaba con el mensaje "La mayoría de la gente cree que el estrés es negativo… pero las investigaciones indican que en realidad es útil". Luego señalaba que la ansiedad mejora el desempeño, aumenta el bienestar y ayuda a crecer. El otro video, que vio la mitad de los participantes, comenzaba con el ominoso anuncio "La mayoría de la gente sabe que el estrés es negativo… pero las investigaciones indican que es más extenuante de lo que se creía." Añadía que puede perjudicar la salud, la felicidad y el rendimiento laboral.

Ambos videos citaban investigaciones reales, así que en este sentido los dos eran ciertos. Pero cada uno estaba diseñado para activar una percepción específica del estrés, misma que Crum esperaba influyera en la respuesta del cuerpo de los participantes al estrés consecuente.

Fui sometida a este experimento simulado meses después de que Crum concluyera su estudio. Por eso, tan pronto como terminé la entrevista de trabajo y me quitaron los electrodos, recibí resultados preliminares. Un hallazgo en particular me dejó atónita.

La saliva que había escupido en el tubo de ensayo ofreció una muestra de dos hormonas del estrés: cortisol y dehidroepiandrosterona (DHEA). Ambas hormonas son liberadas por las glándulas adrenales en momentos de tensión, pero cumplen papeles distintos. El cortisol ayuda a convertir el azúcar y la grasa en energía y mejora la capacidad del cuerpo y el cerebro para usar esa energía. También inhibe algunas funciones biológicas poco esenciales durante el estrés, como digestión, reproducción y crecimiento. La DHEA, por su parte, es un neuroesteroide; como su nombre lo indica, se trata de una hormona que ayuda al cerebro a crecer. Así como la testosterona ayuda al cuerpo a fortalecerse con el ejercicio físico, la DHEA ayuda al cerebro a fortalecerse con experiencias estresantes. Además, contrarresta algunos efectos del cortisol; por ejemplo, acelera la cicatrización y mejora la función inmunológica.

Todos necesitamos de ambas, ninguna de las cuales es una hormona del estrés "buena" o "mala". Pero la proporción entre una y otra puede influir en las consecuencias del estrés a largo plazo, en especial si es crónico. Un alto nivel de cortisol se asocia con malos resultados, como problemas con la función inmunológica y depresión. En contraste, un alto nivel de DHEA se ha vinculado con un reducido riesgo de ansiedad, depresión, afecciones cardiacas, neurodegeneración y otras enfermedades que suelen relacionarse con el estrés.[4]

La proporción de DHEA respecto al cortisol se llama *índice de crecimiento* de una respuesta al estrés. Un alto índice de crecimiento —lo que significa más DHEA— ayuda a la gente a prosperar bajo tensión. Predice la persistencia y aguante en estudiantes universitarios, lo mismo que un promedio más alto.[5] En la instrucción militar de sobrevivencia, un alto índice de crecimiento se asocia con más concentración, menos disociación y habilidades superiores de resolución de problemas, así como con menos síntomas ulteriores de estrés postraumático.[6] El índice de crecimiento predice, incluso, resiliencia en circunstancias extremas, como recuperación de un abuso infantil.[7]

Crum quería saber si un cambio en la percepción del estrés modificaba este indicador de resiliencia. ¿Un video de tres minutos sobre la ansiedad podía alterar esa proporción clave de hormonas del estrés?

Por asombroso que parezca, la respuesta es sí.

Dichos videos no tuvieron ningún efecto sobre el nivel del cortisol. Como era de esperar, el cortisol de todos los participantes aumentó durante la entrevista simulada. Pero aquellos que antes de la entrevista vieron el video de que el estrés es útil liberaron más DHEA y tuvieron un índice de crecimiento más alto que los que vieron el video donde se decía que el estrés es extenuante. Juzgar útil el estrés lo volvía así y no en una forma subjetiva, reportada por el sujeto, sino en la proporción de hormonas del estrés producidas por las glándulas adrenales de los participantes. Juzgar útil el estrés creaba una realidad biológica diferente.

Del placebo a la mentalidad

Una forma de interpretar el estudio de Crum sobre el estrés es que mostró un efecto placebo. El video del estrés positivo modificó las expectativas de los participantes respecto a cómo les afectaría el estrés y, al igual que una pastilla de azúcar, produjo la respuesta esperada.

El efecto placebo es un fenómeno impresionante, pero también una manipulación. Alguien te dice qué pensar de algo. A menudo, te da algo sobre lo que no tienes ideas preconcebidas. Te tiende una píldora y dice: "Esto te va a servir" y tú lo crees. Pero tratándose del estrés, todos tenemos un punto de vista. Cada vez que experimentas estrés, te viene a la mente lo que piensas de él. ¿Cuántos momentos de tu día describirías como estresantes? ¿Con cuánta frecuencia dices: "¡Qué estresante es esto!" o "¡Qué estresado estoy!"? En cada uno de esos momentos, tu noción de la ansiedad puede alterar tu bioquímica y, en definitiva, tu respuesta a la fuente de la tensión.

Una convicción con tanto poder va más allá de un efecto placebo. Es un efecto de mentalidad. A diferencia de un placebo, que por lo común tiene un efecto efímero en un resultado muy específico, las consecuencias de una mentalidad aumentan con el tiempo, por lo que su influencia e impacto se incrementan a largo plazo.

Como ya vimos, una mentalidad es una convicción que sesga tu manera de pensar, sentir y actuar.[8] Es como un filtro a través del cual lo ves todo. No toda convicción puede convertirse en mentalidad. Algunas sencillamente no son tan relevantes. Tú puedes creer que el chocolate es mejor que la vainilla, que es una descortesía preguntarle a alguien su edad y que el mundo es redondo, no plano. Pero pese a la firmeza con que sostengas estas convicciones, tienen consecuencias más bien menores en lo que piensas de tu vida.

Las convicciones que se convierten en mentalidades trascienden las preferencias, datos adquiridos u opiniones intelectuales. Son creencias básicas que reflejan tu filosofía de la vida. Una mentalidad suele basarse en una teoría sobre cómo opera el mundo. Por ejemplo, que éste es cada vez menos seguro; que el dinero te hará feliz; que todo sucede por una razón o que la gente no puede cambiar. Todas estas convicciones tienen el potencial de determinar cómo interpretas tus experiencias y tomas decisiones. Cuando una mentalidad es activada —por un recuerdo, una situación o un comentario—, desata un torrente de pensamientos, emociones y metas que determinan tu respuesta a la vida. Esto a su vez puede influir en consecuencias a largo plazo, como la salud, la felicidad y hasta la longevidad.

Por ejemplo, piensa en tu concepto del envejecimiento. Como ya dije, tener una opinión positiva del envejecimiento añade un promedio de casi ocho años a la vida de una persona e igualmente predice otros importantes resultados de salud. Por ejemplo, el Baltimore Longitudinal Study of Aging, que rastreó a adultos de entre dieciocho y cuarenta y nueve años de edad, durante nada menos que treinta y ocho años, reveló que aquellos con una opinión positiva del envejecimiento tuvieron un riesgo de infarto ochenta por ciento menor.[9] Asimismo, las convicciones sobre la vejez influyen en la recuperación de enfermedades y accidentes graves. En un estudio, los adultos que la asociaban con estereotipos positivos como "sabio" y "capaz" se recuperaron más rápido de un infarto que los que aprobaban estereotipos negativos como "inútil" y "aferrado a sus costumbres".[10] En otro, una opinión positiva del envejecimiento predijo una recuperación física más rápida y completa tras una enfermedad o accidente extenuante.[11] Cabe señalar que ambos estudios evaluaron la recuperación con base en resultados objetivos, como velocidad al caminar, equilibrio y capacidad para realizar actividades ordinarias. (Por cierto, si estos descubrimientos te motivan a adoptar una opinión positiva de la vejez, considera esto: los estudios demuestran sistemáticamente que la gente es más feliz a medida que envejece, pese a la incredulidad de los jóvenes.)[12]

¿Cómo afecta exactamente una convicción sobre la vejez —medida a veces décadas antes— a las tasas de infarto, discapacidad y riesgo de morir? Todos los estudios descartaron factores importantes como estado inicial de salud, depresión o condición socioeconómica, así que se sabe que estos factores no explican tales efectos.

Por el contrario, una respuesta probable son las conductas de salud. Las personas con una opinión negativa del envejecimiento tienden a considerar inevitable la mala salud. Como se sienten menos capaces de mantener o mejorar su salud conforme envejecen, invierten menos tiempo y energía en su bienestar futuro. En contraste, aquellas con una actitud positiva ante la vejez adoptan más conductas favorables para la salud, como hacer ejercicio con regularidad y seguir los consejos del médico. Cambiar lo que una persona piensa del envejecimiento puede promover incluso conductas sanas. Por ejemplo, un procedimiento concebido para volver más positiva la opinión sobre el envejecimiento hizo aumentar también la actividad física de los participantes.[13] Cuando se tiene una opinión positiva de la vejez, se es más propenso a hacer cosas beneficiosas a futuro.

Las creencias acerca del envejecimiento tienen un impacto especial en los comportamientos tras un serio problema de salud. Investigadores del Centro Alemán de Gerontología, en Berlín, siguieron a adultos mayores, durante varios años, para examinar el impacto en ellos de una enfermedad o accidente grave, como fractura de cadera, afección pulmonar o cáncer.[14] Aquellos con una opinión positiva de la vejez reaccionaron a la crisis intensificando su compromiso con su salud; eran más proactivos y resueltos en su recuperación. En contraste, los adultos con una opinión negativa de la vejez tendieron a actuar menos en pro de su salud, decisiones que influyeron a su vez en su recuperación. Los participantes con un punto de vista positivo de la vejez reportaron más satisfacción con la vida, así como mejor salud y desempeño físico, después de su enfermedad o accidente.

Lo que piensas de la vejez puede influir incluso en tu voluntad de vivir conforme pasa el tiempo. Las personas con una opinión negativa del envejecimiento en la madurez reportan menos voluntad de vivir mucho tiempo.[15] Como adultos mayores tienden a ver su vida como vacía, irremediable o inútil. En un estudio, psicólogos de Yale probaron los efectos de la creencia sobre la vejez en la voluntad de vivir, preparando de manera subliminal a adultos mayores con estereotipos negativos o positivos sobre el envejecimiento. A continuación les pidieron tomar decisiones médicas hipotéticas. Los preparados con estereotipos positivos tendieron a aceptar una intervención de prolongación de la vida en una enfermedad potencialmente fatal; en contraste, los que fueron expuestos a estereotipos negativos tendieron a rechazar ese tratamiento.[16]

Hallazgos como éste sugieren que lo que se piensa del envejecimiento afecta la salud y la longevidad, no por obra de una fuerza mística de pensamiento positivo, sino influyendo en las metas y decisiones personales. Éste es un excelente ejemplo de un efecto de mentalidad. Este tipo de efecto es más eficaz que el efecto placebo, porque no sólo altera la experiencia presente, también influye en el futuro de un individuo.

Resulta que tu noción del estrés es también una de esas creencias básicas que afectan tu salud, felicidad y éxito. Como veremos, tu mentalidad sobre el estrés lo determina todo, desde las emociones que experimentas en una situación estresante hasta la forma en que resuelves sucesos con mucha tensión. Por su parte, esto determina si prosperas bajo la tensión o terminas agotado y deprimido. La buena noticia es que aun si estás firmemente persuadido de que el estrés es perjudicial, puedes cultivar una mentalidad que te ayude a crecer.

¿Cuál es tu mentalidad sobre el estrés?

La psicóloga Alia Crum y sus colegas desarrollaron el indicador de mentalidad sobre el estrés (Stress Mindset Measure) para evaluar la opinión de la gente acerca de la ansiedad. Tómate un momento para examinar las dos siguientes mentalidades sobre el estrés y juzgar con cuál serie de enunciados concuerdas más, o habrías concordado antes de emprender la lectura de este libro:

> *Mentalidad 1: El estrés es dañino.*
> Experimentar estrés afecta mi salud y vitalidad.
> Experimentar estrés reduce mi desempeño y productividad.
> Experimentar estrés inhibe mi aprendizaje y crecimiento.
> Los efectos del estrés son negativos y deben evitarse.

> *Mentalidad 2: El estrés es útil.*
> Experimentar estrés aumenta mi desempeño y productividad.
> Experimentar estrés mejora mi salud y vitalidad.
> Experimentar estrés facilita mi aprendizaje y crecimiento.
> Los efectos del estrés son positivos y deben aprovecharse.[17]

Una de estas dos mentalidades, "El estrés es dañino" es, con mucho, la más común. Crum y sus colegas descubrieron que aunque la mayoría de la gente ve algo de verdad en ambas mentalidades, sigue considerando que el estrés es más nocivo que provechoso. Hombres y mujeres no difieren a este respecto y la edad no predice la mentalidad.[18]

Las tendencias observadas por Crum son congruentes con las conclusiones de otros estudios estadunidenses. En una encuesta efectuada en 2014 por la Robert Wood Johnson Foundation y la Harvard School of Public Health, ochenta y cinco por ciento de los estadunidenses coincidieron en que el estrés tiene un impacto negativo en la salud, la vida familiar y el trabajo.[19] De acuerdo también con la encuesta "Stress in America" de la American Psychological Association, la mayoría de la gente percibe su nivel de estrés como insano. Aun quienes reportan relativamente poca ansiedad creen que el nivel ideal es inferior al que experimentan en ese momento.[20] Al paso de los años, la percepción de la gente sobre el nivel sano del estrés ha disminuido; en 2007, cuando la American Psychological Association inició su estudio anual sobre este tema, la gente percibía como ideal un nivel moderado de estrés. Ahora, los participantes en ese estudio perciben como poco saludable ese mismo nivel moderado.

No obstante, también hay evidencias de que la gente ve algo bueno en el estrés. En 2013, hice una encuesta entre los directores generales, vicepresidentes y gerentes generales que participaban en el curso Executive Leadership Development de Stanford University, y cincuenta y un por ciento de ellos dijeron que trabajaban inmejorablemente cuando estaban bajo estrés. En la encuesta de 2014 de la Harvard School of Public Health, sesenta y siete por ciento de quienes reportaron los más altos niveles de estrés también dijeron haber experimentado al menos un beneficio de su tensión.[21] Con todo, participantes en ambos estudios estaban convencidos de que debían hacer algo más para reducir su estrés. Esta actitud ante la tensión no es una mentalidad sólo estadunidense. He encontrado opiniones similares en Canadá, Europa y Asia. Pero aun cuando las personas reconocen algunos beneficios del estrés, su percepción general acerca del mismo es muy negativa.

Cabe destacar que una visión negativa del estrés se asocia con resultados muy distintos a los de una perspectiva positiva. Las investigaciones de Crum indican que quienes creen que el estrés es útil se deprimen menos y están más satisfechos con su vida que quienes creen que es dañino; tienen más energía y menos problemas de salud; son más felices, más productivos en el trabajo y tienen una relación diferente con el estrés. Tienden a ver las situaciones estresantes como un reto, no como un problema abrumador. Asimismo, confían más en su aptitud para enfrentar esos retos y son más aptos para dotar de sentido las circunstancias difíciles.

Ahora bien, si tú eres como yo, tu primera reacción a estos resultados será de escepticismo. Mi primera reacción fue más o menos así: "La gente con una noción positiva del estrés es más feliz y más saludable porque en realidad no está estresada. Sólo es posible tener una opinión positiva del estrés si no se ha tenido suficiente de él. Sufre un poco más y tu opinión sobre el estrés será otra".

Aunque mi escepticismo se debía a mi creencia sobre el estrés más que a arrogancia científica, no por eso deja de ser una hipótesis razonable. Crum consideró la posibilidad de que una opinión positiva del estrés fuera resultado de una vida fácil. Pero cuando examinó los datos, encontró una asociación débil entre noción del estrés y severidad del estrés sufrido. También encontró una correlación muy reducida entre el número de sucesos de vida estresantes (como divorcio, muerte de un ser querido o cambio de empleo) experimentados el año anterior y grado de opinión negativa sobre el estrés. No es cierto que la gente con una actitud positiva hacia la ansiedad tenga una vida sin sufrimiento. Además, Crum descubrió que una opinión positiva de la tensión era provechosa para la gente, independientemente de que en ese momento (y el año anterior) estuviera bajo poco o mucho estrés.

Entonces, quizá tu mentalidad sobre el estrés sea menos un reflejo de cuánta tensión has experimentado que una especie de rasgo fijo de personalidad. Después de todo, algunas personas tienden a adoptar una visión positiva de cualquier cosa, el estrés incluido. Y las investigaciones demuestran que los optimistas viven más que los pesimistas. Puede que sea este optimismo general lo que protege a la gente contra los perjudiciales efectos del estrés. Crum también consideró esto. Resulta que la gente con la mentalidad de que el estrés es útil tiende a ser optimista, pero que la correlación entre ambos factores es reducida. Además del optimismo, otros dos rasgos de personalidad parecen asociarse con una noción positiva del estrés: el grado de conciencia individual y la capacidad para tolerar la incertidumbre. No obstante, los análisis de Crum mostraron que ninguno de esos rasgos de personalidad explicaba los efectos de la mentalidad sobre el estrés en la salud, la felicidad o la productividad laboral. Aunque la idea de una persona sobre la tensión puede verse influida por ciertos rasgos de personalidad o experiencias, ninguno explica los efectos de la mentalidad sobre el estrés en la salud y la felicidad.

Las investigaciones de Crum apuntan a algo más probable: las mentalidades sobre el estrés son eficaces porque afectan no sólo tu manera de pensar, sino también de actuar. Si juzgas que la ansiedad es dañina, entonces ésta resulta algo por evitar. Sentirte estresado se convierte en una señal para escapar del estrés o reducirlo. Y en efecto, quienes suscriben la mentalidad de que el estrés es dañino tienden a decir que su reacción a él consiste en tratar de evitarlo.[22] Por ejemplo, tienden a:

- Distraerse de la causa del estrés en vez de hacerle frente.
- Querer librarse de sus sensaciones de estrés en lugar de dar pasos para atacar su origen.
- Recurrir al alcohol u otras sustancias o adicciones para escapar de él.
- Desviar su energía y atención de la relación, rol o meta causante del estrés.

En contraste, quienes creen que la tensión es útil tienden a decir que la enfrentan proactivamente. Por ejemplo, tienden a:

- Aceptar que el suceso estresante ha ocurrido y es real.
- Planear una estrategia para enfrentar la fuente del estrés.
- Buscar información, ayuda o consejo.
- Dar pasos para someter, eliminar o alterar la fuente del estrés.
- Obtener el máximo provecho posible de la situación, viéndola en forma positiva o usándola como una oportunidad para crecer.

Estas diferentes maneras de lidiar con el estrés arrojan resultados muy distintos. Cuando las dificultades se ven de frente, en lugar de querer evitarlas o negarlas, se desarrollan recursos para resolver experiencias estresantes; aumenta la seguridad propia en la capacidad para manejar las complicaciones de la vida; se crea una red más fuerte de apoyo social; los problemas manejables se solucionan, en vez de permitir que se salgan de control; las situaciones que no pueden controlarse se convierten en oportunidades para crecer. De este modo y como muchas otras mentalidades, la convicción de que el estrés es útil se vuelve una profecía que se autocumple.

La primera intervención sobre la mentalidad acerca del estrés

Para poder probar los efectos de la mentalidad acerca del estrés, tienes que cambiar la noción sobre el mismo, de alguien en particular y seguirlo durante cierto tiempo. Entonces eso fue justo lo que hicieron Crum y sus colegas.

La primera intervención sobre la mentalidad acerca del estrés tuvo lugar en la institución financiera global UBS, en pleno colapso económico de 2008. El sector financiero es un medio de trabajo demasiado estresante. Un estudio reveló que tras diez años en ese sector, cien por ciento de los banqueros del área de inversión desarrollan al menos una afección asociada con el agotamiento, como insomnio, alcoholismo o depresión.[23] El colapso económico de 2008 no hizo sino agudizar la presión. En ese periodo los empleados financieros reportaron significativamente mayor estrés en el trabajo, temor a despidos, fatiga y agotamiento.[24] En todo el ramo había amplios informes de mayor ansiedad, depresión y suicidio.[25]

Al igual que la mayoría de las instituciones financieras, UBS resintió un fuerte impacto. Según su informe anual de 2008, los accionistas vieron caer cincuenta y ocho por ciento el valor de sus títulos. UBS hizo despidos masivos y redujo en treinta y seis por ciento la compensación de sus empleados.[26] En medio de todo ello, éstos recibieron un correo electrónico de recursos humanos en el cual se les invitaba a participar en un curso de manejo del estrés. Se inscribió un total de trescientos ochenta y ocho, la mitad hombres y la otra mitad mujeres, con una edad promedio de treinta y ocho años. Estos conejillos de Indias de la mentalidad sobre el estrés enfrentaban mayor carga de trabajo, exigencias laborales incontrolables y enorme incertidumbre respecto a su futuro. Sabían qué era el estrés.

Esos empleados fueron asignados aleatoriamente a uno de tres grupos.[27] El primero de ellos, con ciento sesenta y cuatro miembros, recibió un adiestramiento en línea con el mensaje usual del manejo del estrés, el cual refuerza la noción de que éste es inherentemente negativo. El segundo grupo, con ciento sesenta y tres empleados, recibió un adiestramiento en línea ideado para dar una visión positiva del estrés; ésta fue la intervención sobre la mentalidad. Un reducido grupo de control de sesenta y un miembros no recibió adiestramiento alguno.

A lo largo de una semana, los empleados de los dos grupos bajo adiestramiento en línea recibieron correos electrónicos con ligas a tres videos de tres minutos de duración para cada grupo. A los miembros del primero se les dieron estadísticas como "El estrés es el principal problema de salud en Estados Unidos" y "El estrés se asocia con las seis causas primordiales de muerte". Estos videos advertían que la tensión puede causar inestabilidad anímica, desgaste emocional y pérdida de memoria. Asimismo, contenían ejemplos de líderes que no funcionaban satisfactoriamente bajo estrés.

Los miembros del grupo de intervención sobre la mentalidad vieron tres videos muy distintos. Éstos explicaban que la ansiedad incrementa la resistencia física, aumenta la concentración, profundiza las relaciones y refuerza los valores personales. Daban ejemplos de compañías que prosperaban en circunstancias difíciles, así como de personas que actuaban heroicamente ante un gran estrés.

Todos los empleados contestaron encuestas antes y después del adiestramiento en línea. La respuesta a la primera pregunta del equipo de investigación "¿Es posible cambiar la opinión de una persona sobre el estrés?" fue sí. Los empleados que vieron los videos negativos se persuadieron más todavía de que el estrés es dañino. En contraste, los del grupo de intervención sobre la mentalidad desarrollaron un concepto positivo de él.

¿Qué tan grande fue esta modificación de su mentalidad? No mucho. Ellos no olvidaron de súbito todo lo que habían oído decir sobre lo nocivo del estrés. No solicitaron más estrés. Pero coincidieron con una opinión más equilibrada de la ansiedad que la que tenían antes de la intervención. Dentro del marco estadístico este cambio fue significativo, aunque no una inversión total. En lugar de ver el estrés como predominantemente perjudicial, ahora veían tanto lo bueno como lo malo de él.

La segunda pregunta relevante fue si este cambio de mentalidad se asociaba con otros. Nuevamente la respuesta fue sí. Los empleados objeto de la intervención sobre la mentalidad estaban menos ansiosos y deprimidos. Reportaron menos problemas de salud, como dolor de espalda e insomnio, lo mismo que más concentración, iniciativa, colaboración y productividad en el trabajo. De manera crucial, estas mejoras ocurrieron en condiciones de estrés extremo. Los empleados que vieron los videos negativos, así como los que no recibieron adiestramiento, no mostraron ningún cambio en estos rubros.

Crum ha seguido haciendo intervenciones y talleres de mentalidad sobre el estrés en diversos ámbitos, como los de profesionales de la salud, estudiantes universitarios, ejecutivos y hasta miembros del comando de operaciones especiales de la marina estadunidense. También ha experimentado con otros métodos para modificar la mentalidad de la gente sobre el estrés, algunos de los cuales veremos más adelante. Su trabajo indica que breves intervenciones pueden producir cambios duraderos en lo que la gente piensa sobre el estrés y la forma en que lo experimenta. Adoptar una opinión positiva de la ansiedad reduce lo que solemos concebir como problemas relacionados con el estrés y ayuda a la gente a prosperar bajo altos niveles del mismo.

Tales descubrimientos, así como los resultados de las investigaciones anteriores de Crum, podrían hacer que te rasques la cabeza preguntándote cómo opera esto exactamente. Para comprender por qué las intervenciones sobre la mentalidad pueden tener efectos tan intensos —y cómo empezar a cambiar tu noción del estrés—, examinemos más de cerca qué nos dice la ciencia sobre el arte de cambiar de punto de vista.

El arte de cambiar de mentalidad

Greg Walton, psicólogo de Stanford University, es como Alia Crum, un as de la mentalidad. Ha dedicado la última década a perfeccionar el arte de cambiar de parecer con breves intervenciones de una sola dosis que ejercen un impacto inmenso. Sus intervenciones —a menudo de apenas una hora de duración— producen mejoras en todo, desde satisfacción matrimonial hasta promedio escolar, salud física e, incluso, fuerza de voluntad. En algunos casos, los resultados de esa hora persisten muchos años. Como parte de su pasión por traducir descubrimientos científicos en cambios significativos, Walton presentó su labor en la Casa Blanca y, a través del Center for Social Psychological Answers to Real-World Questions, participó en la elaboración de un catálogo de soluciones basadas en evidencias para guiar a políticos, educadores y organizaciones en la aplicación de la psicología a problemas reales.

En cada una de sus intervenciones, Walton selecciona una convicción que, según las investigaciones, podría interponerse en el camino del bienestar o el éxito; por ejemplo, la certeza de que la inteligencia es un rasgo fijo imposible de desarrollar. Luego genera una breve intervención que ofrece una perspectiva distinta y ayuda a los participantes a probar esa nueva manera de pensar. Eso es todo. El enfoque entero se reduce a esto: "He aquí una idea que tal vez no hayan considerado aún. ¿Cómo creen que se aplica a su situación?". Después, él sigue un tiempo a la gente para ver cómo echa raíces esa idea.[28]

Cuando pregunté a Walton cuál era su intervención preferida, de inmediato mencionó la que hizo con un grupo de estudiantes de primer año de una prestigiosa universidad estadunidense.[29] En ese proyecto, transmitió un mensaje muy simple: "Si te sientes fuera de lugar, no eres el único. La mayoría se siente así en un entorno nuevo. Esa sensación pasará con el tiempo".

Él eligió como tema la pertenencia social porque sabía que la sensación de *no* pertenecer —en la escuela, el trabajo o cualquier otra comunidad importante para un individuo— está muy extendida. Sin embargo, pocas personas la expresan abiertamente; la mayoría de la gente cree ser la única en sentirse fuera de lugar.

Sentir que no perteneces puede cambiar tu interpretación de todo lo que experimentas. Conversaciones, reveses, malos entendidos: casi todo podría verse como prueba de que, en efecto, estás fuera de lugar. Asimismo, la certeza de que no encajas alimenta muchos estados anímicos destructivos, desde el síndrome del impostor ("Soy un fraude y todos lo descubrirán") hasta la amenaza de estereotipos ("Todos suponen que fracasaré") y la autosubestimación ("¿Para qué molestarme en intentarlo?"). Estos estados de ánimo pueden inducir conductas autodestructivas como evitar retos, ocultar problemas, ignorar comentarios y no establecer relaciones de apoyo. A su vez, tales conductas incrementan el riesgo de fracaso y aislamiento, lo que se entiende entonces como prueba de que, después de todo, en efecto, uno estaba fuera de lugar. Ésta es una profecía autocumplida que Walton esperaba interrumpir alterando lo que esos estudiantes de primer año pensaban sobre su sensación de no pertenecer.

En la primera parte de esa intervención sobre la mentalidad, Walton pidió a los estudiantes que leyeran fragmentos de una encuesta entre alumnos de tercero y cuarto año sobre sus experiencias en esa misma escuela. Todos los fragmentos fueron elegidos de tal forma que comunicaran el mensaje de que todos los alumnos tienen problemas con la pertenencia social, pero con el tiempo esto pasa. Por ejemplo, un chico de cuarto año escribió:

> Cuando llegué aquí, temí ser diferente a los demás. No sabía si encajaría. Luego de mi primer año, comprendí que muchos llegan a este sitio inseguros de si encajarán o no. Es irónico que en primer año todos crean ser diferentes cuando en realidad, al menos en cierto sentido, todos somos iguales.

Una vez que los alumnos leyeron esos fragmentos de la encuesta, el experimentador les pidió escribir un ensayo en el que reflexionaran en la semejanza entre sus propias experiencias en la universidad y las descritas por sus compañeros de tercero y cuarto grado. Cuando terminaron su composición, el experimentador les explicó que la escuela estaba produciendo un infomercial para ser exhibido en la orientación de los alumnos de nuevo ingreso del año siguiente. El video pretendía ayudarlos a saber qué podían esperar de la universidad. El experimentador preguntó si estaban dispuestos a leer sus ensayos frente a una cámara de video, para ser incluidos en el infomercial. "Como tal vez ya sepan, es difícil llegar a una situación nueva sin saber qué esperar de ella y ustedes, como estudiantes mayores que acaban de pasar por esta experiencia, están en una excelente posición para ayudar a esos alumnos", les explicó. "¿Creen que podrían hacerlo?"

Ésa fue toda la intervención. Los estudiantes leyeron la encuesta, escribieron un ensayo y dieron un mensaje de pertenencia social a los alumnos de nuevo ingreso del año siguiente.

La primera vez que se efectuó esta intervención, Walton rastreó sus efectos en los estudiantes afroestadunidenses, los que más dificultades habían tenido hasta entonces con la sensación de no encajar en esa universidad. Los resultados fueron asombrosos. Tal intervención ocasional mejoró el aprovechamiento, salud física y felicidad de esos alumnos en los tres años posteriores, en comparación con los estudiantes no seleccionados aleatoriamente para recibir la intervención. Cuando se graduaron, su promedio fue significativamente más alto que el de los alumnos afroestadunidenses que no participaron en el estudio. De hecho fue tan alto que ellos cerraron por completo la habitual brecha, en promedio, entre los alumnos pertenecientes y no a minorías en esa institución.

Cuando Walton indagó qué explicaba esos resultados, descubrió que la intervención había producido dos cambios. Primero, cambió la respuesta de los estudiantes a sus problemas escolares y sociales. Ahora tendían a verlos como efímeros y parte de su experiencia universitaria. Segundo, influyó en su mundo social. Los alumnos que recibieron la intervención sobre la mentalidad ahora tendían a buscar un mentor y forjar amistades más íntimas. "El proceso empieza en forma psicológica", me dijo Walton, "pero después se vuelve sociológico."

Él y sus colegas han aplicado la intervención de pertenencia en muchas partes.[30] En un estudio, este procedimiento elevó la tasa de retención de alumnos universitarios, en mayor medida que el otorgamiento de becas por tres mil quinientos dólares. En otro, redujo a la mitad el índice de deserción universitaria. Cuando alumnas de ingeniería fueron el objetivo de ese recurso, comenzaron a percibir como más cordial al departamento de ingeniería, de tal forma que desarrollaron más amistades con ingenieros, e incluso reportaron oír menos bromas sexistas. "Su mundo social está cambiando", explica Walton.[31]

Tal vez lo más notable de este tipo de intervención sobre la mentalidad es que la gente suele olvidarla. En la última fase de su estudio en esa prestigiosa universidad, Walton preguntó a los alumnos, al graduarse, si recordaban haber participado en la investigación de primer año. Aunque setenta y nueve por ciento contestó que sí, sólo ocho por ciento recordó de qué había tratado el estudio. Pese a ello, la nueva mentalidad había pasado a formar parte del concepto de sí mismos y de la escuela. Olvidaron la intervención, pero interiorizaron el mensaje.

Pienso que éste es uno de los aspectos más prometedores de la ciencia de la mentalidad: una vez que una idea echa raíces, ya no es necesario insistir en ella. No es una estrategia consciente por emplear, ni un debate interno que deba sostenerse todos los días. Tras la introducción inicial a una nueva mentalidad, ésta puede arraigar y florecer.

Walton reconoce que a muchas personas estos resultados les parecen ciencia ficción más que ciencia a secas. Pero las intervenciones sobre la mentalidad no son magia ni milagro. Es más indicado concebirlas como catalizadores. Un cambio de actitud pone en movimiento procesos que perpetúan el cambio positivo.

Por qué las intervenciones sobre la mentalidad pueden ser difíciles de entender

Los psicólogos que realizan intervenciones sobre mentalidad están acostumbrados al escepticismo. Muchos individuos juzgan ridículo que se afirme que una breve intervención ocasional, cuyo único contenido es una nueva manera de *pensar* en algo, pueda cambiar la vida de alguien. Aunque hasta ahora las intervenciones en una actitud han rebasado las expectativas más ambiciosas de los investigadores, a la gente le cuesta trabajo creer que surten efecto.

David Yeager, investigador de mentalidades de la Universidad de Texas en Austin, me refirió un caso que revela lo lejos que puede llegar el escepticismo de la gente. La intervención tuvo lugar en la preparatoria con los segundos ingresos más bajos en el área de la bahía de San Francisco. Los resultados en exámenes de esta escuela estaban entre los más bajos del estado de California. Casi tres cuartas partes de sus alumnos tenían derecho al lunch escolar gratis. Muchos pertenecían a bandas y cuarenta por ciento decía no sentirse a salvo ahí.

Yeager quería enseñar a los alumnos de primero una actitud de crecimiento, la convicción de que la gente puede cambiar de modo significativo. Para hacerlo, les pidió leer un breve artículo que presentaba algunas ideas clave: que en el futuro ellos no necesariamente serían como eran entonces; que la forma en que la gente los trataba o veía en ese tiempo no necesariamente era un signo de cómo eran ellos en realidad o de lo que serían en el futuro; que la personalidad de la gente puede cambiar de manera significativa con el paso del tiempo. Los estudiantes también leyeron relatos en primera persona de alumnos de grados superiores en los que éstos describían experiencias que reflejaban ese mensaje de cambio. Por último, debían escribir una historia sobre sus experiencias de cómo la gente —incluidos ellos mismos— podía cambiar con el tiempo.

Yeager administró esta intervención de treinta minutos al principio del año escolar en el gimnasio del plantel, ante ciento veinte alumnos de noveno grado ataviados con shorts de deportes. Mientras leían el artículo, un profesor de educación física, que desconocía los detalles de la intervención, se acercó a Yeager.

—¿Qué haces aquí? —le preguntó—. ¿Por qué no vas mejor a las primarias? Para estos chicos ya es demasiado tarde. Estás perdiendo tu tiempo.

Yeager rio mientras contaba esto, pero era obvio que le había molestado.

—¡Vaya ironía! —replicó—. Justo estoy aquí para enseñarles a estos jóvenes que pueden cambiar.

A pesar del pesimismo de ese maestro, la intervención tuvo un impacto profundo y perdurable.[32] Al final del año escolar, los alumnos que la recibieron se mostraban más optimistas y menos agobiados por sus preocupaciones. Tenían menos problemas de salud y menos probabilidades de deprimirse que los que fueron aleatoriamente asignados al grupo de control. Nada menos que ochenta y uno por ciento de los que recibieron la intervención aprobaron el curso de álgebra de noveno grado, contra sólo cincuenta y ocho por ciento de los miembros del grupo de control. El más profundo efecto de la intervención en el aprovechamiento ocurrió en aquellos cuya mentalidad cambió más. En general, estos estudiantes iniciaron su primer año con un promedio de 1.6 [equivalente a seis] y lo terminaron con 2.6 [equivalente a ocho].

Estos resultados eran tan imponentes que sentí lástima por los chicos que habían sido aleatoriamente asignados al grupo de control. Claro que estos resultados habrían embelesado a la escuela y cambiado la actitud de los profesores hacia el potencial de sus alumnos. Pero, de acuerdo con Yeager, resultados como ésos no siempre impresionan. Él muestra invariablemente sus datos al personal de las escuelas donde realiza un estudio. Le apasiona la educación y antes de ser investigador había enseñado inglés en una secundaria en Tulsa, Oklahoma. Pero aunque brinda todos los materiales necesarios para que sigan ofreciendo esa misma intervención sobre la mentalidad, muchas escuelas no dan el paso siguiente. Según él, hay personas que sencillamente no pueden aceptar la idea de que una intervención de treinta minutos es capaz de alterar la trayectoria de vida de un individuo. "La gente no cree que esto sea cierto", dijo.

Eso es lo que sucede con las intervenciones sobre la mentalidad: que parecen demasiado buenas para ser verdad. Contradicen una arraigada certeza cultural sobre el proceso de cambio. Creemos que todos los problemas graves tienen raíces profundas y son difíciles de resolver. Y, en efecto, muchos problemas tienen hondas raíces, pero uno de los temas que verás surgir, una y otra vez, en este libro es que modificaciones pequeñas en una actitud pueden desencadenar un torrente de cambios tan profundos que terminan por desafiar los límites de lo posible. Solemos creer que para poder ser felices, o sanos, o lo que queramos, primero debemos hacer grandes cambios en nuestra vida. Pero la ciencia de las mentalidades indica que tiene que ser al revés: cambiar de opinión puede catalizar todas las demás modificaciones que deseamos hacer en nuestra vida. Quizás antes debemos convencernos de que tal cambio es posible.

Cómo cambiar tu mentalidad

Cuando se dio a conocer el video de mi charla en TED sobre la aceptación del estrés, pronunciada en Edimburgo, Escocia, en junio de 2013, empecé a recibir insistentemente esta pregunta: "¿Cómo puedo cambiar mi noción del estrés?".

En las intervenciones sobre la mentalidad del estrés que hemos visto hasta aquí, la gente fue manipulada para cambiar de actitud. Nadie le dijo: "Ver lo bueno del estrés es bueno para ti". El mensaje fue mucho más simple: "El estrés es bueno para ti". ¿El cambio de mentalidad mantiene su eficacia si intentas cambiar tu noción del estrés, o tienes que ser inducido con engaños a hacerlo?

Para contestar esta pregunta, volvamos al efecto placebo. Durante mucho tiempo, médicos y científicos creyeron que el efecto placebo requería trampas. Una pastilla de azúcar sólo serviría si los pacientes estaban persuadidos de que tomaban una medicina de verdad. Pero resulta que el engaño no es el ingrediente activo de los placebos. Éstos dan resultado aun si los pacientes saben que están tomando un placebo.

En pruebas de placebos de etiqueta expresa, los pacientes reciben un paquete que dice claramente "Placebo". La lista de ingredientes es corta: celulosa microcristalina (azúcar). Los médicos dicen al paciente que sí, eso es un placebo, y no, no contiene ningún ingrediente activo. Pero, agregan, la mente y el cuerpo son capaces por sí solos de muchos procesos curativos, que los placebos pueden detonar. El médico alienta al paciente a tomar con regularidad esas pastillas de azúcar.

Por increíble que parezca, pastillas expresamente rotuladas como "Placebo" han aliviado migrañas, colitis y depresión, a menudo con beneficios comparables a los de los mejores tratamientos formales.[33] Decir la verdad a los pacientes y explicarles cómo opera el efecto placebo no reduce la eficacia de éste, e incluso puede aumentarla.

Los estudios entorno a intervenciones sobre la mentalidad indican que lo mismo puede afirmarse de la elección de una actitud nueva. Cuando se dice a la gente cómo opera una intervención sobre la mentalidad y se le invita a recordar la nueva actitud en su vida diaria, la eficacia de este cambio no se reduce.[34]

Alia Crum, cuyas primeras intervenciones sobre la mentalidad del estrés emplearon videos tendenciosos para influir en la noción del mismo entre los participantes, cree que la intervención ideal en una actitud se apoya menos en la manipulación que en la decisión. El método que ella y sus colegas siguen ahora es más transparente que el de la instrucción que Crum usó en UBS durante el desplome económico de 2008. La nueva intervención enseña a los participantes el poder de la mentalidad y los exhorta a asumir un concepto más positivo del estrés.

La primera prueba de esta intervención de "etiqueta expresa" en la mentalidad tuvo lugar en una compañía de Fortune 500, a cuyos empleados se invitó a participar en un curso de manejo del estrés en el que se inscribieron doscientos veintinueve de ellos, en su mayoría de edad madura. La mitad fue aleatoriamente asignada a una intervención de dos horas en la actitud sobre el estrés, mientras que a los demás se les puso en una lista de espera.

El curso inició informando a los empleados acerca de las investigaciones sobre los daños y beneficios de la tensión, tras de lo cual se les instruyó sobre el poder de la actitud, incluidos los resultados de estudios previos de Crum. Se les dijo explícitamente que el propósito del curso era ayudarles a elegir una mentalidad positiva sobre el estrés.

Para contribuir a cultivar en ellos esa nueva mentalidad, se les pidió reflexionar sobre sus experiencias con el estrés, entre ellas los momentos en que éste les había sido útil. También se les enseñó un proceso de tres pasos para practicar la nueva mentalidad cada vez que se sintieran estresados. El primer paso es reconocer el estrés cuando se le experimenta. Uno debe permitirse notar el estrés y cómo afecta el cuerpo. El segundo paso es dar la bienvenida al estrés admitiendo que es una respuesta a algo que nos importa. ¿Podemos identificar la motivación positiva detrás de la ansiedad? ¿Qué está en juego ahí y por qué nos importa? El tercer paso es usar la energía que ofrece el estrés en lugar de desperdiciarla tratando de controlarlo. ¿Qué podemos hacer bien en ese momento, en reflejo de nuestras metas y valores? Los empleados fueron alentados a recordar este proceso de tres pasos cuando experimentaran tensión y a intentar practicarlo al menos una vez al día.

Tres semanas más tarde, los investigadores volvieron a encontrarse con los participantes. Aquellos que recibieron la instrucción mostraron un cambio en su actitud sobre el estrés. Antes de la instrucción, admitían, en general, la mentalidad de que el estrés es dañino, pero ahora tendían a reconocer sus ventajas. También habían mejorado en su respuesta al estrés. Los empleados reportaron menos ansiedad y depresión, y mejor salud física. Se sentían más concentrados, creativos y comprometidos en el trabajo. Aquellos cuya mentalidad cambió más —de muy negativa a positiva— fueron los que exhibieron las principales mejoras. En una última fase, seis semanas después de la intervención, estos beneficios persistían.

En comparación, los empleados en la lista de espera no mostraron esos cambios hasta que recibieron la instrucción de dos horas, tras de lo cual reportaron los mismos cambios de mentalidad y mejoras que el primer grupo. Cabe indicar que ninguno de estos beneficios pudo ser explicado por una reducción en el monto de estrés que los empleados reportaron. La intervención no redujo el estrés; lo transformó.

Las intervenciones más eficaces en la actitud tienen tres partes: 1) conocer el nuevo punto de vista, 2) hacer un ejercicio que aliente a adoptar y aplicar la nueva mentalidad y 3) tener la oportunidad de comunicar la nueva idea a otras personas. Como ya vimos, la nueva mentalidad suele presentarse mediante datos científicos o historias. Este libro, igual que mi curso de la nueva ciencia del estrés, sigue ese mismo proceso de tres pasos. De hecho, mi curso de seis semanas en Stanford es una gran intervención sobre la actitud. En la primera sesión digo a mis alumnos que intentaré cambiar su mentalidad sobre el estrés. Cada semana imparto una clase acerca de la información científica incluida en este libro y sugiero estrategias específicas para cultivar una nueva mentalidad ante la ansiedad. En la sesión siguiente, pido a mis alumnos exponer las ideas presentadas la semana anterior. ¿Pudieron usar alguna estrategia? ¿Replantear el estrés les ayudó a manejar una situación difícil? También les pido estar muy atentos a las oportunidades de comunicar a otros lo que aprenden en el curso. Su último deber es reportar lo que les resultó más útil y cómo compartieron esa idea o práctica con alguien de su interés.

Encuestas grupales anónimas antes y después del curso indican que, en promedio, la mentalidad de los alumnos sobre el estrés es más positiva al final del programa. En la encuesta complementaria, tienden a reprobar enunciados como "Mis problemas me impiden llevar una vida valiosa para mí" y "Si por arte de magia pudiera borrar todas las experiencias desagradables que he tenido en la vida, lo haría". A este cambio de mentalidad le acompañan otros beneficios. Mis alumnos dicen sentirse más seguros de su capacidad para manejar el estrés y menos agobiados por sus problemas. Tienden a decir que persiguen decididamente sus metas más importantes. Para mi satisfacción, uno de ellos escribió: "Ni de lejos temo ahora al estrés tanto como antes". Y todos esos cambios ocurren pese a que muchos de mis alumnos se horroricen al enterarse, en la primera sesión, de que el curso al que se inscribieron trata acerca de aceptar el estrés, no de reducirlo.

En las evaluaciones anónimas al final del curso, mis alumnos también me hacen saber cómo aplican en su vida la nueva mentalidad. La diversidad de las situaciones que ellos ya se sienten más capaces de manejar me ha sorprendido y alentado. Uno de ellos tenía un hijo en servicio activo, asignado a una sección de operaciones especiales de la fuerza aérea estadunidense; a veces la familia no sabía dónde estaba. El curso le sirvió a ese alumno para enfrentar el estrés de la separación y la incertidumbre. Una estudiante acababa de poner fin a un matrimonio insatisfactorio e intentaba volver a empezar sola; la nueva mentalidad sobre el estrés reforzó su convicción de que era capaz de seguir adelante y le permitió pensar más positivamente en su experiencia. A otro alumno hacía poco lo habían bajado de categoría en el trabajo, y había caído en un patrón de no esforzarse y apartarse de sus compañeros, diciéndose que desentenderse de su puesto le era útil porque le permitía evitar el estrés de haber sido degradado. El curso le ayudó a darse cuenta de que eso era contraproducente y le permitió recuperar su productividad. Éstos son unos cuantos ejemplos de los retos que enfrentan mis alumnos. La nueva actitud no cambia su situación, pero sí su relación con ella. Por experiencia sé que cuando la gente está dispuesta a contemplar una nueva noción del estrés, los beneficios pueden extenderse a casi cualquier escenario imaginable.

Claro que esa disposición no siempre está presente. Sé muy bien que reconsiderar una convicción tan importante como para que haya adquirido la categoría de mentalidad puede ser increíblemente difícil y hasta amenazador. Si tú acostumbras ver el estrés como el enemigo, podría serte complicado y desorientador optar por ver lo bueno en él. Este libro, como mi curso, fue concebido para ayudarte en ese proceso, si estás dispuesto a seguirlo. Los ejercicios de "Reconsidera el estrés" que encontrarás en los dos capítulos siguientes te darán la oportunidad de probar una nueva mentalidad sobre el tema, y los de "Transforma el estrés" de la segunda parte llevarán más lejos el proceso, mostrándote cómo aplicar estas ideas a tu vida. Dado que el último paso del cambio de mentalidad es comunicar a otros las ideas que más te sirvieron, a lo largo de este libro te ofreceré sugerencias para hacer eso, ya sea dando referencias de un estudio particularmente interesante, hablando de tus retos personales o ayudando a otros a aceptar su ansiedad.

Cómo conocer tu mentalidad sobre el estrés

El primer paso para cambiar tu noción del estrés es advertir cómo aparece en tu vida diaria tu actitud actual. Por lo común no vemos el efecto de una mentalidad porque estamos demasiado identificados con las convicciones en las que se basa. Esa mentalidad no parece algo que hayamos elegido, sino una certera evaluación de cómo opera el mundo. Aun si tienes plena conciencia de tu noción del estrés, quizá no te percates de cómo esa certeza afecta tus pensamientos, emociones y acciones. Yo llamo a esto "ceguera de la mentalidad". La solución es practicar la toma de conciencia sobre tu punto de vista, prestando atención a cómo opera en tu vida tu presente actitud sobre el estrés.

Para conocer tu mentalidad del estrés, comienza por fijarte en cómo piensas y hablas de él. Puesto que una actitud es como un filtro que tiñe cada experiencia, podrías descubrir que tienes una manera estándar de pensar y hablar de la tensión. ¿Qué dices en voz alta o piensas para ti? (Antes de que procediera a reconsiderar seriamente el estrés, mi mantra a este respecto era: "¡Esto es demasiado!".) Nota qué sientes al pensar así de la tensión. ¿Te motiva? ¿Te inspira? ¿Te agota? ¿Te paraliza? ¿Cómo te sientes contigo mismo o con tu vida?

Tu mentalidad sobre el estrés también influirá en la forma en que reaccionas al de otras personas. Nota cómo te sientes y qué dices o haces cuando alguien a tu alrededor está estresado. ¿El hecho de que alguien se queje del estrés te pone ansioso? ¿Le dices que se tranquilice o que no se estrese tanto? ¿Intentas evitar a alguien cuando está con los nervios de punta, o usas el estrés ajeno para dar rienda suelta a tus problemas, como si compitieras para ver cuál de ambas vidas es más estresante? Hagas lo que hagas, advierte sus efectos. ¿Cómo afecta eso a tu bienestar o influye en tu relación con los demás?

Posteriormente, busca a tu alrededor otras actitudes sobre el estrés. ¿Qué mensajes obtienes a diario acerca de cuál debería ser tu noción de la ansiedad? Una vez que empieces a buscar mentalidades sobre el estrés, las verás en todas partes: en los medios de comunicación, en lo que otros dicen acerca de su vida e incluso en los anuncios que se valen de la promesa de reducir el estrés para vender cualquier cosa, desde champús hasta muebles de oficina. Mientras trabajaba en este capítulo, recibí un texto titulado "Diez razones de que el estrés sea la toxina más peligrosa en tu vida", el cual resultó ser un artículo promocional sobre un remedio holístico. Ignoro si este artículo estimuló o no las ventas de ese producto, pero su solo título era una forma brillante de generar algo de estrés extra sobre el estrés. Percibe cómo te afecta oír mensajes como ése. ¿Te motivan a protegerte, o no hacen sino preocuparte más por tu salud? Cuando otros hablan de su estrés a partir de cierta actitud, ¿qué sientes por tu propia tensión?

Practicar la toma de conciencia de la mentalidad no requiere sino curiosidad. Apenas empiezas a saber cómo influyen las convicciones sobre el estrés —propias y ajenas— en tus sensaciones y reacciones. Más adelante aprenderás a contrarrestar certezas poco útiles y a poner en acción una actitud más positiva.

Reflexiones finales

Hace un año le confesé a Alia Crum que, en ocasiones, todavía me sorprendía quejándome: "¡Qué estresada estoy!" o "¡Qué estresante es esto!". Ya había renunciado públicamente a la mentalidad de que el estrés es dañino, pero mi antigua manera de pensar seguía infiltrándose en mí cuando me sentía muy agobiada. No sabiendo si debía sentirme culpable por esto o no, pregunté a Crum si su transformación de la actitud era más completa.

Ella pensó un momento y dijo:

—Sí, a veces yo también sigo diciéndome: "¡Qué estresada estoy!". Pero al oírme, pienso un instante en por qué estoy estresada y digo: "¡Ahhh, qué *estresada* estoy!".

Me es imposible transmitir con palabras el tono de voz con que Crum dijo eso, pero baste decir que no sonó en absoluto como los desesperados gimoteos de *mi* versión de "¡Qué estresada estoy!". Al pronunciar esas tres palabras, ella parecía animada. Yo me reí y le pregunté si hablaba en serio. Contestó que sí y me explicó que, en su opinión, la actitud más útil sobre la ansiedad es flexible, no en blanco y negro: poder ver los dos lados del estrés, pero optar por ver el lado positivo; sentir tu angustia, pero decidir fijarte en que la tensión te revela lo que más te importa. Crum conjetura que modificar deliberadamente tu mentalidad cuando te sientes estresado te potencia más que tener una noción automáticamente positiva.

Con este fin, cabe reconocer que en todas las intervenciones sobre la mentalidad del estrés, incluido mi curso de Stanford, la gente no reporta una visión de la ansiedad completamente puesta a punto. Los beneficios del cambio de mentalidad aparecen tan pronto como empieza a verse el lado positivo del estrés. No está claro si existe algún tipo de umbral crítico o si un gran cambio de actitud produce mayores beneficios. Para mí, la lección más valiosa es que ver lo bueno del estrés no implica ignorar que en algunos casos es dañino. El cambio de mentalidad que importa es el que te permite tener una noción más equilibrada del estrés: temerle menos, confiar en que lo puedes manejar y usarlo como un recurso para apasionarte más por la vida.

2 Más allá de pelear-o-huir

A fines de la década de 1990, tuvo verificativo un experimento inusual en la unidad de traumatología de un hospital en Akron, Ohio.[1] A individuos que acababan de sobrevivir a un grave accidente de automóvil o motocicleta se les pedía orinar en un vaso. Estas muestras de orina formaban parte de un estudio sobre el trastorno de estrés postraumático (TEP). Los investigadores querían saber si era posible predecir quién desarrollaría TEP, con base en el nivel de hormonas del estrés inmediatamente posterior al traumatismo.

Un mes después de su accidente, a nueve de esos cincuenta y cinco individuos se les diagnosticó TEP. Tenían recuerdos súbitos y pesadillas. Intentaban olvidar el accidente no manejando, evitando las autopistas o negándose a hablar de lo ocurrido. Pero los cuarenta y seis pacientes restantes no presentaban esos síntomas. El perfil postraumático de orina de estos individuos más resilientes era distinto al de los que desarrollaron TEP. Tenía un nivel *más alto* de cortisol y adrenalina, dos de las hormonas del estrés.

El cortisol y la adrenalina forman parte de lo que los científicos llaman la *respuesta al estrés*, serie de cambios biológicos que te ayudan a hacer frente a situaciones tensas. La ansiedad afecta a muchos sistemas físicos, desde el cardiovascular hasta el nervioso. Aunque el propósito de esos cambios es ayudarnos, la respuesta al estrés —lo mismo que éste en general— es más temida que apreciada. La mayoría de la gente ve esa respuesta como un estado tóxico por minimizar, cuando la verdad no es tan terrible. En muchos sentidos, la respuesta al estrés es nuestro mejor aliado en momentos difíciles, un recurso en el que confiar más que un enemigo a vencer.

El estudio de sobrevivientes a accidentes en la unidad de traumatología de Akron fue sólo el primero de varios que demuestran que una intensa respuesta física al estrés predice una mejor recuperación a largo plazo de un suceso traumático. De hecho, una de las nuevas terapias más promisorias para prevenir o tratar el TEP consiste en administrar dosis de hormonas del estrés.[2] Por ejemplo, un estudio de caso publicado en el *American Journal of Psychiatry* explicó que las hormonas del estrés revirtieron el TEP de un sujeto de cincuenta años, el cual, a los cuarenta y cinco, había sobrevivido a un ataque terrorista. Luego de tomar diez miligramos diarios de cortisol durante tres meses, sus síntomas de TEP se redujeron al punto de que ya no se sentía tan angustiado cuando pensaba en ese ataque.[3] Asimismo, los médicos administran ya hormonas del estrés a pacientes que están por someterse a una cirugía traumática. Entre pacientes de cirugía cardiaca de alto riesgo se ha comprobado que esto reduce el periodo en terapia intensiva, minimiza los síntomas de estrés postraumático y mejora la calidad de vida seis meses después de la operación.[4] Incluso las hormonas del estrés se han convertido en suplemento de la psicoterapia tradicional; tomar una dosis de ellas justo después de una sesión de terapia aumenta la eficacia del tratamiento de ansiedad y fobias.[5]

Si estos descubrimientos te sorprenden, no eres el único. La mayoría de la gente piensa que la respuesta del cuerpo al estrés es invariablemente perjudicial. Las hormonas del estrés son vistas como toxinas por eliminar, no como posibles terapias por explorar. Desde el punto de vista convencional, el cuerpo nos traiciona cada vez que nos sudan las manos, el corazón se acelera o se nos retuerce el estómago. Para proteger nuestra salud y felicidad, prosigue ese razonamiento, nuestra prioridad número uno debe ser reprimir la respuesta al estrés.

Si eso es lo que tú piensas de la respuesta al estrés, es momento de que te actualices. Aunque esa respuesta puede ser dañina en ciertas circunstancias, hay mucho que apreciar en ella. Más que temerle, aprende a aprovecharla en bien de tu resiliencia.

En este capítulo examinaremos cómo el estrés consiguió su mala fama y por qué no debes creer todos los alarmantes titulares que lees. También exploraremos la más reciente comprensión de la biología de la ansiedad, según la cual nuestra respuesta al estrés nos ayuda a actuar, relacionarnos y crecer. Para finalizar, echaremos por tierra la idea de que la respuesta al estrés es un instinto de sobrevivencia anacrónico. Lejos de ser una carga que heredamos de nuestro pasado animal, nos ayuda a ser plenamente humanos en el presente.

Cómo consiguió su mala fama el estrés

Corría el año de 1936 cuando el endocrinólogo húngaro Hans Selye inyectó una hormona aislada de los ovarios de una vaca en ratas de laboratorio.[6] Selye esperaba identificar los efectos de esa hormona observando qué pasaba con esos pobres roedores. Por desgracia para ellos, los resultados no fueron halagüeños. Las enjauladas criaturas desarrollaron llagas. Las glándulas adrenales se les inflamaron y el timo, bazo y ganglios linfáticos —todos ellos parte del sistema inmunológico— se contrajeron. Aquellas ratas enfermas eran de dar lástima.

Pero ¿de veras la culpa era de la hormona de la vaca? Selye hizo entonces experimentos controlados, inyectando en algunas ratas una solución salina y en otras una hormona aislada de la placenta de una vaca. Todas desarrollaron los mismos síntomas. Luego probó extractos obtenidos de bazos y riñones. También estas ratas enfermaron. Cualquier cosa que inyectara en ellas las enfermaba por igual.

Selye tuvo al fin un golpe de inspiración: los roedores no se enfermaban por lo que les inyectaba, sino por lo que experimentaban. Había algo inherentemente tóxico en su relación con las agujas. Descubrió que podía producir los mismos síntomas sometiendo a las ratas a cualquier experiencia desagradable: exponiéndolas a calor o frío extremos, obligándolas a ejercitarse sin parar, aturdiéndolas con ruidos, dándoles sustancias tóxicas e incluso cercenando parcialmente su médula espinal. En menos de cuarenta y ocho horas, perdían tono muscular, presentaban úlceras gástricas y caían en un estado de insuficiencia inmunológica.

Luego morían.

Fue así como nació la ciencia del estrés. Selye eligió el término *estrés* para describir tanto lo que les hacía a las ratas (hoy diríamos que las estresaba) como la forma en que el cuerpo de éstas reaccionaba (lo que llamamos respuesta al estrés). ¿Qué tiene que ver todo esto contigo? Antes de dedicarse a la noble profesión de torturar ratas, Selye había sido médico. En ese entonces observó a muchos pacientes cuyo cuerpo se desmoronaba. Se les diagnosticaba cierta enfermedad, pero tenían síntomas —pérdida de apetito, fiebre y fatiga— no específicos de tal afección. Lucían débiles y rendidos. En esos días, Selye llamó a esto "síndrome de morbidez".

Años más tarde, cuando hizo sus experimentos de laboratorio, las ratas enfermas y agonizantes le recordaron a sus antiguos pacientes. Quizá, razonó, el desgaste acumulado de las complicaciones de la vida debilitaba al cuerpo. Entonces dio el gran salto: de los experimentos con ratas a la ansiedad humana. Conjeturó que muchas afecciones que infestan a los seres humanos, desde alergias hasta infartos, eran producto del proceso que él había observado en las ratas. Su salto de las ratas a los humanos fue teórico, no experimental. Toda su vida había estudiado animales de laboratorio, pero eso no le impidió especular acerca de los seres humanos. Y junto con ese salto en su lógica, tomó una decisión que cambió para siempre lo que el mundo pensaría del estrés. Optó por definir éste de una forma que iba mucho más allá de sus métodos de laboratorio con ratas. El *estrés*, afirmó, era *la respuesta del cuerpo a cualquier demanda que recibía*. No era sólo una reacción a inyecciones tóxicas, traumatismos o brutales condiciones de laboratorio, sino también a cualquier cosa que requiriera acción o adaptación. Al definirlo de este modo, Selye sentó las bases para nuestro moderno terror al estrés.

Dedicó el resto de su carrera a difundir el concepto del estrés. Recorrió el mundo instruyendo a otros médicos y científicos sobre *el estrés*, *le stress*, *lo stress* y *der stress*. Adquirió celebridad como padre del concepto y se le nominó diez veces al premio Nobel. Incluso escribió la que es quizá la primera guía oficial del manejo del estrés. Entre tanto, su labor fue financiada por aliados fuera de lo común. La industria tabacalera le pagó por redactar artículos sobre los malignos efectos de la ansiedad en la salud humana. Bajo la dirección de esa industria, incluso testificó en el Congreso estadunidense donde afirmó que fumar era un buen medio para impedir los dañinos efectos del estrés.[7]

Pero lo que realmente aportó Selye al mundo fue la idea de que la ansiedad es tóxica. Si tú le dices a un compañero de trabajo: "Este proyecto me está sacando una úlcera", o te quejas con tu cónyuge: "Este estrés me está matando", rindes tributo a las ratas de Selye.

¿Estaba equivocado? No precisamente. Si tú fueras el equivalente humano de sus ratas y se te sometiera a privaciones, torturas o abusos, tu cuerpo pagaría un precio. Hay amplias evidencias científicas de que un estrés traumático o severo puede perjudicar la salud. Pero Selye definió el estrés en términos tan generales que incluyó en él no sólo el trauma, la violencia y el abuso, sino también *prácticamente todo lo que nos sucede*. Para él, *estrés* era sinónimo de reacción del cuerpo a la vida. Si ésta es también tu definición y crees que es consecuencia inevitable de la ansiedad terminar como las ratas de Selye, tienes motivos de sobra para preocuparte.

Al final Selye reconoció que no todas las experiencias estresantes provocan úlceras. Afirmaba que el estrés bueno (*eustrés*) era un antídoto del malo (*distrés*). Incluso trató de favorecer la imagen de los estados de tensión, declarando en una entrevista en la década de 1970: "Siempre habrá estrés, de manera que todo se reduce a confirmar que sea útil para uno y para los demás".[8] Pero era demasiado tarde. Su obra ya había infundido un temor generalizado al estrés, tanto en la gente ordinaria como en la comunidad médica.

El legado de Hans Selye perdura en sus investigaciones sobre el estrés, las cuales se apoyan en animales de laboratorio más que en humanos. Hasta la fecha, gran parte de lo que oímos decir sobre los perniciosos efectos de la tensión procede de estudios con ratas de laboratorio. Pero la ansiedad que éstas padecen no se asemeja a la tensión diaria de los seres humanos. Si tú fueras una rata de laboratorio, un día estresante podría parecerse a esto: sufrir choques eléctricos impredecibles e incontrolables; ser arrojado a una cubeta con agua y forzado a nadar hasta casi ahogarte; ser puesto en confinamiento solitario o alojado en jaulas sobrepobladas y con alimentos insuficientes, por los que tendrás que pelear. Esto no es estrés; son *Los juegos del hambre* para roedores.

Hace poco asistí a una charla de un prominente investigador cuyo trabajo con animales ha sido ampliamente usado para afirmar que el estado de tensión puede producir enfermedades mentales en seres humanos. Nos explicó la forma de inducir estrés en sus ratones de laboratorio. Primero selecciona a ratones específicamente desarrollados para ser más pequeños de lo normal. Luego mete un pequeño ratón en una jaula junto con uno mucho más grande, desarrollado para la agresividad. Entonces permite que el ratón alfa ataque al pequeño durante veinte minutos y después lo rescata. El ratón maltrecho es separado del alfa, pero puesto en una nueva jaula en la que puede oler y ver al ratón que lo atacó. El peligro físico se ha eliminado, pero el terror psicológico continúa. Este procedimiento no ocurre una vez, sino *todos los días*. Durante semanas, el ratón pequeño es sacado de su jaula y metido de nuevo en la del agresivo para una dosis diaria de acoso. Cuando el científico juzga que el ratoncito está lo bastante estresado, examina cómo afectó esa experiencia su conducta. (Por increíble que parezca, gran número de ratones maltratados exhiben mucha resistencia a la experiencia, pero otros desarrollan algo que equivaldría a la depresión.)

No dudo que esta investigación sea un excelente modelo de algunas formas de ansiedad humana, como abuso infantil, violencia doméstica y reclusión, todos los cuales pueden tener efectos devastadores. Pero cuando los titulares noticiosos declaran: "La ciencia demuestra que el estrés deprime", los respectivos artículos raramente indagan si los métodos usados para estresar a los animales de laboratorio son equivalentes a las circunstancias a las que nosotros solemos aludir cuando nos quejamos de estar muy estresados. Para poner esto en perspectiva, considérese que en una notable encuesta realizada en Estados Unidos en 2014, la fuente diaria de estrés más común entre quienes dijeron estar muy estresados fue "armonizar los horarios de los miembros de la familia". La segunda fue "saber qué hacen los políticos".[9]

A menudo la palabra *estrés* se usa para pasar por alto los detalles de un estudio y para no distinguir entre los efectos del abuso y el trauma y los derivados de las dificultades de todos los días. Esto resulta en demasiado e innecesario estrés sobre el estrés. Por ejemplo, cuando una amiga mía estaba embarazada de su primer hijo, vio en línea un estudio que la asustó. El titular advertía que la ansiedad de una madre durante el embarazo se transmite al bebé. Mi amiga estaba muy presionada en el trabajo y empezó a preocuparse. ¿Causaría un daño permanente a su bebé por no pedir un permiso de maternidad anticipado?

La invité a respirar hondo. El estudio de referencia se había hecho con ratas, no con seres humanos. (Sí, lo busqué; ¿para qué si no son las amigas?) La tensión de las ratas embarazadas consistía en dos cosas: ansiedad de restricción diaria —eufemismo referido a meter un animal a un recipiente no mayor que su cuerpo, con apenas un par de orificios de ventilación— y natación forzada, o hacer flotar a una rata hasta que comienza a ahogarse. Por más presión que mi amiga sintiera en el trabajo, no se asemejaba en nada a eso.

Al consultar estudios con seres humanos, queda claro que el estrés no siempre es dañino durante el embarazo. Una revisión de más de cien estudios en 2011 determinó que sólo un estrés intenso, como sobrevivir a un ataque terrorista o pasar el embarazo en situación de calle, aumentaba el riesgo de parto prematuro y bajo peso al nacer.[10] Altos niveles de estrés y las dificultades diarias no tenían tales consecuencias. Incluso cierto grado de ansiedad durante el embarazo puede beneficiar al bebé. Por ejemplo, investigadores de Johns Hopkins University descubrieron que mujeres que habían reportado mucho estrés durante el embarazo tuvieron bebés con desarrollo cerebral superior y mayor variabilidad de ritmo cardiaco, indicador biológico de aguante del estrés. La exposición en el útero a las hormonas del estrés de mamá enseña al sistema nervioso en desarrollo a manejar la tensión.[11] De esta manera, mi amiga no tenía por qué alarmarse. Sí, tal vez le transmitía su ansiedad a su hijo, pero ésta bien podía contribuir a hacerlo resistente.

El mensaje de que todo estrés es nocivo durante el embarazo puede tener incluso consecuencias no buscadas. Por ejemplo, un estudio sobre mujeres que bebían alcohol estando embarazadas reveló que ésta era juzgada una forma aceptable y aun deseable de reducir la tensión. Como dijo una de ellas a los investigadores: "Es mejor que yo beba, porque al menos el estrés desaparece".[12] Cuando estrés y ansiedad se interpretan como estados tóxicos, podemos adoptar conductas más destructivas todavía en nuestro afán por protegernos o resguardar a quienes nos importan.

Así que debería reconfortarnos saber que, según ciertas investigaciones, las experiencias estresantes pueden ser protectoras. Karen Parker, biopsicóloga de Stanford, estudia los efectos de la ansiedad en los primeros años tanto de seres humanos como de monos ardilla.[13] Para estresar a monos jóvenes, los separa de su madre y los mete en una jaula aislada una hora al día. Esta separación es evidentemente angustiante para los monos, pero menos inhumana que los métodos empleados en otras investigaciones con animales. En muchos sentidos, éste es un excelente modelo del estrés ordinario en la infancia.

Cuando Parker separó inicialmente a monos jóvenes de su madre, predijo que el estrés a temprana edad causaría inestabilidad emocional; por el contrario, causó resistencia. Al crecer, los monos que experimentaron tensión a temprana edad eran menos ansiosos que los protegidos. Exploraban más en nuevos ambientes y mostraban más curiosidad por objetos nuevos, la versión de osadía de un mono joven. Eran más rápidos para resolver los nuevos retos mentales que los experimentadores les proponían. De jóvenes —el equivalente a adolescentes humanos—, los monos que habían sido estresados en sus primeros años incluso mostraban más autocontrol. Todos estos efectos perduraron en la edad adulta. El estrés en sus primeros años había colocado a esos monos jóvenes en una trayectoria de desarrollo diferente, caracterizada por más curiosidad y resiliencia.

El equipo de investigación de Parker incluso ha examinado los cambios que produce el estrés, a temprana edad, en el cerebro en desarrollo. Los monos separados de sus mamás desarrollaron una mayor corteza prefrontal. En particular, el estrés a temprana edad robustece regiones de la corteza prefrontal que desalientan reacciones al temor, mejoran el control de impulsos e incrementan la motivación positiva. Parker y otros científicos creen que la ansiedad en la infancia también puede crear un cerebro resistente en los seres humanos. Más todavía, esto parece ser parte natural de la forma en que el cerebro se adapta al estrés, no una ocurrencia rara o un resultado poco común.

La ciencia del estrés es compleja y, no cabe duda, algunas experiencias estresantes tienen resultados negativos. Pero nosotros no somos ratas de laboratorio de Selye. La ansiedad a la que esos animales fueron expuestos es del peor tipo posible: impredecible, incontrolable y totalmente carente de sentido. Como veremos, es raro que en nuestra vida el estrés se ajuste a esta descripción. Aun en circunstancias de extremo sufrimiento, los seres humanos tenemos la aptitud natural de buscar esperanza, ejercer nuestra capacidad de decisión y dotar a las cosas de significado. Por eso, en nuestra vida los efectos más comunes del estrés incluyen fortaleza, crecimiento y resiliencia.

¿Es malo tener una respuesta al estrés?

Las ratas de Hans Selye son una razón de que el estrés tenga tan mala fama, pero la culpa también es de los gatos y perros de un psicólogo de la Harvard Medical School, Walter Cannon, quien fue el primero en describir la respuesta de pelear-o-huir, en 1915. Le interesaba la influencia del temor y la ira en la fisiología animal. Sus métodos favoritos para encolerizar y asustar a sus animales incluían "cubrir con los dedos el hocico y la nariz de un gato hasta que se le dificulte respirar" y meter juntos a gatos y perros en un cuarto para que peleen.[14]

Cannon observó que, al sentirse amenazados, los animales liberan adrenalina y entran en un estado de activación simpática aguda. Su corazón se acelera, su respiración se agita y sus músculos se tensan; se preparan para la acción. Su digestión y otras funciones físicas no de emergencia se retardan o detienen. El cuerpo se dispone para la batalla incrementando sus reservas de energía y movilizando el sistema inmunológico. Todos estos cambios aparecen en forma automática en la lucha por sobrevivir.

El instinto de sobrevivencia de pelear-o-huir no es exclusivamente canino o felino; está presente en todas las especies dotadas de pulso. Pelear-o-huir ha salvado más de una vida, animal y humana. Por esta razón, la naturaleza ha conservado ese instinto y deberíamos alegrarnos de que esté integrado a nuestro ADN.

No obstante, como han señalado muchos científicos, puñetazos y fugas a toda velocidad no son estrategias ideales en respuesta a las situaciones que los humanos enfrentamos todos los días. ¿De qué te sirve una reacción de pelear-o-huir para intentar controlar tu aburrimiento mientras viajas al trabajo, o la amenaza de desempleo? ¿Qué ocurrirá si huyes de tu relación, hijos o labores cada vez que las cosas se ponen difíciles? No puedes darle un buen golpe a un pago de hipoteca vencido, ni desaparecer cada vez que hay un conflicto en casa o en el trabajo.

Desde este punto de vista, la reacción al estrés es un instinto que debes reprimir en todo momento, salvo en caso de una crisis física extrema, como al escapar de un edificio en llamas o rescatar a un niño que se ahoga. En todos los demás retos que enfrentas, la reacción al estrés es una pérdida de energía que se interpone en el camino de una respuesta exitosa. Ésta es la *teoría del desajuste* de la respuesta al estrés; funcionó para nuestros ancestros, pero no para nosotros. Tú, pobre ser humano, estás inutilizado por una reacción al estrés con escasa función adaptativa en el mundo moderno.

La teoría del desajuste de la respuesta al estrés gira en torno a la idea de que sólo hay una respuesta posible. Como explica Robert Sapolsky, neurocientífico de Stanford, en el documental *Stress: Portrait of a Killer* (¿qué tal este título como mensaje a la mentalidad?): "Activas la respuesta al estrés porque un león te ha atacado; activas la respuesta al estrés porque piensas en impuestos". Si crees que la reacción del cuerpo al estrés siempre es pelear-o-huir, tal reacción comienza a parecer una carga evolutiva. Esto es lo que muchos científicos argumentan.

¿Qué tiene de malo este punto de vista? Seamos claros: una respuesta al estrés que sólo admite dos estrategias de sobrevivencia —lanzar un puñetazo o correr como loco— sería realmente un desajuste para la vida moderna. Pero el cuadro entero de la respuesta humana al estrés es mucho más complejo. Huir y pelear no son las únicas estrategias que tu cuerpo tolera. Como los humanos mismos, la respuesta al estrés ha evolucionado, adaptándose con el paso del tiempo para ajustarse mejor al mundo en que vivimos. Puede activar múltiples sistemas biológicos, cada uno de los cuales sostiene una estrategia de respuesta distinta. Tu reacción al estrés te ayudará no sólo a salir de un edificio en llamas; también a trabar combate con tus problemas, buscar apoyo social y aprender de la experiencia.[15]

Más allá de pelear-o-huir

Imaginemos un momento que participas en un programa de concursos llamado *El juego de la confianza*. El conductor te da cien dólares. El otro jugador —a quien no conoces— recibe cero dólares. Si tú decides no confiar en el desconocido, esos cien dólares se dividirán entre ustedes y cada uno obtendrá cincuenta. Si decides confiar en él, la siguiente decisión es suya. Si decide ser de fiar, el premio aumenta y cada uno de ustedes recibe doscientos dólares. Si opta por no ser de fiar, el premio aumenta de todas formas, pero él se lleva todo y tú no recibes nada.

¿Optarías por confiar en el desconocido? ¿Qué pasaría si los roles se invirtieran? ¿Serías generoso o egoísta si el desconocido decidiera confiar en ti?

Un programa británico de concursos, *Golden Balls*, opera con base en esa premisa, poniendo a prueba los límites de la confiabilidad y el egoísmo de la gente. Aunque ese programa ha sido criticado por promover conductas sociópatas, el economista conductual Richard Thaler descubrió que cincuenta y tres por ciento de quienes participan en él deciden confiar y ser confiables. (Thaler opinó que este porcentaje era muy alto, pero los economistas no se distinguen precisamente por su fe en el altruismo de la gente.)[16]

El juego de la confianza es una popular herramienta de los economistas conductuales que estudian la influencia de diversos factores, como el estrés, en la toma de decisiones. En un estudio, un grupo de individuos fueron sometidos a una estresante tarea común que los obligó a competir con otros participantes en una entrevista de trabajo simulada y en pruebas de aptitud cognitiva.[17] Esto se ideó para maximizar dos aspectos del estrés: la presión de desempeño y la amenaza de la comparación con otros. Inmediatamente después, se dio oportunidad a los sujetos de participar en el juego de la confianza con una serie distinta de desconocidos, ninguno de los cuales había intervenido en la experiencia grupal estresante. ¿Qué tan confiados y confiables crees que fueron estos sujetos, en comparación con los no estresados previamente?

Habría sido de esperar que los individuos estresados fueran más agresivos o egoístas, pero lo cierto fue lo contrario. Los que acababan de pasar por una experiencia estresante tendieron, cincuenta por ciento más, a confiar en un desconocido y arriesgar su parte de las ganancias y, en igual proporción, ser confiables y dividir las ganancias con el desconocido, en vez de preservar el dinero para sí. La tasa de confianza y confiabilidad del grupo de control fue muy similar a la de los concursantes en Golden Ball: de alrededor de cincuenta por ciento. En contraste, los sujetos previamente estresados mostraron tasas de confianza y confiabilidad inusualmente altas, de setenta y cinco por ciento. El estrés los volvió prosociales.

A lo largo del estudio, los investigadores rastrearon las reacciones físicas de los sujetos a la ansiedad. Los que tuvieron mayor reactividad cardiovascular al estrés también tuvieron más probabilidades de confiar y ser confiables en el juego posterior. En otras palabras, entre más fuerte era la respuesta de su corazón al estrés, más altruistas se volvían.

Este descubrimiento sacude a muchos. He tenido alumnos que alzan la mano para argumentar que los descubrimientos de ese estudio son imposibles. Si se es de la opinión de que el estrés produce siempre una respuesta de pelear-o-huir, la conducta de esos sujetos no tiene sentido. Deberían operar con base en una mentalidad competitiva brutal, dispuestos a tomar el dinero del primer incauto que cometa el error de confiar en ellos.

La razón de que este hallazgo *sea* verosímil es que existen muchas posibles respuestas a la ansiedad. Contra lo que la mayoría cree, no hay una respuesta física uniforme al estrés que sea detonada por todas las situaciones estresantes.[18] Los cambios cardiovasculares específicos, proporción de hormonas liberadas y otros aspectos de la respuesta al estrés pueden variar ampliamente. Diferencias en tu reacción física a la ansiedad pueden generar respuestas psicológicas y sociales muy diferentes, entre ellas más altruismo.

Hay varias respuestas prototípicas al estrés, cada una con un perfil biológico distinto que motiva diversas estrategias para lidiar con el estrés. Por ejemplo, la *respuesta de desafío* incrementa la seguridad en uno mismo, motiva la acción y ayuda a aprender de la experiencia, mientras que la de *atender-y-amistar* aumenta la valentía, motiva a cuidar y fortalece tus relaciones sociales. Junto con la conocida reacción de pelear-o-huir, esto compone tu repertorio de respuestas al estrés. Para entender cómo éste puede detonar esos diferentes estados, examinemos más de cerca su biología.

El estrés te da energía para estar a la altura de las circunstancias

Como observó Walter Cannon, la respuesta al estrés de pelear-o-huir principia cuando irrumpe el sistema nervioso simpático. Con el fin de que estés alerta y listo para actuar, ese sistema concentra todo tu cuerpo en la movilización de energía. El hígado vierte grasa y azúcar en la sangre para que sirvan como combustible, la respiración se intensifica para destinar más oxígeno al corazón y el ritmo cardiaco se acelera para llevar ese oxígeno, grasa y azúcar a los músculos y el cerebro. Hormonas del estrés como la adrenalina y el cortisol ayudan a los músculos y al cerebro tanto a tomar como usar más eficientemente esa energía. La respuesta al estrés nos prepara de todas estas formas para encarar los retos frente a nosotros.

Esta parte de la respuesta al estrés puede dotarnos de aptitudes físicas extraordinarias. Abundan las notas informativas sobre la llamada fuerza histérica atribuida a la ansiedad, como el caso de las dos adolescentes de Lebanon, Oregon, que levantaron un tractor de 1,350 kilos para salvar a su padre, que había quedado atrapado abajo. "No sé cómo lo cargué, pesaba mucho", dijo a los reporteros una de las chicas. "Pero lo hicimos."[19] Muchas personas tienen experiencias de este tipo durante el estrés: no saben cómo se arman de valor o fuerza para actuar. Pero justo cuando lo necesitan, su cuerpo les da energía y voluntad para hacer lo preciso.

La energía que obtenemos de la tensión no sólo ayuda a nuestro cuerpo a actuar; también activa nuestro cerebro. La adrenalina despierta nuestros sentidos. Las pupilas se dilatan para dejar entrar más luz y el oído se agudiza. El cerebro procesa más rápidamente lo que percibimos. Dejamos de divagar y nuestras prioridades menos importantes se desvanecen. La ansiedad genera un estado de atención concentrada que nos da acceso a más información sobre nuestro entorno físico.

Asimismo, nuestra motivación se ve estimulada por un coctel químico de endorfinas, adrenalina, testosterona y dopamina. Este lado de la respuesta al estrés es una de las razones de que a algunos les guste la ansiedad: les da un levantón. Esas sustancias químicas juntas aumentan nuestra sensación de seguridad y poder. Nos inclinan a perseguir nuestras metas y a ocuparnos de la causa de esa avalancha de sustancias químicas que nos hace sentir bien. Algunos científicos llaman a esto el lado "excitante y delicioso" del estrés. Se ha observado tanto en paracaidistas como en enamorados.[20] Si a ti te emociona ver el final de un partido muy reñido o apresurarte para cumplir una fecha límite, conoces este lado de la ansiedad.

Cuando nuestra sobrevivencia está en peligro, esos cambios biológicos son más agudos y quizás adoptemos una respuesta clásica de pelear-o-huir. Pero cuando la situación estresante es menos amenazadora, el cerebro y el cuerpo pasan a un estado distinto: la reacción de desafiar.[21] Como la de pelear-o-huir, la respuesta de desafío nos da energía y nos ayuda a desenvolvernos bajo presión. El ritmo cardiaco aumenta, la adrenalina se dispara, los músculos y el cerebro reciben más combustible y las sustancias químicas que nos hacen sentir bien se incrementan de modo repentino. Sin embargo, esta reacción difiere de la de pelear-o-huir en varias formas relevantes: nos sentimos concentrados, pero no temerosos. Liberamos una proporción distinta de hormonas del estrés, como mayores niveles de DHEA, lo que nos permite recuperarnos y aprender de la tensión. Esto eleva el índice de crecimiento de nuestra respuesta al estrés, la beneficiosa proporción de hormonas de éste que pueden determinar, en parte, si una experiencia estresante es robustecedora o perjudicial.

Quienes reportan encontrarse en un estado de flujo —la gratísima sensación de estar totalmente absorto en lo que se hace— muestran claras señales de la respuesta de desafío.[22] Artistas, atletas, cirujanos, videogamers y músicos exhiben una reacción de este tipo al estrés cuando se embeben en su oficio o habilidad. Contra lo que muchos suponen, expertos en su campo como ésos no están fisiológicamente quietos cuando se encuentran bajo presión; al contrario, tienen intensas respuestas de desafío. Su respuesta al estrés les da acceso a sus recursos mentales y físicos; el resultado es más seguridad, mayor concentración y máximo rendimiento.

El estrés te vuelve sociable para alentar tus relaciones

Tu respuesta al estrés no sólo te da energía. En muchos casos, también te motiva a relacionarte con los demás. Este lado de la ansiedad está principalmente determinado por la hormona oxitocina. Ésta ha sido promovida como la "molécula del amor" y la "hormona del afecto", porque la glándula pituitaria la libera cuando abrazamos a alguien. Sin embargo, es una neurohormona mucho más compleja, que afina las tendencias sociales del cerebro. Su principal función es desarrollar y fortalecer lazos sociales, por eso se le libera al abrazar, así como en el sexo y el amamantamiento. Un alto nivel de oxitocina nos hace querer relacionarnos con otros. Genera un ansia de trato social, ya sea a través del tacto, un mensaje de texto o una cerveza compartida. La oxitocina también aumenta la capacidad de nuestro cerebro para percibir y comprender qué piensan y sienten los demás. Incrementa nuestra empatía e intuición. Cuando el nivel de oxitocina es alto, tendemos a confiar en y ayudar a quienes nos importan. Al volver más sensibles al trato social los centros de recompensas del cerebro, la oxitocina incluso aumenta la agradable sensación de bienestar que obtenemos del hecho de interesarnos en los demás.

No obstante, la oxitocina se ocupa de algo más que de las relaciones sociales. También es una sustancia química de la valentía. Desalienta una reacción de miedo en nuestro cerebro, suprimiendo la inclinación a congelarnos o huir. Esta hormona no sólo nos hace desear un abrazo; también nos vuelve valientes.

¡Qué hormona tan buena!, ¿verdad? Algunos han sugerido incluso que la aspiremos para transitar a una mejor versión de nosotros mismos y, en realidad, ya es posible comprar inhaladores de oxitocina en línea. Pero ésta es parte de nuestra respuesta al estrés tanto como la adrenalina, que hace que nuestro corazón lata con fuerza. Durante el estrés, la pituitaria libera oxitocina para motivar las relaciones sociales. Esto significa que un estado de tensión puede ayudarnos a asumir esa "mejor" versión de nosotros sin necesidad de aspirar dicha hormona.

Cuando la oxitocina es liberada como parte de la reacción al estrés, nos alienta a relacionarnos con nuestra red de apoyo. Asimismo, refuerza nuestras relaciones más importantes, volviéndonos más sensibles a los demás. Los científicos llaman a esto *la respuesta de atender-y-amistar*.[23] A diferencia de la de pelear-o-huir, asociada principalmente con la sobrevivencia, la respuesta de atender-y-amistar nos motiva a proteger a las personas y comunidades que nos importan. Y, sobre todo, nos da valor para conseguirlo.

Cuando lo único que quieres es hablar con un amigo o ser querido, es que ha entrado en acción la respuesta al estrés que te mueve a buscar apoyo. Cuando ocurre algo malo y piensas en tus hijos, mascotas, familiares o amigos, la que actúa es la respuesta al estrés que te alienta a proteger a tu tribu. Cuando alguien hace algo injusto y quieres defender a tu equipo, compañía o comunidad, ves en acción tu respuesta prosocial al estrés.

La oxitocina tiene más de un beneficio sorpresa: esta pretendida hormona del amor también es buena para la salud cardiovascular. El corazón tiene receptores especiales de oxitocina, la que ayuda a las células a regenerarse y sanar de un microdaño. Cuando la respuesta al estrés incluye a la oxitocina, literalmente el estrés puede fortalecer nuestro corazón. ¡Esto difiere mucho del usual mensaje de que la tensión puede causar infarto! En efecto, el estrés puede inducir un infarto provocado, por lo general, por una gran descarga de adrenalina, pero no todas las respuestas al estrés perjudican al corazón. De hecho, uno de los estudios más sugerentes que conozco reveló que estresar a ratas antes de inducirles químicamente un infarto las *protegió* contra el daño cardiaco. Cuando los investigadores dieron a esas ratas una sustancia que bloqueaba la liberación de oxitocina, el estrés dejó de proteger su corazón.[24] Este estudio insinúa uno de los lados más sorprendentes de la ansiedad: que nuestra reacción a ella lleva integrado un mecanismo de resiliencia, que nos motiva a interesarnos en los demás al mismo tiempo que refuerza nuestro corazón.

El estrés te ayuda a aprender y crecer

La última etapa de toda respuesta al estrés es la recuperación, cuando nuestro cuerpo y cerebro regresan a un estado no estresado. El cuerpo recurre entonces a una farmacia entera de hormonas del estrés que contribuyen a nuestra recuperación. Por ejemplo, el cortisol y la oxitocina reducen la inflamación y restauran el equilibrio del sistema nervioso autónomo.[25] La DHEA y el factor de crecimiento de los nervios incrementan la neuroplasticidad, con objeto de que el cerebro aprenda de experiencias estresantes. Quizás en algún momento creyeras que debías recuperarte de las hormonas del estrés, pero es al contrario: estas hormonas están integradas a la respuesta a aquél porque te ayudan a recuperarte física y mentalmente. Quienes liberan un alto nivel de ellas durante una experiencia estresante tienden a levantarse más pronto después de ésta, con menos angustia prolongada.[26]

El proceso de recuperación de la ansiedad no es instantáneo. Durante varias horas posteriores a una respuesta aguda al estrés, el cerebro se reprograma para recordar la experiencia y aprender de ella. En este periodo, las hormonas del estrés intensifican su actividad en regiones cerebrales que sostienen el aprendizaje y la memoria. Mientras el cerebro procesa la experiencia, quizá no podamos dejar de pensar en lo ocurrido, o sintamos ganas de hablar con alguien sobre eso, o de rezar. Si todo salió bien, reproduciremos la experiencia en nuestra mente, recordando lo que hicimos y sus consecuencias. Si salió mal, intentaremos entender qué pasó, imaginar qué podríamos haber hecho de otra manera e idear otros resultados posibles.

Las emociones suelen estar a flor de piel durante el proceso de recuperación. Tal vez nos sintamos demasiado energizados o agitados para calmarnos. No es raro que experimentemos miedo, conmoción, enojo, culpa o tristeza, mientras nos recuperamos de una experiencia estresante. También podríamos sentir alivio, alegría o gratitud. Estas emociones suelen coexistir durante el periodo de recuperación, y forman parte del modo en que el cerebro dota de sentido a la experiencia. Nos mueven a reflexionar en lo sucedido y a extraer lecciones para enfrentar el estrés futuro. También vuelven más memorable la experiencia. La neuroquímica de estas emociones hace más plástico al cerebro, término usado para describir su capacidad de remodelarse a partir de la experiencia. De esta forma, las emociones que siguen a un estado de tensión nos permiten aprender de la experiencia y crear significado.

Todo esto forma parte del mecanismo por el cual el estrés pasado enseña al cerebro y al cuerpo a manejar el estrés futuro. La ansiedad deja una huella en el cerebro que nos prepara para lidiar con un estrés similar más adelante. No toda irritación menor detonará este proceso, pero cuando se pasa por una experiencia muy difícil, el cuerpo y el cerebro aprenden de ello. Los psicólogos llaman a esto *inoculación de estrés*. Es como una vacuna de ansiedad para el cerebro. Por eso someter a estrés práctico es una técnica clave de entrenamiento para los astronautas de la NASA, el personal de emergencia, los atletas de elite y otros individuos que deben desarrollarse en entornos muy estresantes. La inoculación de estrés se ha utilizado para preparar a niños para desalojos de emergencia; entrenar a empleados para lidiar con entornos de trabajo hostiles e, incluso, para prevenir a autistas contra interacciones sociales estresantes. También puede explicar los descubrimientos de científicos como Karen Parker, de Stanford, quien demostró que el estrés a temprana edad genera resiliencia después.

Una vez que aprecies que experimentar estrés te vuelve mejor para manejarlo, te parecerá más fácil enfrentar cada nuevo reto. De hecho, las investigaciones indican que suponer que aprenderás de una experiencia estresante modifica tu respuesta física al estrés en favor de la inoculación de estrés. Como se dijo al comentar el estudio de Alia Crum, ver un video sobre las cualidades útiles de la tensión aumentó el nivel de DHEA de los participantes durante y después de una entrevista de trabajo simulada. Otros estudios señalan que ver una situación estresante como una oportunidad para mejorar tus habilidades, conocimientos o fortalezas te predispone a favor de una respuesta de desafío, no de pelear-o-huir.[27] A su vez esto incrementa la posibilidad de que aprendas de la experiencia.

La respuesta al estrés te ayuda a estar a la altura de las circunstancias, relacionarte con los demás y aprender y crecer

Cómo te ayuda la respuesta al estrés a:

Estar a la altura de las circunstancias

Cómo sabes que esto ocurre

- Concentra tu atención
- Agudiza tus sentidos
- Aumenta la motivación
- Moviliza energía

Notas que el corazón te late con fuerza, sudas o tu respiración se acelera.
Te concentras en la fuente del estrés.
Te sientes estimulado, energizado, ansioso, inquieto o listo para actuar.

Relacionarte con los demás

- Activa inclinaciones prosociales
- Alienta el trato social
- Aumenta la cognición social
- Desalienta el temor e incrementa el valor

Quieres estar con amigos o familiares. Prestas más atención a los demás o eres más sensible a sus emociones. Sientes el deseo de proteger, apoyar o defender a las personas, organizaciones o valores que más te importan.

Aprender y crecer
- Restaura el equilibrio del sistema nervioso
- Procesa e integra la experiencia
- Contribuye a que el cerebro aprenda y crezca

Aunque tu cuerpo se serena, sigues sintiendo excitación mental. Reproduces o analizas la experiencia en tu mente o quieres hablar con otros de ella. Una mezcla de emociones suele estar presente, junto con el deseo de dar sentido a lo ocurrido.

Reconsidera el estrés: replantea tu respuesta al estrés

Recuerda una experiencia reciente que describirías como estresante. Podría ser una discusión, un problema en el trabajo o una amenaza a tu salud. Luego lee el recuadro "La respuesta al estrés te ayuda a estar a la altura de las circunstancias, relacionarte con los demás y aprender y crecer". Dedica un momento a pensar en qué aspectos de la respuesta al estrés estuvieron presentes en o después de tu experiencia estresante. ¿Tu cuerpo intentó darte más energía? ¿Cómo lo sabes? ¿Qué sensaciones experimentaste? ¿Buscaste contacto o apoyo social? ¿Cómo sentiste el impulso a relacionarte? ¿Te sentiste motivado a actuar o a proteger, o defender, a alguien o algo de tu interés? ¿Cómo se expresó esa motivación? ¿Reprodujiste el incidente en tu cabeza una vez que terminó o hablaste con alguien sobre él? ¿Qué emociones estuvieron presentes después, o quizás ahora, mientras piensas en la experiencia? Dedica unos momentos a describir por escrito lo que sentiste.

Quizás antes veías el que te sudaran las manos y necesitaras apoyo moral o cavilación posterior como "síntomas" excesivos de estrés o como signos de que no manejabas bien la tensión. ¿Puedes optar por reconsiderar esos mismos síntomas como signos de que tu cuerpo y tu cerebro te ayudan a reaccionar? Si hay una parte de tu respuesta al estrés que te disguste en particular o en la que desconfíes, piensa qué papel podría desempeñar para protegerte, estar a la altura de las circunstancias, relacionarte con los demás o aprender y crecer. Tómate unos momentos más para escribir sobre tu experiencia desde este punto de vista.

Elige tu respuesta al estrés

La información científica más reciente demuestra que hay más de una forma de experimentar estrés. Pero ¿qué determina el tipo de respuesta al mismo que tienes en un momento dado?

Tipos diferentes de situaciones estresantes suelen causar respuestas distintas. Por ejemplo, el estrés social tiende a incrementar la oxitocina en mayor medida que otros tipos de estrés. Esto es bueno, porque motiva las relaciones sociales. En contraste, el estrés de desempeño tiende a incrementar la adrenalina y otras hormonas que nos dan energía y concentración. También esto es bueno, porque es lo que necesitamos para rendir al máximo. Lo ideal es que tus respuestas sean flexibles y acordes con las circunstancias y que tu cuerpo responda a cada situación estresante haciendo óptimo uso de tus recursos. Una abogada defensora a punto de pronunciar sus conclusiones tendrá una respuesta de desafío. Al llegar a casa, si sus hijos se disputan su atención, una respuesta de atender-y-amistar los tranquilizará tanto como a ella. Y si la alarma contra incendios suena a media noche, una respuesta de pelear-o-huir hará que ella y su familia salgan de la casa para ponerse a salvo.

También nuestra historia de vida influye en cómo reaccionamos al estrés.[28] En particular, nuestras primeras experiencias con él tienen un marcado efecto en el funcionamiento de nuestro sistema adulto del estrés. Por ejemplo, los sujetos que experimentaron una enfermedad potencialmente mortal en su juventud tienden a exhibir una fuerte respuesta de oxitocina al estrés. Pronto aprendieron a confiar en los demás en momentos de estrés, lo que los predispuso a tener una respuesta de atender-y-amistar. En contraste, los que experimentaron abuso en la infancia exhiben una menor respuesta de oxitocina al estrés. Aprendieron a no confiar en los demás en momentos estresantes. De adultos, tienden a asumir la autodefensa de una respuesta de pelear-o-huir, o la independencia de una respuesta de desafío.

Aun nuestros genes determinan cómo reaccionamos a la tensión. Algunos genes predisponen a la gente a disfrutar de la avalancha de adrenalina de la respuesta al estrés y a buscar una estimulación estresante; estos genes incrementan la tendencia a una respuesta competitiva, de pelear-o-huir. Otros afectan nuestra sensibilidad a la oxitocina y, por tanto, influyen en la tendencia a una respuesta de atender-y-amistar. Tu perfil genético influye incluso en qué tanto te afecta la ansiedad. Desde que nacen, algunas personas son más resistentes que otras al estrés, lo que las vuelve menos reactivas a circunstancias estresantes y menos alterables —para bien o para mal— por experiencias de ese mismo tipo. Otras son, por naturaleza, más sensibles al estrés.[29] Paradójicamente, esto incrementa la probabilidad no sólo de resultados negativos del estrés, como depresión o ansiedad, sino también de resultados positivos, como más compasión y crecimiento personal.

Sin embargo, ninguna de esas diferencias genéticas resulta determinante. Establecen predisposiciones que interactúan con nuestras experiencias de vida y decisiones conscientes. El sistema de respuesta al estrés es adaptativo y no cesa de tratar de entender cómo manejar mejor las dificultades que enfrentamos. Por ejemplo, ser padre puede cambiar tus tendencias respecto a la ansiedad. Hombres de pelear-o-huir a toda costa experimentan una disminución de testosterona que suelta de repente su lado de atender-y-amistar cuando son padres. En contraste, sucesos traumáticos potencialmente mortales empujan al sistema del estrés en la dirección opuesta. El trauma genera una expectativa temporal de que el mundo es inseguro, entonces el cerebro y el cuerpo reaccionan induciendo una respuesta de pelear-o-huir. Es importante reconocer que estos cambios son estratégicos, no señales de un imperfecto sistema del estrés.[30] Aunque estas adaptaciones tienen costos, también poseen beneficios muy prácticos. Más todavía, no son fijas. Tu cerebro y tu cuerpo continúan reestructurándose para que tú puedas enfrentar los desafíos más importantes de tu vida. Aun cambios inducidos por sucesos traumáticos pueden revertirse mediante nuevas experiencias de vida y relaciones.

Por último, tienes voz en la forma en que tu cuerpo responde al estrés. Este es un estado biológico concebido para ayudarte a aprender de la experiencia. Eso quiere decir que tu respuesta a él es muy sensible a los efectos de la práctica deliberada. Hagas lo que hagas durante el estrés, enseñas a tu cuerpo y cerebro a hacerlo de manera espontánea. Si quieres responder a él de otra manera —encarar problemas con más seguridad, salir en tu defensa, buscar apoyo social en vez de retraerte, encontrar significado en tu sufrimiento—, practica esa respuesta durante una situación estresante. Cada momento de estrés es una oportunidad de transformar tu reacción instintiva a él.

Estrés a diez mil metros de altura

Una discípula mía me envió la historia siguiente poco después de su última sesión en mi curso de la nueva ciencia del estrés. Reva y su esposo, Lakshman, habían tomado juntos el curso. Tras la última clase, volaron hacia Australia para reunirse con una de sus hijas, que esperaba un bebé.

Lakshman padece una afección cardiaca y uno de sus síntomas es apnea obstructiva del sueño. Al volar debe usar un aparato de presión continua de las vías respiratorias para disponer de suficiente oxígeno. Este aparato tiene que conectarse y ocupa demasiado espacio, lo que hace de la experiencia de volar un episodio muy estresante para ambos. En ese vuelo, el enchufe estaba en el techo y la conexión se desprendía fácilmente. Como se trataba de un vuelo nocturno, el avión estaba a oscuras y la visibilidad era restringida. Reva, quien usa rodillas ortopédicas, tenía que subirse al asiento para volver a conectar el aparato. Tratar de maniobrar en la angosta fila era complicado. Ella sentía todo su cuerpo responder al estrés.

Éste es justo el tipo de situación en el que la mayoría de la gente diría que la respuesta al estrés constituye un problema. Reva y su esposo tenían poco control de la situación y enojarse con el enchufe, las sobrecargos o entre sí, no habría servido de nada. Huir era imposible, a menos que hubiesen llevado paracaídas y planearan desmontar la ventana de la salida de emergencia, por no hablar de que Lakshman corría alto riesgo de infarto. Seguro que no necesitaba un torrente de adrenalina a diez mil metros de altura.

Entonces Reva recordó que la respuesta al estrés no se reduce a pelear-o-huir. Ella y su esposo hablaron de la tensión que sentían. En lugar de dejarse estresar por su estrés, imaginaron que su cuerpo liberaba oxitocina para apoyarse uno a otro y proteger el corazón de Lakshman. Conociendo el lado social de la respuesta al estrés, Reva se hizo amiga de la señora que iba sentada junto a ella. Relacionarse con su compañera de fila facilitó mucho el resto del largo viaje, pues a Reva ya no le afligía molestarla con sus movimientos.

Asimismo, Reva y Lakshman tomaron la decisión consciente de trasladar su concentración mental acerca de tratar de remediar una situación incontrolable a pensar en por qué ese vuelo era valioso. Hablaron de cómo esa ordalía formaba parte de algo significativo: ver a su hija y a su nieto por nacer. Esto les ayudó a apreciar el viaje, pese a todas sus incomodidades.

Esta historia me gusta porque es un ejemplo sencillo de que recordar los muchos aspectos de la respuesta al estrés puede transformar nuestra experiencia con él. En este caso, concentrarse en las relaciones sociales y el significado fue la estrategia perfecta para soportar un viaje largo e incómodo. En situaciones en las que tenemos más control, podría ser útil recordar que nuestra respuesta al estrés nos da energía y nos alienta a actuar.

Cuando sientas que tu cuerpo reacciona al estrés, pregúntate qué parte de la respuesta a él necesitas más. ¿Necesitas pelear, escapar, actuar, buscar significado o crecer? Aun si parece que tu respuesta al estrés te empuja en una dirección, pensar cómo *quieres* responder puede cambiar tu biología en tu favor. Si hay un lado de la respuesta al estrés que quisieras desarrollar, considera cómo sería ese lado en una situación estresante con la que lidias ahora. ¿Qué pensaría, sentiría o haría alguien bueno para ese lado del estrés? ¿Puedes optar por esa respuesta en este momento?

Reflexiones finales

Uno de los principales argumentos de la teoría del desajuste de la respuesta al estrés —según la cual la reacción del cuerpo a la ansiedad es un instinto de sobrevivencia anacrónico— consiste en que la única respuesta posible es la que se da ante una emergencia de vida o muerte. Estresarse se juzga un defecto psicológico, una debilidad por corregir. Esto se deriva de la equivocada impresión de que toda respuesta al estrés es una reacción desmesurada de pelear-o-huir. Una descripción más completa de la biología del estrés nos hace comprender por qué respondemos a él todo el tiempo y por qué ésos no son, en absoluto, signos de falla. Apresurarnos a arreglar a nuestros hijos para la escuela; sortear a un difícil compañero de trabajo; pensar en críticas que recibimos; preocuparnos por la salud de un amigo: tenemos respuestas al estrés para todas estas cosas porque nos estresamos cuando está en juego algo importante para nosotros. Y sobre todo, *tenemos respuestas al estrés para ayudarnos a hacer algo al respecto.*

Nos estresamos cuando nuestras metas están en peligro, así que actuamos. Nos estresamos cuando nuestros valores se ven amenazados, así que los defendemos. Nos estresamos cuando necesitamos valor. Nos estresamos para poder relacionarnos con los demás. Nos estresamos para aprender de nuestros errores.

La respuesta al estrés es más que un instinto de sobrevivencia básico. Está integrada a nuestra operación como seres humanos, a la forma en que nos relacionamos con los demás y al modo en que encontramos nuestro lugar en el mundo. Cuando entiendes esto, la respuesta al estrés deja de ser algo que temer. Se convierte en algo que agradecer y aprovechar, e incluso en lo cual confiar.

3 Una vida significativa es una vida estresante

De 2005 a 2006, investigadores de Gallup World Poll formularon una pregunta a más de ciento veinticinco mil personas mayores de quince años, de ciento veintiún países: "¿Sentiste mucho estrés ayer?".[1] En naciones industrializadas, los investigadores llevaron a cabo entrevistas telefónicas y en países en desarrollo, así como en regiones remotas, marcharon de puerta en puerta.

Después calcularon un índice nacional de estrés. ¿Qué proporción de la población de un país dijo haberse sentido estresada el día anterior? A escala mundial, el promedio fue de treinta y tres por ciento; Estados Unidos se situó más alto, en cuarenta y tres; Filipinas ocupó el primer lugar, con sesenta y siete; Mauritania el último país, con poco más de cinco por ciento.

Dado que los porcentajes variaron de un país a otro, los encuestadores se preguntaron: ¿el índice de estrés de una nación se corresponde con otros índices de bienestar, como felicidad, esperanza de vida y el PIB? Piensa en lo que tu propia noción del estrés pronosticaría a este respecto. ¿Contar con más personas estresadas es bueno para la salud pública, la felicidad nacional y la economía?

Para sorpresa de los investigadores, entre más alto era el índice de estrés de una nación, más alto era también el bienestar nacional. Y entre más alto era el porcentaje de personas que dijeron haberse sentido estresadas el día anterior, lo eran también la esperanza de vida y el PIB de ese país. Asimismo, un alto índice de estrés predijo altos resultados nacionales en indicadores de felicidad y satisfacción con la vida. Que más personas reportaran estrés significó más personas satisfechas con su salud, trabajo, nivel de vida y comunidad. Los investigadores observaron también que quienes viven en países con elevados niveles de corrupción, pobreza, hambre y violencia, como Mauritania, no siempre describieron sus días como estresantes. Sea a lo que se refiriera la gente alrededor del mundo al decir que se sentía estresada, esto no se correspondió a la perfección con lo que los investigadores juzgaban condiciones sociales objetivamente malas.

Para comprender estos desconcertantes descubrimientos, los investigadores estudiaron la relación entre ansiedad y otras emociones. Un día en que una persona sentía mucho estrés también tendía a sentirse enojada, deprimida, triste o preocupada. Pero vivir en un país con alto índice de estrés también se asoció con decir sentir más alegría, amor y felicidad el día anterior. En cuanto al bienestar en general, las personas más felices en la encuesta no fueron aquellas sin estrés, sino las muy estresadas pero no deprimidas; estas personas tendieron a calificar su vida como casi ideal. En contraste, entre los individuos más infelices, con alto nivel de vergüenza y enojo y bajo nivel de alegría, "hubo una notable falta de ansiedad".[2]

Yo llamo a esto la *paradoja del estrés*. Altos niveles de tensión se asocian tanto con angustia como con bienestar. Sobre todo, una vida feliz no está exenta de estrés, ni una vida sin él garantiza la felicidad. Aunque la mayoría juzga dañina la ansiedad, un nivel más alto de ella parece ir de la mano con lo que más queremos: salud y satisfacción en la vida.

¿Cómo es posible que algo que experimentamos como angustiante se asocie con tantos resultados positivos? Para comprender mejor la paradoja del estrés, es preciso analizar la relación entre estrés y significado. Resulta que una vida significativa es también una vida estresante.

¿Tu vida es significativa?

En 2013, estudiosos de Stanford y la Florida State University preguntaron a una extensa muestra nacional de adultos estadunidenses, de entre dieciocho y setenta y ocho años de edad, si coincidían con el enunciado "Pienso que mi vida es significativa".[3] Podría parecer mucho pedir hacer reflexionar a la gente sobre su vida entera para saber si ésta tiene significado o no. Pero a la mayoría le basta con una rápida revisión instintiva para saber si lo que siente al respecto es cierto o no. Quizá tú hiciste tu propia evaluación tan pronto como leíste ese enunciado.

Más tarde, los investigadores analizaron qué distinguía a quienes estuvieron completamente de acuerdo con esa afirmación. ¿Cuáles son las mejores predicciones de una vida significativa?

Sorpresivamente, el estrés ocupó un alto puesto. De hecho, cada indicador de estrés sondeado por los investigadores pronosticó más significado en la vida. Quienes habían experimentado el mayor número de sucesos estresantes de vida fueron quienes más tendieron a considerar que su vida era significativa. Quienes dijeron estar bajo mucho estrés en ese momento también calificaron su vida como significativa. Aun el tiempo dedicado a preocupaciones por el futuro se asoció con significado, igual que el dedicado a reflexionar sobre dificultades y problemas pasados. Como concluyen los investigadores, "las personas con una vida muy significativa se preocupan más y tienen más estrés que aquellas con una vida menos dotada de sentido".

¿Por qué estrés y significado se asocian de modo tan intenso? Una razón es que aquél parece ser consecuencia inevitable de asumir roles y perseguir metas que satisfacen nuestro propósito en la vida. El trabajo, la paternidad/maternidad, las relaciones personales, el cuidado de los enfermos y la salud encabezan la lista de las principales fuentes de ansiedad.[4] En dos encuestas recientes, treinta y cuatro por ciento de los adultos en el Reino Unido mencionaron "Tener un bebé" como la experiencia más estresante en su vida,[5] mientras que sesenta y dos por ciento de los adultos muy estresados en Canadá señalaron el trabajo como su fuente principal de estrés.[6]

Cada vez que se interroga a la gente sobre esos roles estresantes pero significativos emerge la paradoja del estrés. Por ejemplo, la Gallup World Poll determinó que cuidar de un hijo menor de dieciocho años aumenta en alto grado la posibilidad de experimentar mucho estrés todos los días —y de sonreír y reír mucho a diario. Los emprendedores que dicen haber experimentado mucho estrés el día anterior también tienden a decir que aprendieron algo interesante ese día.[7] Más que ser señal de que algo está mal en la vida, sentirse estresado puede ser un termómetro de qué tan involucrado se está en actividades y relaciones personalmente significativas.

Asimismo, las investigaciones demuestran que una vida menos estresante no hace a la gente, ni con mucho, tan feliz como quisiera. Aunque la mayoría predice que sería más feliz si estuviera menos ocupada, lo cierto es lo contrario.[8] La gente es más feliz cuando está más ocupada, aun si esto la obliga a asumir una carga mayor de la que querría. Un drástico decremento en ocupación podría explicar por qué el retiro incrementa en cuarenta por ciento el riesgo de desarrollar depresión.[9] La ausencia de estrés significativo podría ser algo malo, incluso para tu salud. En un vasto estudio epidemiológico, los hombres de edad madura que reportaron más altos niveles de aburrimiento tuvieron más del doble de probabilidades de morir de infarto en los veinte años siguientes.[10] En contraste, muchos estudios indican que quienes tienen un propósito en la vida viven más.[11] Por ejemplo, en una investigación que siguió diez años a más de nueve mil adultos en el Reino Unido, los que reportaron una vida muy significativa registraron una reducción de treinta por ciento en mortalidad. Este menor riesgo se obtuvo aun después de descartar factores como nivel de estudios, riqueza, depresión y conductas de salud como fumar, hacer ejercicio y beber alcohol.[12]

Descubrimientos como éste ayudan a explicar por qué el estrés no siempre es dañino para la salud y la felicidad, y por qué no debemos temer llevar una vida estresante. Cuando las principales fuentes de estrés se empalman con las principales fuentes de significado, es obvio que la tensión contribuye incluso al bienestar.

El estrés podría ser un subproducto natural del deseo de cumplir metas difíciles pero importantes, aunque esto no quiere decir que todos los momentos estresantes sean ricos en significado. Pero aun si el estrés que nos aqueja no parece inherentemente significativo, podría dar origen al ansia de *búsqueda* de sentido, si no en ese momento, sí en el amplio contexto de nuestra vida. Lejos de ser un lujo, la capacidad de buscar significado en la vida nos permite permanecer motivados ante grandes dificultades. Los seres humanos poseemos una inclinación y capacidad innatas para dotar de sentido a nuestro sufrimiento. Incluso esta inclinación forma parte de la respuesta biológica al estrés, a menudo experimentada como cavilación, búsqueda espiritual y examen de conciencia. Las circunstancias estresantes originan en nosotros este proceso. Ésta es una razón más de que una vida estresante suela ser una vida significativa; la ansiedad nos reta a buscarle sentido a la existencia.

Reconsidera el estrés: ¿Qué le da sentido a tu vida?

Dedica unos momentos a enlistar tus roles, relaciones, actividades o metas más significativos. ¿En qué partes de tu vida tiendes a experimentar alegría, amor, felicidad, aprendizaje o propósito? Tras enlistar unas cuantas, pregúntate: ¿también describiría algunas de ellas como ocasional o frecuentemente estresantes?

A menudo imaginamos que sería ideal deshacernos del estrés que experimentamos en casa, el trabajo y al perseguir nuestras metas. Pero ésa no es una posibilidad realista. No elegimos entre una experiencia de familia, trabajo, comunidad, amor, aprendizaje o salud *con* o *sin* estrés. Si hay algo en tu vida tanto significativo, como causante de mucho estrés, date unos momentos para escribir sobre *por qué* ese rol, relación, actividad o meta es tan importante para ti. Si lo deseas, también escribe cómo sería la vida si perdieras de pronto esa fuente de significado. ¿Qué te haría sentir esa pérdida? ¿Te gustaría recuperar esa fuente de sentido?

Buscar significado en el estrés cotidiano

Entre 1961 y 1970, mil trescientos varones residentes en Boston se inscribieron en el Veterans Affair Normative Aging Study. Durante las cinco décadas siguientes, informaron acerca de dos tipos de estrés: grandes sucesos de vida (como divorcio o un accidente grave) y número de dificultades diarias. En 2014 se publicó el destacado informe sobre los efectos del estrés en la mortalidad de esos sujetos.[13] De esos dos tipos de tensión, las dificultades diarias fueron, con mucho, la mejor predicción de mortalidad. Quienes reportaron más dificultades diarias entre 1989 y 2005 tuvieron tres veces más probabilidades de haber muerto para 2010 que quienes reportaron menos contratiempos.

Naturalmente, los titulares noticiosos anunciaron: "Los hombres estresados mueren antes" y "El estrés te puede matar, asegura la ciencia". Pero para saber qué fue lo tóxico en esa tensión, hay que analizar cómo midieron los investigadores esas dificultades diarias. Lo que mató a esos individuos no fue tanto la presencia cotidiana de ansiedad, sino su actitud ante ella.

La escala de dificultades y satisfacciones diarias (Daily Hassles and Uplifts Scale) enlista cincuenta y tres aspectos de la vida común, como "tu cónyuge", "la naturaleza de tu trabajo", "el clima", "cocinar" y "organizaciones religiosas o comunitarias". En ella se califica a diario en qué medida cada elemento fue una *dificultad* o *satisfacción*. Básicamente, esa escala pregunta si los roles, relaciones y actividades de cada uno se ven como incomodidades irritantes o experiencias significativas. "Todo depende del día", podrías pensar. Pero los resultados que la gente obtiene en esta escala son sumamente estables en el tiempo. Sentirse oprimido más que animado por los deberes ordinarios es más una creencia que un indicador de lo que ocurre en la vida.[14]

Cabe destacar que tu noción del estrés puede influir en esta tendencia. Cuando lo crees dañino, cualquier cosa un poco estresante parecerá una intrusión en tu vida. Así se trate de esperar en la fila del súper, apurarse para cumplir una fecha límite en el trabajo o planear una cena especial para la familia. Las experiencias diarias pueden comenzar a parecer una amenaza para la salud y la felicidad. Podrías descubrirte quejándote de esas experiencias, como si tu vida hubiera desviado su curso y de ella existiese una versión sin estrés esperándote en algún sitio. Considérese que, en una encuesta de 2014 de la Harvard School of Public Health, las fuentes más comunes de estrés cotidiano fueron armonizar horarios, hacer diligencias, viajar al trabajo, las redes sociales y tareas domésticas como cocinar, hacer el aseo y efectuar reparaciones. Éstas son partes normales y esperadas de la vida, pero las tratamos como si fueran imposiciones irrazonables, que impiden que nuestra existencia sea como debería.

Fue *esta* mentalidad —no una medida objetiva de sucesos estresantes— lo que mejor pronosticó el riesgo de muerte entre quienes participaron durante cinco décadas en el Normative Aging Study. Resumir este estudio como "El estrés mata" (como hicieron muchas notas informativas) es ridículo. La lección por extraer de ese estudio no es que debemos tratar de reducir las dificultades de la vida, sino cambiar nuestra relación con las experiencias diarias que percibimos como dificultades. Las experiencias que dan origen al estrés cotidiano pueden ser también fuente de satisfacción o sentido, pero debemos tomar la decisión de verlas de esta manera.

Un estudio clásico de la década de 1990 señala uno de los mejores modos de cultivar una mentalidad de significado en el estrés de todos los días. Gran número de estudiantes de Stanford aceptaron llevar un diario durante las vacaciones de invierno. A algunos se les pidió escribir sobre sus valores más importantes y su relación con las actividades del día. A otros, escribir sobre las cosas buenas que les pasaban. Concluidas las tres semanas de vacaciones, los investigadores recibieron los diarios de los alumnos y les preguntaron sobre sus vacaciones. Los que habían escrito sobre sus valores presentaban mejor salud y mejor ánimo; habían experimentado menos enfermedades y problemas durante las vacaciones. Al regresar a clases, estaban más seguros de su aptitud para manejar el estrés. El efecto más positivo de escribir sobre los valores correspondió a los alumnos que experimentaron máximo estrés durante las vacaciones.[15]

Entonces los investigadores analizaron las más de dos mil páginas de los diarios de los estudiantes, para ver si podían detectar qué había vuelto tan útil la tarea de redactar. Su conclusión: escribir sobre sus valores ayudó a los estudiantes a dotar de significado su vida. Las experiencias estresantes no fueron sólo dificultades que debían soportar; se volvieron una expresión de los valores de los alumnos. Llevar en auto a algún lado a un hermano menor reflejaba lo mucho que a un estudiante le importaba su familia. Trabajar en una solicitud de pasantía había sido una forma de dar un paso hacia metas futuras. Para aquellos a quienes se pidió ver sus valores más profundos en sus actividades diarias, pequeñas cosas que de lo contrario habrían podido parecer irritantes se convirtieron en momentos de significado.

A ese primer estudio le han seguido docenas de experimentos similares. Resulta que escribir sobre tus valores es una de las intervenciones psicológicas más eficaces jamás estudiadas.[16] A corto plazo, escribir sobre los valores personales hace sentir a la gente más eficaz, al control, orgullosa y fuerte. También la hace sentir más afectuosa, vinculada y empática con los demás. Esa práctica incrementa la tolerancia al dolor, aumenta el autocontrol y reduce la cavilación inútil luego de una experiencia estresante.[17]

Está comprobado que, a largo plazo, escribir sobre los valores personales hace subir el promedio escolar, reduce las visitas al médico, mejora la salud mental y sirve para todo, desde bajar de peso hasta dejar de fumar y beber por problemas individuales. Ayuda a la gente a perseverar ante la discriminación y reduce la autosubestima.[18] En muchos casos, estos beneficios son producto de una intervención única sobre la mentalidad. Quienes escriben sobre sus valores una sola vez durante diez minutos exhiben beneficios durante meses o aun años después.

¿Por qué es tan potente esta pequeña intervención sobre la mentalidad? Geoffrey Cohen y David Sherman, psicólogos de Stanford, analizaron más de quince años de estudios sobre esta intervención sobre la mentalidad y concluyeron que la eficacia de escribir acerca de los valores propios radica en que transforma lo que se piensa sobre las experiencias estresantes y la capacidad para afrontarlas. Cuando la gente tiene presentes sus valores, tiende a creer que con esfuerzo y el apoyo de los demás puede mejorar su situación. Esto la inclina a emprender acciones positivas y la desalienta a usar estrategias de respuesta evasivas, como la desidia o la negación. También tiende a ver como temporal la adversidad por la que atraviesa y a dejar de pensar que el problema revela algo inalterablemente imperfecto en su vida o en ella misma.

Con el paso del tiempo, la nueva mentalidad se desarrolla por sí sola y la gente empieza a verse como el tipo de personas que vencen dificultades. Cohen y Sherman llaman a esto una "narrativa de suficiencia personal". En otras palabras, cuando reflexionas en tus valores, la historia que te cuentas sobre el estrés cambia. Te concibes como fuerte y capaz de crecer en la adversidad. Te vuelves más proclive a enfrentar retos que a evadirlos. Y eres más capaz de ver significado en circunstancias difíciles.

Al igual que en muchas otras intervenciones eficaces sobre la mentalidad, la gente suele olvidar por completo el experimento que dio origen a sus cambios positivos. Pero los beneficios persisten, porque la historia que ella se cuenta sobre el estrés ha cambiado. Estos beneficios duraderos no son resultado directo de haber escrito diez minutos tiempo atrás, sino del cambio de mentalidad que eso inspiró.

Reconsidera el estrés: ¿Cuáles son tus valores?

La lista de valores que aparece a continuación no es exhaustiva, pero fue ideada para hacerte pensar en los tuyos. ¿Qué valores son más importantes para ti? Elige los tres principales y añade los que faltan, de ser ése el caso.

Acción ética	Deporte	Ingenio
Aceptación	Desafío	Innovación
Alegría	Desarrollo personal	Integridad
Amistad	Descubrimiento	Interdependencia
Amor	Disciplina	Justicia
Apertura	Disposición	Lealtad
Aprendizaje continuo	Diversión	Libertad
Armonía	Eficiencia	Liderazgo
Arte o música	Entusiasmo	Mascotas/animales
Autocompasión	Esfuerzo	Naturaleza
Autosuficiencia	Espíritu de aventura	Paciencia
Ayudar a los demás	Excelencia	Paz/no violencia
Celebración	Familia	Política
Colaboración	Fe/religión	Prudencia
Compasión	Felicidad	Resolución de
Competencia	Fortaleza	problemas
Compromiso	Generosidad	Responsabilidad
Comunidad	Gratitud	Salud
Conciencia	Honestidad	Sencillez/frugalidad
Confiabilidad	Honor	Sentido práctico
Confianza	Humor	Tradición
Cooperación	Igualdad	Valentía
Creatividad	Independencia	
Curiosidad	Influencia positiva	

Una vez que hayas escogido tus tres valores más importantes, elige uno y escribe sobre él durante diez minutos. Explica por qué ese valor es fundamental para ti. Añade en qué forma lo expresas en tu vida diaria, como la de hoy. Si estás frente a una decisión difícil, escribe acerca de la guía que ese valor te podría brindar.

Esos diez minutos pueden cambiar tu relación con la ansiedad, aun si no escribes sobre nada que te estrese en ese momento. Repite en otra ocasión este ejercicio respecto a los otros dos valores que elegiste, o relee lo que escribiste en esta práctica cuando te sientas especialmente abrumado por el estrés.

Algunos alumnos me dicen que les cuesta trabajo seleccionar los valores para este ejercicio, porque no saben cómo identificar los propios o porque se les dificulta escoger entre tantos. Ten en mente que los valores reflejan lo que más te importa. En este ejercicio, simplemente expresas lo que te parece esencial y significativo ahora. Puede ser una actitud, una fortaleza personal, una prioridad o hasta una comunidad de tu interés. Puede ser lo que te gustaría experimentar en la vida o compartir con otros, o un principio con base en el cual tomar decisiones de vida relevantes.

En este ejercicio, no importa si eres "bueno" para un valor, o que otros entiendan por qué es primordial para ti. Un valor puede ser algo que posees por naturaleza o que te gustaría desarrollar. Por ejemplo, de entrada este ejercicio le atrajo poco a una de mis alumnas, porque escogió la competencia, algo que otros apreciaban en ella, pero sin sustancia emocional para sí misma. De hecho, sentía que los demás esperaban eso de ella, para su propia insatisfacción. Cuando mencioné que podía elegir algo a lo que aspiraba, ella descubrió que quería cultivar la aceptación, algo que le era muy difícil.

Recuerda tus valores

Cuando te encuentras en una situación estresante, a veces debes cambiar de mentalidad. Las investigaciones indican que reflexionar en tus valores en un momento de estrés te puede ayudar a responder a él. En un estudio de la University of Waterloo en Ontario, por ejemplo, se dio a los participantes pulseras que decían "Recuerda tus valores". En otra versión de ese estudio, realizada en la Stanford University, los participantes recibieron un llavero, no una pulsera y escribieron sus valores personales en un papelito que podía insertarse en ese objeto.[19] A unos y otros se les instó a mirar la pulsera o el llavero cuando se sintieran estresados y a pensar entonces en sus valores más importantes. Esta instrucción adicional ayudó a la gente a lidiar con la adversidad más que un ocasional ejercicio de redacción.

En mi curso sobre la nueva ciencia del estrés, doy pulseras a mis alumnos para que recuerden sus valores. Una discípula, Miriam, me escribió que esto le ayudaba a encarar una situación cada vez más difícil para ella. Su esposo, Joe, parecía estar en las etapas iniciales del mal de Alzheimer. Aunque el diagnóstico era tentativo, el neurólogo había comunicado su sospecha de que era el Alzheimer lo que estaba detrás de las fallas de memoria de Joe. Habiendo sido un ejecutivo, los primeros signos de deterioro cognitivo lo alarmaron tanto como a Miriam. Habían esperado envejecer juntos, pero ahora parecía esfumarse el futuro que imaginaron.

Miriam y Joe hicieron juntos el ejercicio de los valores. Ella eligió la paciencia como su valor más importante y Joe el sentido del humor y la honestidad. Miriam me dijo que ella tenía ocasión de recordar y practicar la paciencia muchas veces a la semana. También veía cómo Joe acudía a sus valores, lo cual la animaba. Cuando él perdió su celular y ella lo encontró en el refrigerador, Joe admitió no recordar que lo hubiera dejado ahí y hasta bromeó sobre eso. Esto aligeró ese momento de estrés para ambos.

Miriam y Joe no podían evitar el estrés y era inútil que lo negaran. No podían hacer gran cosa para controlar la situación. Elegir sus valores fue una manera de hacerse cargo de al menos un aspecto de la experiencia. Cuando no puedes controlar o eliminar la ansiedad, de todos modos puedes elegir cómo responder a ella. Recordar tus valores te ayudará a hacerla pasar de algo que ocurre contra tu voluntad y fuera de tu control a algo que te invita a honrar y ahondar tus prioridades.

Elabora un recordatorio físico de tu valor más importante. Tal vez no sea una pulsera o un llavero, sino un Post-It pegado al monitor de tu computadora, o una calcomanía en tu teléfono. Cuando llegue el estrés, recuerda tu valor y pregúntate cómo puede guiarte en este momento.

Cómo hablamos del estrés

Un médico y una doctora se sientan uno frente a otro. Él dice: "Cuéntame de una ocasión en la que hayas acompañado a un paciente en un momento de profunda tristeza". Luego escucha en silencio mientras ella, una genetista clínica, relata su caso. Una vez tuvo que informar a una madre de cuarenta y tantos años que su hijo de dieciséis tenía síndrome de Marfan, raro trastorno genético que genera un desarrollo anormal de los huesos. Quienes lo padecen tienen dedos y extremidades muy largos y un corazón débil. El esposo de esa señora había muerto dos años antes al reventársele la aorta por causa del síndrome de Marfan. Y la doctora tenía que explicarle ahora a esta mujer que el hijo portaba la misma deficiencia genética que había costado la vida del padre.

Cuando ella termina de describir su experiencia, él sondea sutilmente: "¿Qué volvió memorable o significativa esa experiencia?". Y luego: "¿Qué fortalezas personales te ayudaron en ese trance a responder al sufrimiento?".

Estos médicos participan en un programa instituido en la School of Medicine and Dentistry de la University of Rochester para combatir el agotamiento entre los profesionales de la salud. Dicho programa fue desarrollado por dos médicos: el internista Mick Krasner y el profesor de medicina familiar, psiquiatría y oncología Ronald Epstein. Ellos advirtieron la necesidad de que los profesionales de la salud procesaran el estrés de su trabajo. A muchos médicos se les ha enseñado a bloquear la parte de sí mismos que responde emocionalmente al dolor, al sufrimiento y la muerte. Para proteger su sensibilidad, terminan por ver a los pacientes como objetos o procedimientos, más que como seres humanos.

Aunque en principio ésta podría parecer una buena manera de reducir el estrés, impone un alto costo. Para los proveedores de servicios de salud, derivar significado de su trabajo requiere reflexionar en el gran privilegio de encontrarse junto a una persona que sufre y de hacer su mejor esfuerzo para que se recupere. Paradójicamente, defenderse del sufrimiento a su alrededor puede elevar el riesgo de agotamiento, ya que elimina una fuente sustancial de significado. Este problema no es exclusivo de los profesionales de la salud; también lo resienten los agentes de la ley, trabajadores sociales y educadores, así como padres, cuidadores de enfermos y clérigos. Estos roles pueden ser extenuantes, pero también una abundante fuente de sentido personal. Crear un escudo psicológico para defenderse del estrés interfiere con la capacidad de buscar propósito y satisfacción.

Krasner y Epstein idearon una estrategia un tanto radical para aumentar la resiliencia de los médicos: enseñarles a prestar plena atención, aun en momentos difíciles. Aceptar la relación entre sufrimiento y significado, más que defenderse de ella. Y sobre todo, formar una comunidad de profesionales de la salud que compartan y sostengan una mentalidad creadora de significado.

Una vez a la semana, un reducido grupo de médicos se reúnen durante dos horas. Comienzan practicando una técnica de atención, como la de toma de conciencia de la respiración y las sensaciones corporales. Contra lo que cree mucha gente, la toma de conciencia no consiste en relajarse o escapar del estrés; es la aptitud de poner atención y aceptar los pensamientos, sensaciones y emociones que ocurren en un momento dado. Si tú estás triste, te das cuenta de que tu cuerpo siente esa tristeza; no intentas hacerla a un lado y remplazarla por pensamientos alegres. Uno de los efectos de la respuesta biológica al estrés es volverte más abierto a tu experiencia. Sientes más las cosas y tu capacidad de percepción se amplía. Eres más receptivo a los demás y a tu entorno. Esta mayor apertura es útil, pero puede resultar arrolladora. Muchas personas, al experimentar esta apertura en presencia del sufrimiento de otros, quisieran cerrarse de golpe, así que se distraen, distancian o emborrachan. Los ejercicios de toma de conciencia son un método para practicar la apertura constante a lo que sientes y percibes y para evitar la cerrazón.

Después de la práctica de toma de conciencia, los médicos cuentan historias. En cada reunión se propone un tema. Una semana hablan de la experiencia de cuidar a un moribundo. La siguiente, comparten relatos sobre un sorpresivo encuentro clínico que cambió lo que pensaban de un paciente. Para la otra, el tema son los errores, la culpa y el perdón. Contar historias invita a reflexionar en los desafíos de la práctica de la medicina y en el significado que aportan.

Los médicos empiezan dedicando unos minutos a sí mismos y escriben algunas ideas sobre la historia que quieren contar. Después forman parejas o pequeños grupos y, uno por uno, relatan sus casos. Los oyentes tienen dos deberes. Primero, escuchar de verdad —oír, sentir y entender lo que su compañero experimentó—, percatándose al mismo tiempo de cómo les afecta esa historia: cómo se sienten mientras escuchan, qué juicios forman, qué emociones salen a la superficie. Segundo, ayudar al sujeto a dotar de sentido su experiencia. Los oyentes hacen esto formulando preguntas, no dando consejos: "¿Qué volvió memorable ese episodio? ¿Cómo contribuiste a la situación? ¿Qué aprendiste de ti mismo?".

Más tarde se alienta a los médicos a incorporar a su práctica profesional las habilidades de escucha que desarrollan en el grupo. En vez de impacientarse o cerrarse, se pueden permitir oír y sentir lo que les dice un paciente, o incluso un miembro de su familia. Pueden hacer contacto visual con ellos, con el fin de concederles toda su atención. No interrumpirlos, salvo para hacer preguntas con objeto de comprender su experiencia. Mientras aprenden a hacer esto entre ellos en los ejercicios de narración de historias, los doctores practican la apertura, para dejar de protegerse tras un escudo en los momentos estresantes de su trabajo.

Los primeros setenta médicos generales que cursaron este programa se reunieron una vez a la semana durante dos meses y luego una vez al mes durante diez meses. Al final reportaron mucho menos agotamiento.[20] Se sentían menos emocionalmente consumidos por su trabajo y tendían, en menor medida, a no querer levantarse cada mañana para hacer frente a un día más en el trabajo. Encontraban más satisfacción en su empleo y eran menos propensos a lamentar haberse dedicado a la medicina. También se sentían menos aislados en su estrés. Como reflexionó uno de ellos: "Esa sensación de que no estamos solos da validez a lo que sentimos y lo que experimentamos".[21]

La mejora en la salud mental de los médicos fue drástica. Antes de la intervención, llenaron una encuesta sobre depresión y ansiedad. En una población adulta representativa, el puntaje promedio de los hombres en ese rubro es de quince y el de las mujeres de veinte. Al principio del estudio, el de los médicos fue de treinta y tres. Al cabo de las ocho primeras semanas, había bajado a quince y, al final del programa, después de un año, era de once, un cambio notable en bienestar psicológico pese a que no había habido ninguna modificación en la naturaleza estresante del trabajo.

Los doctores sentían también mayor empatía por sus pacientes. En lugar de incomodarles, los enfermos con casos difíciles despertaban su curiosidad. Ahora tendían a sentirse agradecidos más que abrumados por pasar tiempo con pacientes que sufrían.

Abrirse al sufrimiento como parte intrínseca de su trabajo ayudó a estos médicos a recuperar el significado de su labor. Esta estrategia pone en tela de juicio nuestras usuales ideas sobre el control del estrés. En vez de tratar de reducir su estrés, esos doctores lo aceptaron. Cuando la tensión forma parte de lo que le da sentido a algo, eliminarla no libra de ella. Por el contrario, darte tiempo para procesar y dotar de significado a un episodio estresante puede hacerlo pasar de algo que te fatiga a algo que te sostiene.

Este método me ha ayudado a resolver mi estrés en el rol profesional que juzgo más significativo: la docencia. Un ejemplo notable: un incidente que me obsesionaba, pero que terminó por desempeñar un papel destacado en la comprensión de mí misma como maestra. En 2006 asumí la coordinación del curso de introducción a la psicología en Stanford, el cual atiende a cientos de estudiantes, emplea a más de una docena de profesores adjuntos e incluye clases de numerosos maestros invitados. Gestionar este curso es una tarea enorme. Al concluir el trimestre de otoño, sentí que todo había salido bien para ser mi primera vez. Pero en enero de 2007 recibí un correo del director académico de una residencia universitaria, quien me informó que uno de mis alumnos del trimestre de otoño, que no completó el curso, había muerto durante las vacaciones de invierno.

No se me dijo cómo había fallecido, pero sentí que me hundía. Gogleé su nombre y encontré dos artículos. El primero era una nota informativa local del verano anterior, en la que se le honraba por haber pronunciado el discurso de graduación de su preparatoria y se refería a su meta de estudiar medicina. El segundo describía su muerte durante las vacaciones de invierno. Justo antes de navidad, se roció gasolina en el baño de la casa de sus padres y se prendió fuego. En internet se especulaba que no le había ido tan bien como esperaba en su primer trimestre en Stanford y que la vergüenza lo había empujado a suicidarse.

Al instante pensé en lo que yo habría podido hacer de otra manera. Recordé cada intercambio de correos que había tenido con o acerca de ese alumno. No había mucho. Él se había marchado con un permiso escolar casi al término del trimestre, y yo le había autorizado presentar el examen final en casa. Pero no hizo efectiva esta opción y en la prisa de los exámenes y calificaciones de fin de trimestre no seguí su caso. Racionalmente, sabía que era improbable que no haber terminado el curso de introducción a la psicología haya sido el punto de inflexión de ese alumno; quizá sufría de depresión u otro padecimiento mental. Pero cualquiera que haya sido la razón de su muerte, no podía menos que sentir que había tratado con demasiada indiferencia las dificultades académicas de un estudiante. Que parte de la energía que había dedicado a pulir mis clases habría sido mejor invertida en un trato más estrecho con mis alumnos. Si les hubiera tendido la mano con más persistencia, podría haberle dicho a ese joven que muchos estudiantes tienen dificultades en su primer año, pero se gradúan con honores. Él habría podido terminar el curso. ¿Eso habría hecho alguna diferencia? Tal vez sí, tal vez no.

Stanford no hace públicos los suicidios de sus estudiantes y yo sólo lo comenté con un colega de confianza y con mi adjunto, que había sido su profesor en el curso. Aunque no hablé de la experiencia, el pesar se prolongó en mí y en mi vergüenza privada. No fue hasta años después, cuando conté al fin este caso a un colega que se había vuelto íntimo amigo mío, que comprendí lo mucho que esa experiencia había determinado mi enfoque de la enseñanza. Tras la muerte de aquel alumno, me dediqué a apoyar a los estudiantes con problemas. Convertí en una misión personal ayudarles a entender que ningún tropiezo académico limita su futuro ni define sus aptitudes. (A más de uno le conté que uno de mis alumnos preferidos en Stanford se había graduado como médico pese a un expediente repleto de malas notas y calificaciones peores en sus dos primeros años; sus cartas de recomendación —la mía incluida— elogiaban su perseverancia y desarrollo.) Adopté la costumbre de ver a cada estudiante, primero que nada, como un ser humano, antes de toda conversación sobre calificaciones o tareas. Traté de infundir esta filosofía en los profesores adjuntos a los que adiestraba y la convertí en la base de todos los procedimientos académicos en mi curso.

Para mi sorpresa, incluso narré esta historia en un taller reciente con profesores de universidades comunitarias sobre la búsqueda de sentido en la educación. Al pensar en las experiencias más significativas en mi carrera profesoral, ésta fue la primera en venirme a la mente, pese a que hubiera querido que fuese distinta, e impedir que ocurriera.

El programa para médicos de la University of Rochester nos muestra la pertinencia de dedicar tiempo a esas conversaciones. La forma en que hablamos del estrés importa. En la mayoría de los centros de trabajo, familias y otras comunidades, la forma en que hablamos del estrés contribuye poco a nuestro bienestar. Nos quejamos ocasionalmente de él, reforzando la fantasía de una vida sin tensión. O desahogamos nuestras dificultades, en vez de reflexionar en lo que podemos aprender de ellas. A veces optamos por sufrir en silencio, prefiriendo evitar la vulnerabilidad de una franca conversación sobre el sufrimiento. Es de esperar que tú pongas atención en cómo hablas del estrés, es decir, como una forma de practicar la toma de conciencia de tu mentalidad. Considera cuándo y dónde podría haber la oportunidad de hablar abiertamente sobre las complicaciones que enfrentas, en especial en los roles y relaciones más significativos para ti.

Una de mis alumnas, Patricia, se inspiró en mi curso para sostener una conversación sobre el estrés con su hija, Julie. Ésta y su esposo, Stephen, estaban a cargo de un bebé de un año de edad cuya madre biológica era indigente, drogadicta e incapaz de cuidar de la criatura. La habían llevado a casa desde el hospital con intención de adoptarla, pero habían pasado el último año esperando a que la madre cediera los derechos de custodia. Este periodo de espera había estado lleno de visitas de la madre y los abuelos biológicos, así como de inspecciones del hogar, viajes a los tribunales y entrevistas con trabajadores sociales. Julie y Stephen se sentían los padres del bebé, pero ignoraban si podrían hacerse cargo de él.

Julie estaba tan agobiada que pensó en solicitar antidepresivos. Se sentía totalmente abatida y empezaba a perder la esperanza. Según Patricia, ella era fuerte y capaz, justo el tipo de persona que podía manejar un proceso tan angustioso. Patricia decidió hablar con Julie sobre las mentalidades del estrés, en particular sobre la idea de que ella estaba a la altura del reto que había elegido.

Una vez juntas, hablaron de lo importante que era este proceso para Julie y su esposo. Recordaron las razones personales que les habían hecho desear convertirse en padres adoptivos y su convicción de que alguien debía ofrecerse a atravesar este estresante proceso en beneficio del niño. Hablaron de lo que había motivado la decisión de Julie y Stephen de comprometerse con ese infante en particular. Juntas, descubrieron un punto de vista que colocaba ese año de estrés en un contexto amplio.

Aunque Julie y Stephen no podían controlar el resultado, estaban ciertos de su deseo de persistir. Así pues, comenzaron a emprender acciones que sí podían controlar, como integrarse a un grupo de apoyo de padres adoptivos y cumplir todos los requisitos necesarios para mantener en curso la adopción. La conversación que Julie y Patricia sostuvieron, y los cambios positivos que ésta generó, fueron de tanta ayuda para Julie que dejó de sentir la necesidad de tomar antidepresivos. Nada me gustaría más que poder envolver esta historia con un hermoso moño y documentos de adopción;

pero al momento de escribir estas líneas, dicho proceso —al mismo tiempo estresante y significativo— seguía en marcha.

Tu modo de hablar del estrés con quienes te importan es relevante. Aparte de otros medios, sabemos que somos capaces a través de los ojos de los demás. Cuando adoptas esa visión en favor de ellos y con ellos, les ayudas a ver su propia fortaleza y les recuerdas el propósito de sus afanes.

Los costos de evitar el estrés

Al reflexionar en nuestra vida diaria, tal vez recordamos un día muy estresante y decimos: "Bueno, ése no fue mi día favorito de esa semana". En medio de un día así, podrías anhelar uno con menos tensión. Pero si pones una lente más amplia sobre tu vida y sustraes de ella *cada* día que has experimentado como estresante, no terminarás con una vida ideal. En cambio, sustraerás por igual las experiencias que te han ayudado a crecer, los desafíos de los que estás más orgulloso y las relaciones que te definen. Podrás haberte ahorrado algunas incomodidades, pero también te habrás desprovisto de cierto significado.

No es raro desear una vida sin estrés. Pero aunque es un deseo natural, perseguirlo tiene un alto costo. De hecho, muchos resultados negativos que asociamos con la ansiedad quizá sean consecuencia de tratar de evitarla. Los psicólogos han descubierto que intentar evitar el estrés produce una sensación de bienestar, satisfacción en la vida y felicidad notoriamente disminuida.[22] Evitar el estrés también puede aislar. En un estudio con alumnos de la Universidad Doshisha de Japón, la meta de evitar el estrés predijo una reducción en su sensación de interrelación y pertenencia.[23] Esa meta incluso puede agotarte. Por ejemplo, investigadores de la Universidad de Zurich preguntaron a estudiantes sus metas y los rastrearon durante un mes.[24] A lo largo de dos periodos usualmente estresantes —exámenes de fin de semestre y vacaciones de invierno—, los más deseosos de evitar el estrés tendieron a reportar mermas en concentración, energía física y autocontrol.

Un estudio particularmente impresionante, realizado a través del U.S. Department of Veterans Affairs, en Palo Alto, California, siguió a más de un millar de adultos durante diez años. Al principio de la investigación, los responsables preguntaron a los participantes cómo se hacían cargo de su estrés. Los que dijeron que trataban de evitarlo tendieron a deprimirse en la década siguiente. También experimentaron mayores conflictos en el trabajo y el hogar, y más efectos negativos, como despido o divorcio. Cabe referir que evitar el estrés pronosticó ese incremento en depresión, conflicto y sucesos negativos más allá de cualquier otro síntoma o dificultad reportados al principio del estudio. Cualquiera que haya sido la situación inicial de cada participante, la tendencia a evitar la tensión empeoró las cosas en la década siguiente.[25]

Los psicólogos llaman *generación de estrés* a este círculo vicioso. Es la irónica consecuencia de querer evitar el estrés: terminas creando más fuentes de ansiedad, al mismo tiempo que agotas los recursos que te sustentan. Al acumularse la ansiedad, te sientes cada vez más agobiado y aislado, por tanto, tiendes a apoyarte aún más en estrategias de respuesta evasivas, como intentar librarte de situaciones estresantes o escapar de tus sentimientos mediante distracciones autodestructivas. Entre más te obsesionas con evitar el estrés, más tiendes a caer en esta espiral descendente. Como escriben los psicólogos Richard Ryan, Veronika Huta y Edward Deci en *The Exploration of Happiness*, "cuanto más directamente se apunta a maximizar el placer y evitar el dolor, más probable es producir una vida desprovista de profundidad, significado y comunidad".[26]

Reconsidera el estrés:
¿Cuál es el costo de evitar la ansiedad?

Aunque evitar el estrés puede parecer una estrategia racional, casi siempre resulta contraproducente. Uno de los beneficios de aceptar el estrés es que encuentras la fuerza que necesitas para perseguir metas y soportar experiencias difíciles pero significativas. El ejercicio de mentalidad que se describe en seguida te ayudará a identificar los costos de tratar de evitar el estrés en tu vida. Date unos minutos para responder por escrito las preguntas que juzgues pertinentes.

1. Pérdida de oportunidades: ¿Qué sucesos, experiencias, actividades, roles u otras oportunidades has rechazado o excluido de tu vida por pensar que eran (o serían) demasiado estresantes?

- ¿Tu vida se ha visto enriquecida o disminuida por esas decisiones?
- ¿Cuál fue el costo de perder esas oportunidades?

2. Respuesta de evasión: ¿A qué actividades, sustancias u otras "escapatorias" recurres cuando quieres evitar, descargar o adormecer pensamientos y sentimientos relacionados con el estrés en tu vida?
   - ¿Esas estrategias de respuesta son un buen uso de tu tiempo, energía y vida? ¿Aumentan el significado de tu existencia o te ayudan a crecer?
   - ¿Algunas de esas estrategias de respuesta son autodestructivas?

3. Limitación de tu futuro: ¿Hay algo que te gustaría hacer, experimentar, aceptar o cambiar si no temieras el posible estrés resultante?
   - ¿Cómo se vería favorecida tu vida si intentaras alguna de esas posibilidades?
   - ¿Cuál es el costo de que no te permitas probarlas?

Reflexiones finales

Cuando la psicóloga Alia Crum —la triatleta que convirtió a camaristas en practicantes de ejercicio físico y que ahora trata de cambiar la noción de la gente sobre el estrés— habla de su trabajo frente a grupos, relata una anécdota de su periodo como estudiante de posgrado. Una noche se quedó sola trabajando hasta tarde en el sótano del Departamento de Psicología en Yale, absorta en una retahíla de pensamientos de desconfianza de sí y preocupada por su proyecto de investigación, que dudaba poder terminar.

De repente, alguien tocó a la puerta. El responsable de tecnología de información del departamento la abrió y asomó la cabeza. Antes de que Crum pudiera decir algo, él comentó: "Otra oscura y fría noche junto al Everest", tras de lo cual cerró la puerta y se fue.

Dos semanas más tarde, Crum no podía dormir una noche y recordó ese comentario. "Si quisiera subir el Everest, supondría que ahí hace frío y que habría algunas noches oscuras y me sentiría cansada", pensó. "Eso sería espantoso. ¿Pero qué más esperaba? ¡Quiero subir el Everest!" En esa etapa de su vida, terminar su tesis era su Monte Everest. No sabía si lo lograría.

Pero ese reto era tan importante que hacía que valiera la pena sortear algunas noches frías y oscuras.

Todos tenemos nuestro Everest. Así se trate de una escalada elegida por ti o una circunstancia en la que estás, te encuentras en medio de un viaje trascendental. ¿Puedes imaginar acaso a un montañista que mientras sube la pared de hielo de la arista Lhotse del Everest dice: "¡Qué fastidio!"? ¿O que pasa su primera noche en la "zona de muerte" de la montaña y piensa: "¿Qué necesidad tengo de sufrir este estrés?". El alpinista conoce el contexto de su ansiedad. Tiene un significado personal para él: él la eligió. Tú te expones a sentirte víctima del estrés cuando olvidas el contexto en que se desenvuelve. "Otra oscura y fría noche junto al Everest" es una manera de recordar la paradoja del estrés. Los retos más significativos de tu vida llegarán acompañados de noches oscuras.

El principal problema de tratar de evitar el estrés es que nos hace ver la vida, y a nosotros mismos, de otra forma. Cualquier cosa en la vida que causa estrés se convierte en un problema. Si experimentas tensión en el trabajo, piensas que algo está mal en él. Si experimentas estrés en tu matrimonio, piensas que algo está mal en tu relación. Si experimentas estrés como madre o padre, piensas que algo está mal en ti (o en tus hijos). Si intentas hacer un cambio estresante, piensas que algo está mal en tu meta.

Cuando crees que la vida debería ser menos estresante, sentirte estresado puede parecer una señal de que eres incompetente; si fueras lo bastante fuerte, inteligente o hábil, no te estresarías. La ansiedad pasa a ser un signo de fracaso personal y deja de ser una evidencia de que eres humano. Pensar así explica, en parte, por qué juzgar dañino el estrés aumenta el riesgo de depresión. Cuando adoptas esta mentalidad, tiendes a sentirte abatido y desesperado.

Optar por ver la relación entre estrés y significado puede liberarte de la fastidiosa sensación de que algo está mal en tu vida, o de que eres inepto para vencer los desafíos que te aguardan. Aunque no todos los momentos frustrantes parecen estar llenos de sentido, el estrés y el significado están profundamente entretejidos en el amplio contexto de tu vida. Cuando haces tuya esta visión, la vida no se vuelve menos estresante, pero sí puede volverse más significativa.

Reflexiones de la primera parte

Dedica unos momentos a reflexionar en las preguntas que aparecen en seguida y considera la posibilidad de expresar lo que piensas ante una persona con la que convives a menudo.

1. ¿En qué ha cambiado tu interpretación del estrés desde que empezaste a leer este libro?
2. ¿Qué preguntas o inquietudes sigues teniendo sobre la idea de aceptar el estrés?
3. ¿Qué pensamiento, estudio o historia de la primera parte te pareció más relevante y crees que valga más la pena explorar en tu propia vida?

Transforma el
estrés

¿Qué significa ser bueno para el estrés?

En 1975, Salvatore Maddi, psicólogo de la University of Chicago, comenzó a estudiar el impacto a largo plazo de la tensión en empleados de la Illinois Bell Telephone Company. Se suponía que sería un simple estudio longitudinal. No obstante, en 1981 un cataclismo sacudió a Bell Telephone. El Congreso estadunidense aprobó la Telecommunications Competition and Deregulation Act, y toda la industria se estremeció. En menos de un año, Bell Telephone despidió a la mitad de su fuerza de trabajo. Los empleados que se quedaron enfrentaban incertidumbre, cambio de funciones y crecientes exigencias. Como recuerda Maddi, "un gerente me contó que en un año había tenido diez supervisores distintos y que ni él ni ellos sabían qué tenían que hacer".[1]

Algunos empleados no resistieron y desarrollaron problemas de salud y depresión. Otros prosperaron, encontrando nuevos propósitos y mayor bienestar. Como Maddi los había estudiado durante años, tenía pilas de pruebas psicológicas, perfiles de personalidad, notas de entrevistas y más información individual. Él y sus colegas registraron los expedientes de los empleados en busca de pistas que pronosticaran su respuesta al estrés.

Así emergieron algunas cosas de quienes prosperaron con el estrés. Primero, lo concebían de otra manera. Lo veían como un aspecto normal de la vida y no creían posible, ni deseable, llevar una existencia totalmente cómoda y segura. Juzgaban que el estrés era una oportunidad para crecer. Tendían a admitir la tensión y no veían cada obstáculo como una catástrofe que apuntara hacia un escenario desastroso. Creían que los momentos difíciles demandan seguir haciendo frente a la vida, más que rendirse o aislarse. Por último, creían que, en toda circunstancia, debían seguir tomando decisiones, las que podían cambiar la situación o, al menos, cómo les afectaba a ellos. Los individuos con estas actitudes tendían a actuar y a relacionarse con los demás durante el estrés, en lugar de ponerse agresivos o a la defensiva. También tendían a protegerse, física, emocional y espiritualmente. De este modo, generaban una reserva de fortaleza que les ayudaba a enfrentar sus problemas.

Maddi llamó "reciedumbre" a esta serie de actitudes y estrategias de respuesta, término que definió como *el valor de crecer gracias al estrés*.[2]

Luego de ese estudio sobre los empleados de Bell Telephone, los beneficios de la reciedumbre se han documentado en muchas otras circunstancias, como el despliegue militar, la inmigración, la pobreza, la batalla contra el cáncer y la educación de un hijo con autismo, lo mismo que entre profesionales como agentes de la ley, médicos, tecnólogos, educadores y deportistas.

Los beneficios de la reciedumbre pueden verse incluso en circunstancias extremas y en partes del mundo que enfrentan crisis mucho más graves que la sacudida económica que sufrió Bell Telephone en la década de 1980. Theresa Betancourt, profesora de salud infantil y derechos humanos de la Harvard School of Public Health, en 2002 hizo su primer viaje a Sierra Leona para trabajar con niños y niñas que habían sido reclutados a la fuerza como soldados. Algunos de ellos habían sido usados como escudos humanos y esclavos sexuales y a otros se les había obligado a matar a miembros de su familia o a violar. "Cuando la gente piensa en niños soldados, piensa en personas que han sufrido daños espantosos", dijo Betancourt. "Pero yo he visto casi exactamente lo contrario: casos extraordinarios de resistencia."[3] Niños que habían sido soldados volvían a la escuela soñando con ser médicos, periodistas y maestros. Funcionarios públicos organizaban ceremonias de expiación para que las comunidades perdonaran públicamente a aquellos niños y confirmaran su bondadosa naturaleza. Familias y comunidades se unían para sanar y seguir adelante.

Desde entonces, Betancourt ha hecho estudios de campo en numerosas regiones en las que el genocidio, la guerra, la pobreza, la corrupción y el sida han devastado comunidades.[4] Las consecuencias de este trauma son vastas, e incluyen estigma, culpa, vergüenza, temor, depresión, recuerdos indeseables y agresividad. No obstante, Betancourt también ha atestiguado fortaleza, ingenio y esperanza en sobrevivientes de los peores horrores imaginables. Estas semillas de resistencia coexistían con el sufrimiento.

En uno de sus estudios de campo, Betancourt pidió a familias de Ruanda que describieran qué hace la gente en su comunidad para evitar la desesperanza, el temor, la frustración y el pesar. De estas entrevistas se desprendieron varios temas. Los individuos resistentes poseen *kwigirira ikizere*, o un corazón fuerte. Dan muestra de seguridad en sí mismos y de valor de cara a los desafíos. También exhiben *kwihangana*, confianza en el futuro y en los demás. No pierden la esperanza y encuentran significado en sus problemas. La resiliencia se ve igualmente como un proceso social, no sólo como un rasgo individual. La comunidad debe contar con *ubufasha abaturage batanga*, personas unidas en momentos difíciles para apoyarse unas a otras.

Como revelan esas palabras de la lengua kinyarwanda, el valor para crecer gracias al estrés es universal. La fuerza para perseverar, la inclinación a relacionarse con los demás, la aptitud para buscar esperanza y sentido en la adversidad: éstas son capacidades humanas fundamentales. Pueden surgir en momentos de tensión, seas quien seas y estés donde estés.

Luego de que Salvatore Maddi describiera la reciedumbre de los empleados de Bell Telephone, los psicólogos acuñaron muchas otras expresiones con las cuales explicar en qué consiste ser bueno para el estrés: agallas, optimismo adquirido, crecimiento postraumático, cambio y persistencia, posesión de una mentalidad de crecimiento. Aparte, hemos aprendido mucho acerca de cómo cultivar estas actitudes. Pero la definición de Maddi de lo que significa ser bueno para el estrés —*el valor de crecer gracias al estrés*— sigue siendo mi descripción favorita de la resiliencia. Nos recuerda que no siempre podemos controlar la ansiedad en nuestra vida, pero que podemos determinar nuestra relación con ella. Admite que aceptar el estrés es un acto de valentía, que requiere optar por el significado pese a todas las incomodidades que eso implica.

Esto es lo que quiere decir ser bueno para el estrés. No es quedar intacto por la adversidad o ileso por las dificultades. Es permitir que la tensión despierte en nosotros las fortalezas humanas primordiales del valor, la interrelación y el crecimiento. Así se analice la resiliencia en ejecutivos extenuados o en comunidades desgarradas por la guerra, los mismos temas emergen. Las personas buenas para el estrés permiten que experimentar ansiedad provoque cambios en ellas. Mantienen una sensación básica de confianza en sí mismas y un vínculo con algo que las rebasa. Encuentran la forma de extraer significado del sufrimiento. Ser bueno para el estrés no es evitarlo, sino asumir un papel activo en el modo en que te transforma.

La parte siguiente de este libro te ayudará a desarrollar esas cualidades. Continuaremos diseccionando el lado positivo del estrés y la información científica que demuestra que éste puede ayudarte a actuar, relacionarte y crecer. Pero, sobre todo, examinaremos cómo ser buenos para el estrés. Exploraremos cómo usar la energía que genera, cómo permitir que sea un catalizador de la compasión y cómo encontrar el lado positivo de las experiencias más difíciles. Cuando eres capaz de hacer esto, el estrés deja de ser algo por eludir para convertirse en algo por aprovechar.

4 Actúa
Cómo te ayuda la ansiedad a estar a la altura de las circunstancias

Imagina que trabajas en una organización con cientos de empleados y que estás por hacer una presentación ante todos ellos. El director general y los miembros del consejo de administración se encuentran entre el público. Esta charla te ha hecho sentir ansioso toda la semana y ahora tu corazón late con fuerza. Te sudan las manos. Se te seca la boca.

¿Qué es lo mejor que puedes hacer en ese momento: intentar tranquilizarte o dar rienda suelta a tu nerviosismo?

Cuando Alison Wood Brooks, profesora de la Harvard Business School, preguntó esto a cientos de personas, obtuvo una respuesta casi unánime: noventa y un por ciento de ellas opinaron que el mejor consejo era tratar de tranquilizarse.

Quizás en momentos de estrés tú te dices (o les dices a otros) que si no te calmas, explotarás. Esto es lo que cree la mayoría de la gente. Pero ¿es cierto? ¿Intentar relajarse es la mejor estrategia para desempeñarse bajo presión, o es preferible aceptar la ansiedad?

Brooks diseñó un experimento para saberlo.[1] A personas a punto de pronunciar un discurso les pidió relajarse diciéndose: "Estoy tranquilo". A otras les pidió aceptar su ansiedad y decirse: "Estoy emocionado".

Ninguna de estas estrategias eliminó la ansiedad. Ambos grupos siguieron teniendo nervios antes de su discurso. Pero los participantes que se dijeron "Estoy emocionado" se sintieron más aptos para manejar la presión. Pese a que se sentían ansiosos, estaban seguros de su capacidad para dar una buena charla.

Sentirse seguros es una cosa, pero ¿efectivamente lo lograron? Sí. Quienes oyeron esos discursos calificaron a los oradores emocionados como más persuasivos, seguros y competentes que los que trataron de calmarse. Con un cambio de mentalidad, transformaron su ansiedad en energía, lo que les ayudó a desenvolverse bajo presión.

Aunque la mayoría de la gente cree que la mejor estrategia bajo presión es relajarse, este capítulo revelará cuándo y por qué lo cierto es lo contrario. Así se trate de un alumno frente al examen más determinante de su vida, o de un atleta profesional ante la competencia más difícil de su carrera, aceptar el estrés aumenta la seguridad y mejora el desempeño. Examinaremos el hecho de que aceptar tu ansiedad te ayuda a estar a la altura de las circunstancias, e incluso a transformar una reacción temerosa habitual en la biología del valor. También consideraremos estrategias para convertir amenazas en oportunidades, y la parálisis en acción. Aun en situaciones en las que no sabes qué hacer, cómo hacerlo o si lograrás realizarlo, aceptar el estrés te ayudará a encontrar la fuerza que necesitas para continuar. Este capítulo es un antídoto contra esos momentos en los que la tensión te hace sentir agobiado o indefenso. Cuando dejas de oponerte a él, el estrés puede avivarte. Las estrategias de este capítulo te enseñarán cómo.

¿Acelerado o aniquilado?

Si tú entraras al cubículo de Jeremy Jamieson, profesor de psicología de la University of Rochester, lo primero que verías sería un mapa de Estados Unidos que cubre una pared entera. Ese mapa señala cada compañía cervecera del país, aun las microfábricas menos conocidas. En su carácter de experto en cerveza, Jamieson dice que parte de su misión como profesor es aficionar a sus alumnos a cervezas más allá de la Bud Light.

Jugador de futbol americano en Collby College, pequeña escuela de humanidades en Maine, en ese entonces a Jamieson le parecía curioso que sus compañeros describieran su estrés antes de cada partido como estar "acelerados" y "emocionados". Incluso trataban de incrementar su adrenalina, a sabiendas de que eso les ayudaría a rendir más. Pero al referirse a esa misma avalancha de adrenalina antes de un examen, sus compañeros usaban términos completamente distintos: "nervios", "ansiedad" y "bloqueo bajo presión".

Jamieson se preguntaba: "¿No es lo mismo, en realidad?". En ambos casos, el estrés les daba a sus compañeros energía para desempeñarse. ¿Por qué lo juzgaban beneficioso en la cancha, pero abrumador antes de un examen?

Esa interrogante persistía en él cuando inició sus estudios de posgrado y comenzó a hacer sus propias investigaciones. Sospechó entonces que el miedo de la gente a su nerviosismo antes de hacer algo serio estaba enraizado en opiniones negativas sobre el estrés. "Se nos bombardea con información sobre lo malo que es el estrés", dice Jamieson. Pero esas opiniones no reflejan el hecho de que, en muchos casos, nuestra respuesta al estrés es útil. Aun en situaciones en las que parece obvio que sería recomendable tranquilizarse, estar acelerado puede mejorar el desempeño bajo presión. Por ejemplo, los estudiantes de secundaria, preparatoria y universidad que registran un aumento súbito de adrenalina durante un examen obtienen mejores resultados que sus compañeros que permanecen calmados.[2] Los boinas verdes, rangers y marines con mayor incremento de cortisol (otra hormona del estrés) cuando se les somete a interrogatorios hostiles tienden, en menor medida, a proporcionar al enemigo información de provecho.[3] Y en un ejercicio de adiestramiento, los agentes federales de la ley con un mayor ascenso en ritmo cardiaco durante una negociación con rehenes fueron los menos proclives a disparar accidentalmente a aquellos.[4] Pese a la extendida impresión de que un poco de adrenalina mejora el rendimiento mientras que demasiada lo entorpece, las evidencias indican lo contrario: cuando se trata de desempeñarse bajo presión, estar estresado es mejor que estar relajado.

Jamieson presentía que juzgar dañino el estrés interfiere con la capacidad de la gente para usarlo como el recurso que en realidad es. Si él podía cambiar la opinión de la gente sobre los efectos del estrés, pensó, le ayudaría a utilizarlo para desempeñarse mejor bajo presión.

Inicialmente probó su teoría con estudiantes universitarios que se preparaban para presentar su examen de admisión al doctorado. Los reunió en un aula para hacer un examen de práctica. Antes de esto, les tomó muestras de saliva para disponer de indicadores de su respuesta al estrés. Luego les dijo que la meta de su investigación era examinar los efectos en el desempeño de la respuesta fisiológica al estrés. A la mitad de ellos les dirigió entonces una breve charla motivacional para que reconsideraran sus nervios antes del examen:

> La gente cree que sentirse ansiosa cuando presenta un examen estandarizado es garantía de fracaso.[5] Pero investigaciones recientes sugieren que el estrés no daña el rendimiento en esas pruebas, sino que, al contrario, puede elevarlo. Quienes se sienten ansiosos en un examen bien podrían obtener mejores calificaciones. Esto quiere decir que ustedes no deben preocuparse si sienten ansiedad mientras presentan el examen de hoy. Si la sienten, simplemente recuerden que su estrés les puede ayudar a desempeñarse mejor.

Jamieson supuso que este mensaje elevaría el rendimiento de esos estudiantes y así fue. Los que recibieron la intervención sobre la mentalidad sobre el estrés obtuvieron mejores resultados en el examen de práctica que los miembros del grupo de control. Cabe señalar que no hubo razón para creer que esa diferencia en resultados se debiera a diferencias en aptitud matemática. Los estudiantes fueron aleatoriamente asignados a recibir o no la intervención sobre mentalidad y no había diferencia entre ambos grupos en resultados de su examen de admisión a licenciatura o en promedio escolar. En cambio, todo indicaba que aceptar su ansiedad ayudó a los estudiantes que así lo hicieron a hacer su mejor esfuerzo.

No obstante, había otra posible explicación de las buenas calificaciones de quienes recibieron la plática positiva. El mensaje de Jamieson sobre la ansiedad era muy tranquilizador. ¿Y si en lugar de ayudar a esos alumnos a utilizar su estrés, el mensaje los había serenado? Para probar esta posibilidad, Jamieson tomó una segunda muestra de saliva de los participantes, después del examen. Si la intervención los había serenado, su nivel de hormonas del estrés sería menor que antes del examen. Si, a la inversa, les había servido para aprovechar sus nervios, sus hormonas del estrés debían ser al menos tan altas como antes del examen.

La saliva fue la prueba decisiva. El grupo que recibió el mensaje de mentalidad mostró niveles más altos, no más bajos, de alfa-amilasa salival, indicador de activación simpática por estrés. El mensaje no había calmado físicamente a los alumnos. De hecho, estaban más estresados, no menos. Pero lo más interesante fue la relación entre estrés y desempeño. Una intensa respuesta física al estrés se asoció con mejores resultados en el examen, *pero sólo en el caso de los estudiantes que recibieron la intervención sobre la mentalidad*. El mensaje les ayudó a utilizar su tensión para alcanzar un mejor desempeño. En contraste, no hubo ninguna relación entre hormonas del estrés y desempeño en el grupo de control; su respuesta al estrés no lo benefició ni perjudicó en ninguna forma predecible.

La intervención en la actitud cambió el significado del estado físico de los estudiantes y modificó el efecto de éste en el desempeño. Optar por ver su estrés como útil lo volvió así.

Tres meses más tarde, esos mismos sujetos presentaron su verdadero examen de admisión, cuyos resultados enviaron al equipo de investigación de Jamieson. De igual manera, contestaron preguntas sobre cómo se habían sentido en el examen. Éste había puesto en juego muchas más cosas que el de práctica. ¿Qué había sucedido bajo una presión más aguda?

Los estudiantes que meses antes habían recibido la intervención sobre mentalidad de Jamieson tuvieron una experiencia muy distinta a los del grupo de control. Aunque no necesariamente menos ansiosos durante el examen, se mostraron menos preocupados por su tensión. Se sintieron más seguros de sus aptitudes y creyeron que su ansiedad favorecería su desempeño. Más todavía, de nuevo superaron de manera notoria al grupo de control. Esta vez, la diferencia entre ambos grupos fue aún mayor que en el examen de práctica.

Vale la pena hacer una pausa para ponderar estos descubrimientos. Unas cuantas frases pronunciadas con anterioridad a un examen de práctica, meses antes del examen propiamente dicho, tuvieron un impacto que, concebiblemente, podía modificar la trayectoria profesional de quienes las escucharon. Ésta es la razón de que las intervenciones sobre la mentalidad sean tan promisorias. Cuando dan resultado, no tienen un efecto placebo ocasional, sino permanente. Jamieson no apareció el día del examen para recordarles a esos estudiantes que debían aceptar su ansiedad. No tuvo que hacerlo. El mensaje que había transmitido era cierto y útil, además, los estudiantes lo habían interiorizado de un modo u otro.

Las intervenciones sobre la mentalidad no sólo son duraderas; tienen también un efecto creciente. Cada vez que esos alumnos consiguen buenos resultados pese —o quizá gracias— a sus nervios, aprenden a confiar en sí mismos bajo presión. Si aceptar la ansiedad cambió la experiencia de esos individuos en su examen de admisión al doctorado, ¿qué efecto habrá podido tener en su desempeño en otros exámenes? ¿O en su seguridad durante entrevistas en la unidad de posgrado? ¿O incluso en su capacidad para prosperar en el apremiante entorno de esta última?

Aunque Jamieson no siguió a esos sujetos después de su examen de admisión, otras investigaciones ponen de manifiesto el muy amplio impacto de la aceptación de la ansiedad. En la Universidad de Lisboa, cien estudiantes llevaron un diario a lo largo de un periodo de exámenes. En él reportaron cuánta ansiedad sentían, y cómo la interpretaban. Los que la veían como útil, no como nociva, reportaron menos desgaste emocional y obtuvieron mejores calificaciones en sus exámenes y al final del semestre. Crucialmente, los efectos de esta mentalidad fueron mayores en los casos de alto nivel de estrés. Una mentalidad positiva protegió contra el desgaste emocional a los alumnos más ansiosos y los ayudó a tener éxito en sus metas.[6]

Los investigadores dieron más tarde otro paso, para ver si podían modificar la experiencia de fatiga de los alumnos, luego de un examen estresante. Dijeron a algunos que se disponían a presentar una prueba difícil: "Si experimentan estrés o ansiedad, traten de canalizar o usar la energía que esa sensación produce para alcanzar su máximo rendimiento". A otro grupo le aconsejaron: "Si experimentan estrés o ansiedad, intenten concentrarse en su tarea para rendir al máximo". Y dijeron a un último grupo: "Intenten hacer su mejor esfuerzo". Después del examen, los alumnos respondieron un cuestionario para medir cuánto los había fatigado la experiencia. Los que fueron alentados a ver su estrés como energía eran los menos exhaustos.

Una visión positiva de la ansiedad también puede evitar que te agotes en un empleo demandante. Investigadores de la Universidad Jacobs de Bremen, Alemania, siguieron durante un año a maestros y médicos en la mitad de su carrera para ver si su actitud hacia la tensión influía en su bienestar laboral.[7] Al principiar ese periodo, maestros y doctores contestaron preguntas acerca de su opinión sobre la ansiedad: ¿la consideraban útil, fuente de energía y motivación, o dañina? Al término del año, los que

ACTÚA

juzgaban útil su ansiedad tendieron a sentirse menos agotados, frustrados o consumidos por su trabajo. Una vez más, el efecto mayor de esa actitud ocurrió en quienes reportaron los niveles de ansiedad más altos. Los médicos y profesores que experimentaron más ansiedad se vieron protegidos contra el agotamiento si consideraban útil su estrés. Los investigadores concluyeron que si la gente aprendía a aceptar el estrés como parte de una vida laboral desafiante, su ansiedad podía convertirse en un recurso antes que agotar su energía

¿Consideras extenuante y agotadora tu ansiedad, o una fuente de energía? Cuando te sientes nervioso, ¿lo interpretas como un signo de que no manejas bien la presión, o como una señal de que tu cuerpo y tu cerebro se preparan para entrar en acción? Optar por ver la ansiedad como emoción, energía o motivación puede ayudarte a rendir al máximo.

Transforma el estrés: convierte los nervios en entusiasmo

Por trivial que parezca, muchos de mis alumnos informan que decirse a sí mismos que están emocionados cuando sienten ansiedad les da excelentes resultados. Una discípula, Mariella, acababa de volverse instructora de yoga, trabajo con el que había soñado siempre, pero que le causaba mucha ansiedad. Antes de cada clase, presentaba todas las señas físicas del estrés. Siempre había catalogado esas sensaciones como "ansiedad" y pensaba que tal reacción de su cuerpo era un problema. "Temía colapsarme y no poder dar mi clase", me dijo. "Una vez cancelé una sesión cinco minutos antes de que empezara, porque creí que iba a tener un ataque de pánico."

Mariella hizo entonces el experimento de reconsiderar las señales físicas de la ansiedad. "Sigo sintiendo lo mismo, pero me digo: 'Está bien. Mi cuerpo intenta ayudarme a alcanzar un buen desempeño'." Formular como emoción los nervios que sentía antes de sus clases le ayudó a canalizar su energía hacia su enseñanza. En vez de tratar de controlar sus síntomas, se volvió capaz de dirigir su atención a sus alumnos y de disfrutar su papel como maestra. Aunque la conocida sensación de ansiedad seguía apareciendo antes de cada sesión, ella ya no necesitaba cancelar clases por temor a tener un colapso y no poder enseñar.

Cuando estás ansioso antes de un acontecimiento especial —una reunión, discurso, competencia o examen—, recuerda que existe una línea muy fina entre la ansiedad y la emoción. Tras colocar sensores de ritmo cardiaco en ner-

113

> viosos paracaidistas experimentados y novatos, investigadores de la University of New Orleans descubrieron que los paracaidistas avezados no estaban más tranquilos que los que iban a hacer su primer salto; al contrario, registraron un ritmo cardiaco más alto antes y durante el salto. Entre más agitados se sintieron antes de dar el salto, mayor fue su respuesta de excitación y deleite.[8] Cuando tengas que realizar un salto y quieras darlo bien, no te obligues a relajarte. Acepta tu ansiedad, reconoce que estás nervioso y ármate de valor.

Cumplir el sueño: la ciencia en la práctica

Los alumnos de matemáticas de Aaron Altose en el Cuyahoga Community College, en Ohio, no se ajustan a un perfil particular. Jóvenes madres solteras recién egresadas de la preparatoria se sientan junto a adultos que han regresado a la universidad para titularse. Algunos estudiantes toman tres autobuses para llegar a clases después del trabajo. Muchos no han visto jamás una ecuación algebraica, pero todos deben aprobar este curso para cumplir un requisito. ¿Otra cosa que todos ellos tienen en común? La ansiedad que provocan las matemáticas.

Contra apenas veinticinco por ciento de los alumnos de universidades de carreras largas (de cuatro años), ochenta por ciento de los estudiantes de universidades comunitarias dicen tenerles miedo a las matemáticas.[9] Este temor puede desencadenar un círculo vicioso. Ocasiona que los alumnos eviten las matemáticas, de manera que se ausentan de clase, ignoran sus tareas y no estudian. Entre más eluden las matemáticas, peor les va en el curso. Esto no hace sino atizar su ansiedad y convencerlos de que no son buenos para la materia. El ciclo de ansiedad, evasión y fracaso inducido por las matemáticas es un problema grave que se traduce en bajos índices de titulación en las universidades comunitarias de todo Estados Unidos. Menos de treinta por ciento de los alumnos forzados a tomar un curso de recuperación de matemáticas lo aprueban, lo que impide titularse a más de setenta por ciento de ellos.

Altose es un maestro empeñoso: en el sitio web Rate My Professors se le elogia por cosas como "Contestar correos más pronto de lo que yo respondo los de mi novia". Abandonó la docencia en preparatorias en favor de las universidades comunitarias, donde cree poder ayudar más a sus alumnos a hacer una diferencia real en la vida. Nunca imaginó que acabaría dando clases de matemáticas. Como muchos de sus alumnos, su experiencia en su primer curso de esta asignatura en la universidad fue terrible. "No entendía nada", me contó. "Pensaba: 'Todos saben matemáticas. Si eres bueno para esta materia, la tienes fácil'. Me gustaba el curso, pero no me iba bien en él. Esto me hizo creer que no era para mí." Tras un breve periodo de trabajo en un hospital, Altose reanudó sus estudios hasta obtener una maestría en matemáticas y enseñar la materia que tanto lo había desanimado en un principio.

En el Cuyahoga Community College, enseñaba a sus alumnos a reducir su ansiedad ante los exámenes. Les daba consejos para manejar el estrés, los aleccionaba sobre la importancia de que durmieran bien y hasta los ponía a hacer ejercicios de relajación antes de un examen, pero nada parecía dar resultado. Conoció entonces a Jeremy Jamieson, en una conferencia de educación en 2012. El evento, patrocinado por la Carnegie Foundation for the Advancement of Teaching, había sido ideado para reunir a investigadores y educadores. La contraintuitiva intervención de Jamieson en la mentalidad sobre el estrés interesó a Altose, quien se asoció con aquel para probar si aceptar la tensión les servía a sus alumnos.

Como parte de un experimento calculado, algunos alumnos de Altose recibieron una intervención en su actitud ante el estrés justo antes de su segundo examen. En ella se les explicó que la respuesta al estrés puede mejorar el desempeño, aun si se le experimenta como nervios, y se les alentó a ver su ansiedad como útil más que como perjudicial durante un examen.

Hasta ahora, los resultados indican que esa intervención sobre la mentalidad fue provechosa. Los alumnos de Altose ya prueban espontáneamente su nueva visión del estrés, como el estudiante que le dijo un día: "Antes de un examen me siento mal, pero quizá lo que realmente siento es resolución". Los resultados en exámenes de los alumnos que recibieron la intervención mejoraron y sus calificaciones de fin de semestre subieron.

Podría haber otra lección en estos promisorios resultados. Igual que la mayoría de los maestros, entrenadores y mentores, Altose había reforzado en un principio la impresión de sus alumnos de que la ansiedad es un problema. Al enfatizar la importancia de reducir el estrés antes de un examen, su consejo sólo confirmaba lo que ellos temían: que la ansiedad era un signo de mal desempeño.

Si tú quieres ayudar a la gente a responder mejor a la ansiedad, una estrategia más útil es decirle que crees que puede manejarla. Los estudios revelan que cuando se le dice a alguien: "Eres el tipo de persona cuyo desempeño mejora bajo presión", su rendimiento mejora, en efecto, treinta y tres por ciento. No importa si ese comentario es totalmente aleatorio. Lo relevante es que dicho mensaje cambia el significado de esos primeros signos de ansiedad.[10] En vez de señalar "Estás a punto de meter la pata", los nervios son prueba de que te preparas para sobresalir. Decir a personas nerviosas que deben tranquilizarse podría hacerles creer que no tienen madera para triunfar. Confiar en que manejarán la presión les ayudará a estar a la altura de las circunstancias.

En opinión de Altose, si efectivamente la intervención sobre la mentalidad sobre el estrés ayuda a sus alumnos a aprobar su curso, bien podría cambiarles la vida. El Cuyahoga Community College pertenece a Achieving the Dream, red nacional para contribuir a que los estudiantes de universidades comunitarias concluyan su educación. Para muchos de ellos, el curso de matemáticas es un gran obstáculo, una barrera aparentemente insuperable para cumplir su sueño. Aprobar ese curso es una evidencia de que las metas de los alumnos —un título, una carrera y sus esperanzas para el futuro— son posibles de alcanzar. Altose ha visto extenderse a otros cursos y a otras metas de la vida, la seguridad que ellos han adquirido de ser capaces de dominar las matemáticas.[11]

El ciclo ansiedad-evasión en el que pueden caer los alumnos de Altose no se reduce al estrés académico. Aparece también en cada tipo concebible de tensión, desde fobias y ataques de pánico hasta ansiedad social y trastorno de estrés postraumático (TEP). El deseo de no sentir ansiedad se impone sobre otras metas. En un caso extremo, la gente organiza su vida alrededor de la evasión de todo lo que le cause ansiedad. Y aunque espera que esto la haga sentir a salvo, el efecto suele ser el contrario. Evitar lo que la hace sentir ansiosa no consigue otra cosa que reforzar sus temores y preocuparla más por su ansiedad futura.

Yo misma he experimentado la transformación del ciclo de ansiedad y evasión. Durante años, un firme temor a volar me impidió subirme a un avión. Al principio, accedía a volar un par de veces al año para asistir a eventos familiares especiales. Pero después mi temor se volvió tan intenso que el sólo hecho de pensar en volar me provocaba un ataque de pánico. Mi vuelo podía estar a meses de distancia, pero durante todo ese tiempo caía presa de un miedo incesante por las tres horas que pasaría a bordo de un avión. Así, tomé la decisión de no volar. De veras creía que el temor iba a desaparecer si sabía que no tendría que viajar.

Años más tarde, mi decisión comenzó a parecerme una prisión autoimpuesta. Me soñaba en ciudades a las que no podía llegar sin volar y despertaba angustiada por no poder visitarlas. Me preocupaba que le ocurriera algo a un miembro de mi familia y no pudiera abordar un avión. ¿La peor parte de todo esto? La sensación de ser víctima del miedo no se desvaneció. Seguía atrapada por el temor; sencillamente había desplazado mi atención a las consecuencias de no volar.

Terminé por darme cuenta de que pagaba el precio del temor volara o no. Dejar de viajar no me había librado de mi ansiedad, como yo esperaba. Así pues, tomé la consciente y aterradora decisión de tener miedo y volar. Empecé poco a poco, con vuelos cortos. Cada minuto de ellos me resultaba insoportable, pero valoraba poder hacer eso. Podía estar presente en eventos a los que quería asistir, como conferencias profesionales y de los que temía perderme, como el sepelio de mi abuela. Finalmente me percaté de que prefería el significado que el volar daba a mi vida, que la ilusión de ser capaz de prevenir la ansiedad evitando aquello que temía.

Me gustaría poder decir que ahora me encanta volar. Lo cierto es que me sigue disgustando, pero me he vuelto mucho más tolerante. Sobre todo, ahora vuelo varias veces al mes, por motivos de trabajo y para estar con la familia. Mi primer vuelo, después de años de negarme a subir a un avión, fue un viaje corto de San Francisco a Phoenix. Desde entonces he volado por toda América del Norte, Asia y Europa. Cada vez que abordo un avión, me siento, a un tiempo, ansiosa y agradecida conmigo misma.

Cómo transformar una amenaza en un desafío

Ya vimos que una de las más notables ideas de la nueva ciencia del estrés es que tenemos en nuestro repertorio más de una respuesta a la ansiedad.

En condiciones que nos exigen desempeñarnos bajo presión —como una competencia deportiva, un discurso o un examen—, la reacción ideal ante la ansiedad es la que nos da energía, nos ayuda a concentrarnos y nos mueve a actuar: la respuesta a un desafío. Esta reacción nos motiva a ver los retos de frente y nos brinda los recursos mentales y físicos para triunfar.

Sin embargo, el estrés del desempeño incita, a veces, una respuesta de pelear-o-huir, el instinto de emergencia que tan mala fama le ha dado al estrés. Cuando una persona tiene una respuesta de pelear-o-huir bajo la presión de hacer algo, adopta lo que los psicólogos llaman una respuesta a una *amenaza*. Ésta no es una reacción extrema del sistema de respuesta al estrés; es un tipo de respuesta totalmente distinto, que predispone a la defensa propia antes que al éxito. Consideremos las diferencias entre estas dos reacciones y por qué el tipo correcto de respuesta al estrés favorece tu desempeño bajo presión. Examinemos igualmente qué dice la ciencia acerca de cómo aprovechar una respuesta a un desafío aun si nos sentimos amenazados.

Para comenzar, existen diferencias fisiológicas esenciales entre ambos tipos de respuesta, las que afectan tu desempeño inmediato y las consecuencias a largo plazo del estrés. Una de esas diferencias, que se cuenta entre las principales, tiene que ver con cómo afecta el estrés a tu sistema cardiovascular. Tanto una respuesta a una amenaza como una respuesta a un desafío te preparan para la acción, lo que sientes cuando tu corazón empieza a latir más rápido. Pero en la respuesta a una amenaza, el cuerpo prevé un daño físico. Para minimizar la pérdida de sangre que podría resultar de una pelea violenta, los vasos sanguíneos se contraen. El cuerpo se inflama y moviliza células del sistema inmunológico para procurar una rápida curación.

En contraste, durante una respuesta a un desafío el cuerpo reacciona como en el ejercicio físico. Dado que no prevé daños, se siente a salvo maximizando el torrente sanguíneo para aportar la mayor energía posible. A diferencia de lo que ocurre en la respuesta a una amenaza, los vasos sanguíneos permanecen relajados. El corazón late no sólo más rápido, sino también con más fuerza. Cada vez que se contrae, bombea más sangre. Así, la respuesta a un desafío proporciona más energía que la dirigida a una amenaza.

Estos cambios cardiovasculares tienen implicaciones para los efectos duraderos de salud del estrés. El tipo de respuesta asociado con un mayor riesgo de afecciones cardiovasculares es la dirigida a una amenaza. Mayor inflamación y presión arterial son útiles a corto plazo en una emergencia, pero aceleran el envejecimiento y las enfermedades cuando son crónicas. Esto no se aplica a los cambios cardiovasulares que se experimentan al responder a un desafío, los que conceden al cuerpo un estado más saludable.

De hecho, la tendencia a responder a desafíos se asocia con un mejor envejecimiento y salud cardiovascular y cerebral. Los hombres de edad madura y avanzada que reaccionan al estrés con una respuesta a un desafío tienen menos probabilidades de recibir un diagnóstico de síndrome metabólico, que quienes suelen asumir una respuesta a amenazas.[12] En el Framingham Heart Study, uno de los estudios epidemiológicos mejor concebidos y más extensos jamás realizados en Estados Unidos, los sujetos con una fisiología de reacción a desafíos presentaron mayor volumen cerebral a lo largo de su vida.[13] En otras palabras, su cerebro se contrajo menos conforme envejecían.

Tu respuesta al estrés influye en lo bien que te desempeñas bajo presión. En la respuesta a una amenaza, entre tus emociones pueden estar el miedo, el enojo, la desconfianza de ti mismo y la vergüenza. Puesto que tu principal objetivo es protegerte, estás más alerta a signos de que las cosas marchan mal, lo que puede generar un círculo vicioso en el que tu acentuada atención a lo que marcha mal te hace sentir aún más miedo y desconfianza de ti. En contraste, durante la respuesta a un desafío podrías sentirte un poco ansioso, pero también emocionado, tonificado, entusiasta y seguro. Tu meta principal no es evitar daños, sino alcanzar lo que quieres. Tu atención está más abierta y dispuesta a ajustarse a tu entorno, y tú estás preparado para poner tus recursos en acción.

Los científicos han estudiado estas diferentes respuestas al estrés en muchas situaciones de alto riesgo y la respuesta a desafíos predice sistemáticamente mejor desempeño bajo presión. En negociaciones comerciales, la respuesta a desafíos se traduce en mayor eficacia al compartir y retener información, así como en una toma de decisiones más inteligente.[14] Los estudiantes con respuesta a desafíos obtienen mejores resultados en exámenes y los atletas se esfuerzan más en competencias.[15] Los cirujanos muestran más atención y mejores habilidades motoras.[16] Frente a la falla de un motor, en una simulación de vuelo, los pilotos hacen mejor uso de los datos de la aeronave y consiguen aterrizar con menos peligro.[17]

Éstos son sólo algunos ejemplos de escenarios en los que la respuesta a desafíos es útil. Cabe referir que ninguno de los estudios aludidos indicó que el desempeño se viera favorecido por la *ausencia* de respuesta al estrés; lo favoreció la presencia de la respuesta a un desafío. Esta distinción no es trivial. Si creemos que toda reacción al estrés sabotea el éxito, recurriremos a estrategias de reducción de la ansiedad, las cuales se interponen en el camino del máximo rendimiento.

Aun lo que se aprende de una experiencia estresante puede diferir dependiendo de la respuesta al estrés.[18] Una reacción a amenazas tiende a sensibilizar al cerebro a amagos futuros. Esto desarrolla la capacidad de detectar amenazas y la reactividad a situaciones estresantes similares. La reprogramación que ocurre en el cerebro tras una reacción a una amenaza tiende a fortalecer los enlaces entre las áreas cerebrales que detectan amenazas y desencadenan la respuesta de sobrevivencia.

En contraste, cuando se adopta una respuesta a desafíos, el cerebro tiende a adquirir resiliencia de una experiencia con el estrés. Esto se debe, en parte, a que se liberan más hormonas incitadoras de resistencia, como la dehidroepiandrosterona (DHEA) y el factor de crecimiento de los nervios. La reprogramación del cerebro tras una reacción a un desafío refuerza los enlaces entre las partes de la corteza prefrontal que inhiben el miedo y favorecen la motivación positiva durante el estrés. De esta forma, la respuesta a desafíos vuelve más factible experimentar inoculación de estrés como resultado de una experiencia.

¿Esto es un reto o una amenaza?

Cuando quieres desempeñarte de manera óptima y no estás en peligro, la respuesta a desafíos es, con mucho, la más útil. Te da más energía, mejora tu desempeño, te ayuda a aprender de la experiencia y es incluso más sana para ti. Pero pese a que este tipo de reacción es la ideal, la respuesta a amenazas es común en muchas situaciones que nos exigen desempeñarnos bajo presión.

Los psicólogos descubrieron que el factor decisivo en cómo reaccionas a la presión es lo que piensas de tu capacidad para manejarla. De cara a una situación estresante, lo primero que haces es evaluar el estado de cosas y tus recursos. "¿Qué tan difícil va a ser esto? ¿Tengo las habilidades, la fuerza y la valentía necesarias para enfrentarlo? ¿Alguien puede ayudarme?" Esta evaluación de exigencias y recursos puede no ser consciente, pero sucede bajo la superficie. Mientras comparas las demandas de la situación con los recursos de que dispones ante ella, haces una rápida evaluación de tu capacidad de respuesta.

Esta evaluación es la clave que determina tu reacción al estrés. Si crees que las exigencias de la situación superan tus recursos, tendrás una respuesta a una amenaza; si crees tener los recursos para triunfar, tendrás una respuesta a un desafío.

Numerosos estudios demuestran que la gente tiende a adoptar la respuesta a desafíos si fija su atención en sus recursos. Algunas de las estrategias más eficaces para esto son identificar las fortalezas personales; pensar en cómo se ha preparado uno antes para un reto particular; recordar ocasiones en las que se vencieron dificultades similares; imaginar el apoyo de los seres queridos, y rezar, o saber que otros lo hacen por uno. Todos estos rápidos cambios de actitud pueden convertir una amenaza en un desafío,[19] lo que los vuelve cosas dignas de ser probadas la próxima vez que quieras desempeñarte de manera óptima bajo presión.

Pero, como descubrió Jeremy Jamieson, investigador del estrés de la University of Rochester, la gente no suele darse cuenta de un recurso a su alcance en todo episodio estresante: su respuesta al estrés. Como lo considera dañino, cree que es una barrera contra su desempeño, lo que lo convierte en una carga por soportar. Desde luego, Jamieson tiene una opinión muy distinta del papel de la respuesta al estrés en el desempeño: no es una barrera; es un recurso. Si él convencía a los participantes en un estudio de ver su respuesta al estrés de esta forma, ¿podría no sólo incrementar sus recursos percibidos, sino también cambiar la naturaleza de su respuesta al estrés de amenaza a desafío?

Decidió llevar a cabo un estudio que provocara una respuesta de amenaza en la mayoría de los participantes, sin ponerlos en peligro. Para ello recurrió a la prueba de estrés social de Trier, la más destacada y eficaz inducción de estrés en la investigación psicológica humana.

Un asistente de laboratorio te introduce en una sala y te presenta con un hombre y una mujer sentados a una mesa. Te informa que esas dos personas son expertas en comunicación y análisis de la conducta. Ellas te evaluarán el día de hoy mientras hablas de tus fortalezas y debilidades personales. Valorarán el contenido de tus palabras, así como tu lenguaje corporal, voz, presencia y otros comportamientos no verbales. "Es muy importante que causes una buena impresión", te dice el asistente. "Haz tu mejor esfuerzo."

Cuentas únicamente con tres minutos para preparar tu alocución y no se te permite emplear notas, así que te pones un poco nervioso. Hay un micrófono en el centro de la sala. El asistente te pide que te pongas de pie frente al micrófono para hablar. Señala una cámara de video dirigida a ti e inicia la filmación.

Tú sonríes y saludas a los expertos. Ellos inclinan la cabeza, pero no te devuelven la sonrisa. "Empiece, por favor", te dice uno de ellos. Mientras avanzas atropelladamente por tus palabras, percibes algunas señales desalentadoras. Uno de los evaluadores frunce el ceño, mirándote con los brazos cruzados. La mujer sacude la cabeza en muestra de decepción y garabatea algo en su cuaderno. Tú intentas imprimir más entusiasmo a lo que dices y hacer contacto visual con los evaluadores. La mujer mira su reloj y suspira. Un momento: ¿el hombre acaba de entornar los ojos?

Éstos son los primeros momentos de la prueba de estrés social de Trier, o de estrés social a secas. Desde que se le desarrolló en la Universidad de Trier, Alemania, a principios de la década de 1990, es el protocolo más confiable y de más amplio uso para estresar a cualquier ser humano —hombre o mujer, joven o viejo— en experimentos psicológicos.[20] Pero lo que tú no sabes es que estos evaluadores no son ningunos expertos. Fueron contratados para hacerte sudar. El experimentador los entrenó con esmero para hacerte sentir lo más incómodo posible. Por bien que procedas, te harán creer que estás echando todo a perder.

El episodio comienza de manera muy sencilla, cuando llegas al laboratorio y te enteras de que deberás hablar ante un panel de expertos. Hablar en público es uno de los temores más comunes, así que eso inquieta a la mayoría de la gente. Cuando conoces a tus evaluadores, ellos no sonríen. Si haces una broma, no la celebran. Si dices estar un poco nervioso, no te tranquilizan. Y cuando empiezas a hablar, te dirigen desalentadoras indicaciones no verbales. Las instrucciones estándar para los evaluadores en su adiestramiento incluyen las pautas siguientes:

- Mirar sin emoción.
- Emitir señales negativas, como sacudir la cabeza, arrugar la frente, suspirar, entornar los ojos, cruzar los brazos, agitar los pies o fruncir el ceño.
- Fingir que escriben cosas.
- *No* sonreír ni asentir con la cabeza, ni adoptar ninguna otra conducta de reforzamiento.

Estos "expertos" también son invitados a torturar a los participantes de otras formas. Algunos los interrumpen repetidamente para decirles que van mal. Una investigadora me contó que instruye a sus evaluadores para que, cuando un participante está por concluir su intervención, ellos suelten un profundo suspiro y digan: "Termine ya, por favor".

Yo misma hice la prueba de estrés social, sólo para saber qué se siente. Pensé haberme preparado a la perfección. Sabía exactamente qué iba a ocurrir y cuándo. Conocí a mis evaluadores antes de iniciar el experimento. Incluso bromeé sobre lo estresante que sería la experiencia.

Pero fue peor de lo que había imaginado. Y eso que me gano la vida hablando en público.

La segunda parte de la prueba de estrés social consiste en un examen de matemáticas cronometrado. Se le explica como un indicador de tu capacidad para pensar por ti mismo. Tienes que hacer cálculos mentalmente y contestar en voz alta, lo más pronto posible. Este examen de matemáticas, como la tarea de hablar en público y los comentarios negativos, está específicamente concebido para estresar a los participantes. Un estudio reveló que cuando la gente se entera de que tendrá que hacer operaciones matemáticas, se activan áreas del cerebro asociadas con el dolor físico.[21] Los evaluadores vuelven el examen de matemáticas lo más aflictivo que pueden. Por rápido que avances, te dicen que vas muy lento. Si cometes un error, debes volver a empezar todo el examen. Si obtienes un buen resultado, te asignan una tarea más difícil, para asegurarse de que tropieces.

Todo esto se traduce en una experiencia muy estresante. Tienes que desempeñarte bajo presión, manejar comentarios negativos y sortear una confusa interacción social. Y, al mismo tiempo, debes hacer dos de las cosas que la gente más teme: hablar en público y ejecutar operaciones matemáticas. No es de sorprender que, como se ha comprobado, esto aumente los niveles de hormonas del estrés en hasta cuatrocientos por ciento.

Éste fue el escenario —la prueba de estrés social en todo su esplendor— del siguiente estudio de Jeremy Jamieson de intervención sobre la mentalidad. ¿Reconsiderar el estrés podría transformar la respuesta a la más infame inducción de estrés en la psicología experimental? A Jamieson le interesaba saber, en particular, si reconsiderar el estrés podía transformar una respuesta a una amenaza en una respuesta a un desafío. Para este estudio, reclutó a mujeres y hombres de la comunidad de Harvard University y del área de Boston, vía volantes y anuncios en Craigslist. Cada uno fue invitado a Harvard para participar en un estudio de psicología, pero sin saber lo que le esperaba.

Al arribo de un participante, se le asignaba aleatoriamente una de tres condiciones. El primer grupo recibía una intervención sobre la mentalidad. Para ayudar a estas personas a reconsiderar el estrés, Jamieson reunió algunas diapositivas que explicaban que la respuesta del cuerpo a la ansiedad moviliza energía para satisfacer las exigencias de una situación. Por ejemplo, cuando sientes que el corazón te late con fuerza, se debe a que trabaja más para llevar una cantidad mayor de oxígeno al cuerpo y al cerebro. También reunió fragmentos de artículos científicos que exponían que la gente suele malinterpretar como perniciosa su respuesta al estrés, creyendo que sentir ansiedad es prueba de su ineptitud para algo, o que los síntomas físicos del estrés significan que se bloqueará bajo presión. La última parte de la intervención era una explícita sugerencia de actitud. Jamieson decía a los participantes: "Cuando se sienta ansioso o alterado, piense cómo obtener provecho de esa reacción al estrés".

Los miembros del segundo grupo recibían un mensaje muy distinto sobre la tensión. Se les decía que la mejor manera de reducir sus nervios y mejorar su desempeño era ignorar el estrés. Unas cuantas diapositivas y artículos recalcaban esto, aunque debe decirse que se trataba de artículos falsificados y que aquello no era un buen consejo. Estas personas componían el grupo de control, y Jamieson no esperaba que tales instrucciones les ayudaran. Los miembros del tercer grupo liberaban tensiones antes de la prueba practicando videojuegos; no recibían ninguna instrucción especial sobre el estrés. Una vez que cada participante pasaba por la condición asignada —la intervención sobre la mentalidad, las instrucciones de ignorar el estrés y la práctica de videojuegos—, comenzaba la prueba de estrés y con ella la del presentimiento de Jamieson: que ver la respuesta al estrés como un recurso puede convertir una amenaza en un desafío.

Adelantemos ahora mismo un resultado: no hubo ninguna diferencia de desempeño en la prueba de estrés social entre quienes ignoraron el estrés y quienes practicaron videojuegos. Todos los efectos interesantes correspondieron a los participantes que recibieron la intervención sobre la mentalidad. En su caso, reconsiderar el estrés hizo cambiar de amenaza a desafío su respuesta al estrés en todas las formas imaginables, comenzando por la percepción de sus recursos.[22]

La intervención sobre la mentalidad no tuvo efecto alguno en el grado de dificultad que esos participantes atribuyeron a tener que hablar en público, o en el grado en que la experiencia les pareció estresante. Pero en comparación con los dos grupos de control, se sintieron más seguros de sus habilidades para encarar el reto.

Asimismo, los sujetos que recibieron la intervención sobre la mentalidad reaccionaron a la prueba de estrés con una clásica respuesta a desafíos. Su corazón bombeó más sangre en cada latido y no exhibieron el grado de contracción de los vasos sanguíneos que se esperaría de una respuesta a una amenaza. Registraron un nivel más alto de alfa-amilasa salival, biomarcador de aumento del estrés. Se sintieron más estresados, pero en un buen sentido. En contraste, los grupos de control exhibieron la fisiología de una respuesta habitual a amenazas.

Habiéndose filmado las alocuciones de todos los participantes, Jamieson contrató a observadores para que analizaran los videos.[23] Estos observadores repararon en el lenguaje corporal, postura y expresiones emocionales de los sujetos y calificaron su desempeño general. No sabían qué participantes habían recibido la intervención sobre la mentalidad, con el fin de garantizar la imparcialidad de sus calificaciones. Los sujetos que recibieron la intervención sobre la mentalidad fueron calificados como los más seguros y eficaces en general. Hicieron más contacto visual con los evaluadores, pese a que éstos hayan entornado los ojos. Su lenguaje corporal fue más abierto y seguro: sonrieron más, usaron ademanes más enérgicos y adoptaron la desenvoltura corporal que los psicólogos identifican como "poses de poder". También mostraron menos señales de vergüenza y ansiedad, como juguetear con algo entre los dedos, tocarse la cara o mirar al suelo. Estos participantes hicieron menos afirmaciones de autosubestimación, como disculparse por su nerviosismo. Y sin duda alguna, hablaron mejor que los demás.

Jamieson dio entonces otro paso, para analizar los efectos de la intervención sobre la mentalidad en la recuperación tras la prueba. Concluido el examen de matemáticas, los evaluadores se marcharon y los participantes presentaron una prueba visual de concentración en computadora. Mientras intentaban concentrarse, los investigadores trataban de distraerlos con palabras como *temor, peligro* y *fracaso*. Los participantes que recibieron la intervención sobre la mentalidad tendieron a distraerse menos con esas palabras y obtuvieron mejores resultados en el examen de concentración. Por estresante que hubiera sido la prueba de estrés, no permitieron que interfiriera con su nuevo reto.

Hagamos una pausa para apreciar todo el alcance de lo efectuado por la intervención sobre la mentalidad. Agudizó en los participantes la percepción de sus recursos para reaccionar al estrés. Cambió de amenaza a desafío su respuesta cardiovascular al estrés, sin apaciguarlos. Les concedió más seguridad y resolución, y menos ansiedad, vergüenza y evasión. Objetivamente, les permitió desempeñarse mejor. Después, hizo que se distrajeran menos con pensamientos de miedo y fracaso. ¿Y cuál fue el catalizador de esta transformación? Un simple cambio en lo que ellos pensaban de la respuesta al estrés. Su nueva mentalidad hizo pasar la respuesta de su cuerpo al estrés de supuesta barrera a recurso percibido, inclinando la balanza de "No puedo manejar esto" a "Lo voy a lograr".

Imagina cómo podría afianzarse este cambio de mentalidad con el paso del tiempo. La diferencia entre una respuesta crónica a amenazas y una respuesta crónica a desafíos no es sólo si puedes hablar bien en público o concentrarte en un examen. Podría significar la diferencia entre sentirte abatido o potenciado por el estrés a lo largo de tu vida. Incluso podría significar la diferencia entre tener un infarto y vivir hasta después de los noventa.

Transforma el estrés: convierte una amenaza en desafío

Ver la respuesta al estrés como un recurso puede transformar la fisiología del temor en la biología del valor. Puede convertir una amenaza en desafío y ayudarte a tener un desempeño al máximo bajo presión. Aun si el estrés no parece útil —como cuando estás nervioso—, aceptarlo puede transformarlo en algo útil: más energía, más seguridad y mayor disposición a actuar.

Tú puedes aplicar esta estrategia cada vez que percibas signos de ansiedad. Cuando sientas que el corazón te late con fuerza o que tu respiración se acelera, comprende que ése es el modo en que tu cuerpo intenta darte más energía. Si adviertes tensión en tu cuerpo, recuerda que la respuesta al estrés te da acceso a tu fuerza. ¿Te sudan las manos? Recuerda qué se siente ir a la primera cita: las manos te sudan cuando te aproximas a algo que quieres. Si sientes mariposas en el estómago, debes saber que son una señal de significado. Tu aparato digestivo está recubierto de cientos de millones de células nerviosas que responden a tus pensamientos y emociones. Esas mariposas son el medio por el cual tus vísceras te dicen: "Esto importa". Recuerda entonces por qué ese momento particular es importante para ti.

Sean cuales fueren tus sensaciones de estrés, preocúpate menos por tratar de que desaparezcan y concéntrate en lo que vas a hacer con la energía, fuerza e impulso que el estrés te da. Tu cuerpo te brinda acceso a todos los recursos que te permiten estar a la altura de las circunstancias. En vez de respirar hondo para calmarte, respira hondo para sentir la energía a tu disposición. Luego, usa esa energía y pregúntate: "¿Qué acción puedo emprender o qué decisión puedo tomar en este momento que sea acorde con mi meta?".

De "ojalá no tuviera que hacerlo" a "lo puedo hacer"

Una de mis alumnas de la nueva ciencia del estrés, Anita, era una estudiante interesada en las afecciones neurológicas. Durante sus estudios de posgrado, siempre había tenido que vérselas con el síndrome del impostor. Se preguntaba si tenía las aptitudes indispensables para ser investigadora y si le correspondía tomar esos cursos. (Como ya vimos, este temor es muy común, pero la mayoría de la gente cree ser la única en sentirlo.) Su examen profesional, que le permitiría hacer un doctorado, estaba previsto para la semana posterior al fin de nuestro curso. Cada vez que ella pensaba en ese examen, sentía miedo. Estaba segura de que fracasaría rotundamente. Así, decidió usar las estrategias del curso para manejar su presión.

La clase en la que se dijo que un episodio estresante puede verse como un reto y no como una amenaza fue una revelación para Anita. Ella reconoció en su manera de pensar en el examen todos los elementos de la respuesta a una amenaza. No creía tener los recursos necesarios para reaccionar y estaba persuadida de que su ansiedad le perjudicaría durante el examen. Evitaba justo las cosas que le ayudarían a prepararse, como dar charlas de práctica, porque quería evitar toda sensación de ansiedad y desconfianza de sí. Y aunque ese examen la acercaría más a la carrera con la que siempre había soñado, no dejaba de decirse: "Ojalá no tuviera que hacerlo".

Decidió entonces realizar un esfuerzo deliberado por cambiar su mentalidad de amenaza a desafío. Empezó con cosas modestas, como decirse que estaba emocionada cuando se sentía ansiosa, pese a que al principio no creyese que eso fuera cierto. Se recordaba que su ansiedad podía ser un recurso y que su cuerpo le estaba dando energía.

Después hizo cambios en su forma de referirse a las acciones que debía emprender, como reunirse con cada uno de sus sinodales. Temía que si hablaba con ellos sobre su proyecto, se darían cuenta de que no sabía lo que decía. Reformuló entonces esas reuniones como oportunidades de aprendizaje. Se dijo: "Aun si no sé cómo contestar las preguntas que me hagan, eso me ayudará a prepararme mejor para el examen". Menos preocupada por no parecer tonta, estuvo en mejores condiciones de escuchar y hacer uso de los comentarios que recibió.

También encontró valor para hacer cuatro charlas de práctica. La primera la dio frente a su grupo de laboratorio. Esa mañana despertó tan nerviosa que pensó de inmediato: "¡Ojalá no tuviera que hacerlo!". Pero al advertir esto, añadió: "No, esto me será muy útil. Aun si mi charla de hoy resulta un hecho tosco y desagradable, aprenderé de la experiencia y mi siguiente charla será mejor". En cada charla de práctica se sintió más segura y preparada. Cuando se decía que era apta para enfrentar ese reto, cada vez lo creía más.

Al llegar la fecha de su examen profesional, Anita despertó sintiendo que de veras estaba emocionada, lo que le impactó mucho. Se sentía nerviosa, pero por una vez en su vida, la ansiedad no le preocupó. Al iniciar su charla, no le tembló la voz, como solía ocurrirle cuando estaba nerviosa. Y aunque no pudo contestar todas las preguntas del jurado, mantuvo la calma y se dirigió a él con aplomo. Al terminar el examen, el presidente del jurado le dijo que aquella había sido la mejor presentación que ella hubiera hecho hasta entonces.

Anita atribuye esa transformación radical a su cambio de mentalidad. "Comprender que mi ansiedad estaba presente y que no debía tratar de esconderla, hacerla a un lado o no sentirla, fue increíblemente liberador para mí. No tenía por qué desperdiciar energía intentando *no* sentirme así. Bastaba con que pensara en eso de una forma diferente".

¿Hay límites para aceptar la ansiedad?

Una de las preguntas que me hacen con más frecuencia es: "Todo esto de 'aceptar el estrés' sólo da resultado si no estás ansioso de *verdad*, ¿no es así?". Detrás de esta pregunta está la certeza de que la genuina ansiedad es fatídica. "Tengo que librarme de ella. Si la acepto, me vendré abajo. Debo combatirla o me consumirá."

Bueno, hay algo que no he dicho acerca del estudio de Jeremy Jamieson con la prueba de estrés social, que transformó respuestas a amenazas en respuestas a desafíos: la mitad de los participantes padecían trastorno de ansiedad social. La prueba de estrés social de Trier era la peor de sus pesadillas.

El trastorno de ansiedad social es una afección psicológica compleja, pero puede interpretarse como un círculo vicioso que atrapa a la gente en el aislamiento social. Este ciclo principia con ansiedad por interacciones sociales. Las personas con ansiedad social no creen ser buenas para las situaciones sociales y les preocupan con antelación. Temen hacer el ridículo y que los demás las juzguen por ello. Caen en una crisis de pánico si tienen que dar una breve charla y no pueden eludirla. Estar en grupos les causa claustrofobia y el temor de quedar atrapadas.

Cuando la gente con ese trastorno se encuentra efectivamente en una situación social, tiende a abstraerse en sí misma y desentenderse de los demás. Piensa: "Parezco un idiota. ¿Por qué dije eso? ¿Se nota que estoy nervioso?". Se siente mal. No sabe qué decir. Al crecer su ansiedad, toma el hecho de que le suden las manos y se le acelere el corazón como prueba de su ineptitud social: "Algo está mal en mí". Da en preocuparse de que su ansiedad sea peligrosa. "¿Por qué sudo así? ¿Me va a dar un infarto?"

En respuesta a ello, incurre en conductas de salvamento, como no hacer contacto visual, permanecer demasiado tiempo en el baño, buscar una salida, marcharse temprano a casa o beber hasta no sentir los pies y menos aún su ansiedad. Esas conductas de abstracción y evasión le impiden relacionarse con los demás. Así, después piensa: "¡Fue espantoso! Todo me salió mal. Lo que pasa es que no puedo soltarme en situaciones sociales. En adelante, las evitaré por completo". Es un círculo vicioso que se alimenta a sí mismo. Finalmente, la ansiedad por el desempeño social se convierte en ansiedad por la ansiedad, un ciclo clásico de ansiedad-evasión. Evadir situaciones sociales se vuelve una estrategia para evadir la ansiedad, así como la ansiedad por las matemáticas puede derivar en evasión de las matemáticas y como mi miedo a volar me mantenía varada y atrapada.

Las situaciones sociales que detonan ansiedad no son sólo grandes acontecimientos, con multitudes y desconocidos. También pueden ser una reunión de trabajo en la que se espera que todos hagan comentarios, una asamblea en una iglesia en la que se debe participar en una breve charla o un viaje a la tienda en el que se deba pedir ayuda. La ansiedad social puede afectar partes muy amplias de la vida de una persona. Conforme el círculo vicioso de la ansiedad y la evasión sigue saliéndose de control, el mundo se vuelve crecientemente pequeño.

Ten en mente todo esto e imagina lo que representará para alguien con trastorno de ansiedad social pasar por la prueba de estrés social. Un estudiante que ayudó a Jamieson en ese experimento me contó que el espectáculo era de dar pena. Una señora rompió a llorar treinta segundos después de empezar a hablar y no agregó nada por el resto del experimento. Otro participante escribió en la encuesta posterior al episodio: "Fue una de las peores experiencias de mi vida".

La gran sorpresa del estudio resultó ser que aceptar la ansiedad ayudó a los individuos trastornados que cambiaron de mentalidad lo mismo que a los sujetos sin problemas de ansiedad. De hecho, la intervención sobre la mentalidad hizo que aquellos con trastorno se parecieran más a los que no lo tenían. Los observadores dictaminaron que exhibieron menos ansiedad y vergüenza, y más contacto visual y lenguaje corporal seguro que los participantes con ansiedad social que no recibieron la intervención sobre la mentalidad. Su respuesta física al estrés cambió por una respuesta a desafíos y registraron un nivel más alto de alfa-amilasa salival, el biomarcador de estrés. Y al igual que los participantes sin trastorno de ansiedad, los sujetos con *más* fuertes respuestas al estrés fueron los *más* seguros, sobre la base tanto de sus propios reportes como de las calificaciones de los observadores. La intervención sobre la mentalidad no los serenó; cambió el significado y después las consecuencias de su ansiedad. Piensa en esto un momento, en especial si tienes alguna experiencia con trastornos de ansiedad o conoces a alguien que esté en ese caso: *entre las personas con trastorno de ansiedad alentadas a aceptar su ansiedad, una más intensa respuesta física al estrés se asoció con más seguridad y mejor desempeño bajo presión y escrutinio social.*

Esto es lo que más impresiona a la gente. Aun cuando la ansiedad es realmente un problema, aceptarla es útil. El valor de replantear el estrés no es privativo de quienes no padecen mucho estrés. De hecho, aceptar la respuesta a la tensión puede ser más importante aún para quienes sufren de ansiedad. He aquí por qué: aunque las personas con trastorno de ansiedad creen que su fisiología está fuera de control, no es así. En el estudio de Jamieson y en muchos otros, las personas de esa clase reportan más reactividad física que las que no padecen trastorno de ansiedad.[24] Creen que su corazón late con fuerza a una velocidad precaria y que su adrenalina aumenta a un nivel peligroso. Sin embargo, sus reacciones cardiovascular y autónoma son similares a las de los no ansiosos. *Unos* y *otros* experimentan un incremento de ritmo cardiaco y adrenalina; las personas con trastorno de ansiedad sencillamente perciben ese cambio de otra manera. Quizás estén más conscientes de los latidos de su corazón o de las alteraciones en su respuesta. Y elaboran más supuestos negativos sobre esas sensaciones, temiendo un ataque de pánico. Pero en lo fundamental, su reacción física no es distinta.

En 1999, cuando me integré al Stanford Pscyophysiology Laboratory, una de mis compañeras acababa de terminar un estudio en el que se comparó la fisiología del estrés de personas con y sin trastorno de ansiedad. Ella descubrió que esas personas no diferían en su fisiología del estrés, pese a que los participantes ansiosos creían tener reacciones físicas más marcadas. Recuerdo que estaba trabajando en la sala de análisis de datos sobre cierta información fisiológica cuando mi compañera compartió sus descubrimientos. No podía creerlos. Tenía entonces problemas de ansiedad y estaba convencida de que mi fisiología era anómala. Recuerdo haber pensado que el laboratorio no había reclutado a personas *verdaderamente* ansiosas, ya que esos descubrimientos carecían de sentido. Claro que tienen sentido ahora que sé más sobre el papel de la mentalidad en los cambios tanto de percepción como de consecuencias del aumento del estrés, pero no pude aceptarlos cuando veía mi ansiedad como el enemigo.

Como las personas con ansiedad son las que tienen la más negativa percepción del estrés, son también a las que más puede servirles una intervención sobre la mentalidad que les enseñe a reconsiderar la respuesta al estrés. Sé por experiencia que estas personas son también las que menos tienden a creer que eso es posible. Aprecio por completo esa posición, habiéndola adoptado yo misma. Pero también he descubierto que cuando se trata de intervenciones sobre la mentalidad, entre más te resistas, en principio, a la nueva idea, más poder tiene ésta para transformar tu experiencia del estrés.

De la beneficencia al empleo

Sue Cotter se retiró hace poco de su puesto en la Community Services Agency de Modesto, California, para viajar por Estados Unidos en una cámper.[25] Durante veinticinco años impartió cursos de preparación para el trabajo con el fin de ayudar a buscar empleo a beneficiarios de prestaciones de seguridad social. Esos cursos se daban en un disperso complejo que alojaba también a la oficina emisora de vales de alimentos y al departamento de protección a la infancia, donde se supervisaban visitas a familias. Cotter sabía de primera mano qué era estar en la situación de sus alumnos. Habiendo desertado de la escuela al saberse embarazada, a los veintitrés años ya tenía tres hijos y dependía de cupones de alimentos. Aunque más tarde regresó a la escuela y se tituló pasados los treinta, asegura que tuvo que esforzarse demasiado para llegar al momento en que eso fuese siquiera una posibilidad.

Sus alumnos —todos ellos obligados a asistir a ese curso de tres semanas— pasaban horas en el aula redactando currículos, llenando solicitudes de empleo en línea y practicando sus habilidades para entrevistas. Estas tareas prácticas componían el programa formal, pero las clases de Cotter incluían un componente extra: una versión propia de la intervención sobre la mentalidad acerca del estrés.

Conocí a Cotter por medio de una amiga, y me sorprendió saber que proyectaba en sus cursos el video de mi conferencia en TED sobre el estrés. Esto me intrigó, en especial porque una de las preguntas que me hacen más seguido es si reconsiderar el estrés resulta relevante para quienes viven en privación extrema. Sin duda alguna, los alumnos de Cotter parecían ajustarse a esa condición.

De acuerdo con ella, la mayoría de los alumnos que se presentan a los cursos de la beneficencia para el empleo están a sólo un paso de la indigencia. La ayuda que reciben —quizá quinientos dólares al mes para una madre soltera con un hijo— no alcanza para pagar la renta y tener un auto. Algunos sostienen relaciones abusivas, o de franco abandono. Para poder asistir a las clases de preparación para el trabajo tienen que dejar a sus hijos en una guardería poco confiable y potencialmente insegura. Algunos nunca han tenido trabajo. En los últimos años, la tasa de desempleo de Modesto ha sido de hasta veinte por ciento, lo que vuelve más desalentador buscar trabajo.

Al correr de los años, muchos alumnos de Cotter habían salido a buscar empleo, pero después algo pasaba: perdían su casa, se enfermaban o se quedaban sin guardería al romper una relación. Entonces su vida se desplomaba y regresaban al curso, queriendo volver a empezar. "Si consideras la gran cantidad de cosas con las que esas personas tienen que lidiar todos los días, entiendes lo importante que es para ellas contar con una forma de resolver el estrés", me dijo Cotter.

Poco después de poner en marcha sus cursos en la década de 1990, se percató de que el método de manejo del estrés que solía impartirse entonces era insuficiente. Le habían enseñado a tratar el tema de la ansiedad presentando una lista de sucesos de vida estresantes. Tras repartirla a sus alumnos, les pedía marcar todos los que hubieran experimentado el año anterior. (A mí también me enseñaron a hacer eso, como estrategia de promoción de la salud y éste sigue siendo un instrumento popular en los cursos de manejo del estrés.) En la lista usual de sucesos de vida estresantes, a cada uno se le asigna cierta puntuación, dependiendo de lo estresante que sea. El divorcio vale setenta y tres puntos; la muerte de un miembro de la familia y una estancia en la cárcel, sesenta y tres cada uno, y un embarazo cuarenta. Más abajo en la escala, un cambio en condiciones de vida merece veintitrés puntos y sobrevivir a la temporada vacacional obtiene doce. La suma de todos estos puntos resulta en un puntaje general de estrés.

¿La finalidad de este ejercicio? Mientras mayor es el puntaje, mayor es también el riesgo de enfermar o morir. Quien obtiene un resultado en la categoría más alta (trescientos puntos o más), recibe como evaluación "un riesgo alto o muy alto de enfermar en el futuro próximo". La intención de esta lista, como herramienta de manejo del estrés, es sacudir a la gente para que se dé cuenta de que es imperioso que haga algo con su ansiedad. Pero imagina qué se siente marcar la mitad de los elementos de la lista —sobre muchos de los cuales no tienes control— y que después te digan que tu vida es tan desastrosa que te va a matar. Una versión de esa escala incluye esta sugerencia: "Si estás en un nivel de riesgo moderado o alto, lo primero por hacer es evitar futuras crisis de vida". Para muchas personas —y ciertamente para los alumnos de Cotter—, un consejo como éste resulta risible.

Cotter no tardó mucho en desechar esa lista de sucesos de vida al ver que desanimaba a sus alumnos. "Es deprimente", me dijo. "Piensas: 'Yo también voy a darme por vencida, porque lidio con todas estas cosas y nunca voy a librarme de ellas' ".

Mientras Cotter me describía sus experiencias, pensé en un correo que acababa de recibir de un psicólogo asistente a una de mis charlas sobre la aceptación del estrés. En él dijo estar muy preocupado por el mensaje que yo difundía. "Temo que la gente en general entienda esto como que está bien llevar una vida estresante y no hacer nada al respecto", escribió.

Estoy segura de que la inquietud de ese psicólogo era producto de un genuino deseo de ayudar. Pero cuando leí su correo, lo primero que pensé fue: "¿Qué mensaje transmitimos a la gente cuando le decimos que no está bien que lleve una vida estresante?". La verdad es que nadie escoge el estrés presente en su vida; lidia con él. Cuando se le pregunta qué es lo que más la estresa, la gente suele mencionar cosas como problemas de salud de sus seres queridos; preocupaciones de dinero; presión escolar; estrés laboral y exigencias en su condición de padre o madre. Cuando no puede controlar lo que la estresa, ¿de qué sirve decirle que la realidad de su vida es inaceptable?

Cotter se había convencido de que el mensaje atemorizador estándar sobre el estrés era justo lo opuesto de lo que sus alumnos necesitaban. "Dondequiera que mires", me dijo, "lees que el estrés causa todas esas horribles enfermedades y piensas: 'No tengo control sobre esta cosa en la vida'. ¿Cómo puede ser entonces que *esa cosa* controle tu futuro?" Una y otra vez comprobó que la realidad de sus estudiantes podía paralizarlos. Sí, necesitaban habilidades prácticas, una vida estable y dinero, y ella les ayudaba a obtener eso. Pero también veía que necesitaban creer que podían lograr algo que hiciera una diferencia y que a muchos no se les ayudaba a creer eso.

Así, comenzó a hablar del estrés con sus alumnos en forma muy distinta. Les explicaba que no podían permitir que su ansiedad los agobiara ni paralizara y que debían analizar cómo utilizarlo. Les enseñaba que un corazón en estampida y la respiración agitada son el modo en que su cuerpo les ayuda a responder al estrés. "Les decía que cuando estuvieran en una entrevista de trabajo y el corazón les latiera con fuerza, no sólo pensaran: '¡Ay Dios, qué abrumado estoy!' ", me explicó Cotter. También hablaban de cómo aplicar una mentalidad de reto al arrostrar un estrés inesperado. Cotter les preguntaba: "¿Qué van a hacer cuando el auto no arranque al salir al trabajo? ¿Cómo reaccionarán cuando la niñera no se presente?". Los preparaba para situaciones que sabía que enfrentarían cuando tuvieran trabajo y les ayudaba a hacer planes para actuar en vez de darse por vencidos.

Algo que caracteriza a los estudiantes de Cotter es que carecen del tipo de recursos que les permitirían manejar situaciones como ésas. Muchos de ellos no tienen una familia comprensiva a la cual pedir ayuda. No tienen dinero en el banco. En cierto sentido, el replanteamiento de la intervención sobre la mentalidad del estrés es perfecto para ellos; su único recurso son ellos mismos. Tienen su valor, su persistencia y su motivación. Ver el estrés como un signo de que las cosas estaban fuera de control y de que se venían abajo, les impedía advertir esas fortalezas. "Reconsiderar el estrés los potencia", dijo Cotter. "Hace que crean otra cosa acerca de lo que son capaces y lo que pueden lograr."

Esta observación me recordó un estudio poco conocido con el que tropecé por casualidad, efectuado en un refugio contra la violencia doméstica en Colorado. Los investigadores distribuyeron entre mujeres un cuestionario en el que se enlistaban síntomas físicos de ansiedad como "Tu corazón late rápidamente", "Te sudan las manos" y "Sientes que no puedes respirar."[26] Luego se les pidió imaginar la causa de que se sintieran así. Las opciones incluían explicaciones neutrales como "Realizaste una actividad física", positivas como "Estás emocionada" y negativas como "Estás bajo estrés y no manejas bien las cosas" o "No puedes hacerte cargo de lo que sucede en tu vida."

Las mujeres que eligieron las explicaciones negativas de sus sensaciones físicas de ansiedad se percibían a sí mismas como dueñas de menos recursos. Tendían a culparse del abuso que sufrían y estaban en riesgo de desarrollar depresión y TEP. De igual forma, se sentían menos seguras de ser capaces de dominar el sistema legal. Los análisis de los investigadores indicaban que esa tendencia a interpretar negativamente las sensaciones físicas incrementaba directamente tales riesgos, pues hacía dudar de los recursos de respuesta propios.

Creo que esto es la esencia de lo que ocurría en los estudios de Jeremy Jamieson; los cursos de matemáticas de Aaron Altose; los cursos de la beneficencia para el trabajo de Sue Cotter y mi propio curso de la nueva ciencia del estrés cuando la gente decidía confiar en que la respuesta de su cuerpo al estrés podía apoyarla. Optar por ver un corazón acelerado como un recurso es algo más que un truco de mentalidad capaz de transformar tu respuesta física al estrés de amenaza a desafío. También puede cambiar lo que piensas de ti mismo y de tu capacidad para manejar lo que la vida te demanda. Sobre todo, inspira acción, así que aceptar la ansiedad te permite estar a la altura de las circunstancias.

Reflexiones finales

Recibí por correo electrónico una historia notable que muestra lo eficaz que resulta aceptar la respuesta del cuerpo al estrés. Una mujer escuchaba en el portal trasero de su casa mi conferencia en TED sobre la aceptación del estrés. Acababa de pasar la sección que explica que la respuesta a la ansiedad puede proporcionar valor y energía y que los fuertes latidos del corazón son un signo de que el cuerpo está a la altura de un desafío. Justo en ese momento, aquella mujer oyó una pelea en la casa vecina. Reparó en que el padre abusaba físicamente de su hijo. Ésa no era la primera vez que ocurría, pero la señora siempre se había paralizado. Ella misma había sufrido abusos cuando niña y atestiguar éste la hacía retornar a su reacción a ese trauma.

En las ocasiones anteriores, ella había rezado por el niño, pero se inmovilizaba y no podía actuar. En cambio, esta vez se tomó muy a pecho la intervención sobre la mentalidad de la conferencia en TED. Pensó: "Mi cuerpo puede darme valor para actuar" y llamó a la policía. Hizo acopio de sus recursos internos y encontró la fuerza para acudir a recursos externos en busca de apoyo. La policía la entrevistó e intervino en defensa del niño. Aparte de ayudar a un chico vulnerable, ella experimentó su capacidad para romper el ciclo de temor y parálisis. Y para dar un paso más, me relató su historia, misma que ahora te cuento para que su acto inspire a otros.

¿Esto es posible siempre? No. Pero historias como ésta son un recordatorio inapreciable de que los recursos que necesitas ya están dentro de ti. Un cambio de mentalidad y un salto a la seguridad en ti mismo te pueden ayudar a aprovecharlos. El reseteo de mentalidad que esa señora decidió hacer no cambió su historia de abuso. No le quitó su miedo en ese momento. Pero convirtió la parálisis en acción valerosa.

Ver tu respuesta al estrés como un recurso es eficaz porque te ayuda a creer que puedes hacer algo. Creer esto es importante para el estrés ordinario, pero podría serlo más todavía para el extraordinario. Saber que eres competente para enfrentar los retos de tu vida puede representar la diferencia entre esperanza y desesperanza, persistencia y derrota.[27] Las investigaciones señalan que la forma en que interpretas la respuesta de tu cuerpo al estrés desempeña un papel en esa certeza, sea que te preocupe un examen, un divorcio o una nueva ronda de quimioterapia.

Aceptar el estrés es un acto radical de confianza en ti mismo: saberte capaz, y ver tu cuerpo como un recurso. No es necesario que esperes a dejar de tener miedo, estrés o ansiedad para hacer lo que más te importa. El estrés no tiene por qué ser un signo de que debes parar y renunciar a ti. Este tipo de cambio de mentalidad es un catalizador, no una cura. No elimina tu sufrimiento ni evapora tus problemas. Pero si estás dispuesto a reconsiderar tu respuesta al estrés, eso te ayudará a reconocer tu fuerza y acceder a tu valor.

5 Relaciónate
Cómo crea resiliencia el calor humano

A fines de la década de 1990, dos psicólogas investigadoras de la University of California en Los Ángeles (UCLA) conversaban sobre el hecho de que las científicas de su laboratorio respondían al estrés en forma distinta a los hombres. Éstos desaparecían en su oficina, mientras que ellas llevaban galletas a las reuniones del laboratorio y convivían a la hora del café. "¡Olvídate de pelear-o-huir!", dijeron en broma. Las mujeres atendían y amistaban.

Esa broma se fijó en la mente de una de ellas, la investigadora posdoctoral Laura Cousino Klein. Los estudios en el campo de la psicología indicaban que el estrés deriva en agresividad, pero ésa no era su experiencia particular. Y aquello tampoco coincidía con lo que observaba en otras mujeres. Ellas tendían a querer hablar con alguien sobre su ansiedad, pasar tiempo con sus seres queridos o canalizar su estrés ayudando a los demás. Se preguntó si era posible que la ciencia hubiese descuidado un importante aspecto del estrés.

Klein decidió cavar más hondo en la ciencia y obtuvo el asombroso descubrimiento de que noventa por ciento de las investigaciones hasta entonces publicadas sobre el estrés se habían efectuado con machos y hombres en estudios animales y humanos. Cuando se lo hizo saber a Shelley Taylor, directora del laboratorio en el que trabajaba, también ésta reaccionó sobrecogida: retó a su laboratorio a estudiar el lado social del estrés, especialmente en mujeres. Al examinar investigaciones tanto animales como humanas, se encontraron evidencias de que el estrés puede estimular la cordialidad, la cooperación y la compasión.[1] Bajo estrés, las mujeres exhiben un incremento en atención —cuidar de otros, sean hijos, familiares, cónyuge u otras comunidades— y en amistad, las conductas que refuerzan los lazos sociales, como escuchar, pasar tiempo con los demás y brindar apoyo emocional.

Aunque la teoría de atender-y-amistar comenzó como una investigación sobre la respuesta de las mujeres al estrés, pronto se amplió para incluir también a los hombres, en parte debido a que los científicos dijeron: "¡Hey, nosotros también atendemos y amistamos!". Junto con otros grupos de investigación, el equipo de Taylor realizó las primeras comprobaciones de que la tensión no sólo mueve a actuar en defensa propia, como los científicos creían desde tiempo atrás, sino que también desencadena el instinto de proteger a tu tribu.[2] A veces, este instinto se expresa de manera distinta en hombres y mujeres, pero ambos sexos lo comparten. En momentos de tensión, se ha demostrado que hombres y mujeres por igual se muestran más confiados, generosos y dispuestos a arriesgar su bienestar para proteger a otros.

Cuando en una clase reciente describí la teoría de atender-y-amistar, de inmediato una mujer alzó la mano. "Creo que esa teoría tiene que analizarse mucho más", dijo. "La contradicen mis décadas de experiencia en el mundo de los negocios."

Le pedí que hablara más de esa experiencia. "El estrés vuelve a la gente mucho más egoísta", declaró; "entonces, sólo se protege a sí misma y socava a los demás."

Esa reacción es común cuando la gente oye hablar por vez primera de la respuesta de atender-y-amistar. Mi alumna no estaba precisamente equivocada; describía un tipo de respuesta al estrés. Éste no siempre nos vuelve amables; también puede enojarnos y ponernos a la defensiva. Cuando irrumpe el instinto de sobrevivencia de pelear-o-huir, podemos agredir o retraernos. Cabe señalar que la teoría de atender-y-amistar no afirma que el estrés desemboque siempre en cordialidad, sino sólo que puede volver más afable a la gente, lo que ocurre a menudo. Además, las relaciones sociales son un instinto de sobrevivencia tan pronunciado como el pelear o el huir.

Ya vimos que lo que piensas de la ansiedad desempeña un papel considerable en la determinación del tipo de respuesta al estrés que tengas. Ahora examinaremos cómo cultivar la mentalidad de atender-y-amistar centrándonos en metas que nos rebasan, apoyando a los demás e incluso optando por ver la tensión y el sufrimiento como parte de la experiencia humana común.

Descubriremos, además, que el impulso a relacionarnos es tanto una respuesta natural al estrés como una fuente de resistencia. Cuando nos preocupamos por los demás, nuestra bioquímica cambia, activando sistemas cerebrales que producen sentimientos de esperanza y valor. Ayudar a los demás protege también contra los perniciosos efectos del estrés, aun del crónico o traumático. En ámbitos aparentemente tan dispares como un sistema de transporte público desafiado por tasas de criminalidad en ascenso, una preparatoria de "última esperanza" para adolescentes pobres y en riesgo y el hospital de una prisión donde los reclusos van a morir, veremos que el calor humano produce aguante. Comencemos echando un vistazo a la ayuda que la respuesta de atender-y-amistar nos brinda para hacer frente a nuestras circunstancias y a la razón de que optar por relacionarnos con los demás nos vuelva mejores para el estrés.

Cómo atender-y-amistar transforma el estrés

Desde el punto de vista evolutivo, contamos en nuestro repertorio con la respuesta de atender-y-amistar para, antes que nada, proteger a nuestra descendencia. Piensa en una mamá oso resguardando a sus crías, o en un padre sacando a su hijo de un auto en llamas. En tales condiciones, lo que más necesitan es disposición para actuar pese a que su vida esté en peligro.

Para tener el valor de proteger a nuestros seres queridos, la respuesta de atender-y-amistar debe contrarrestar nuestro instinto básico de sobrevivencia de evitar daños. Precisamos de intrepidez en esos momentos, así como de la seguridad de que nuestras acciones harán una diferencia. Si creemos que no podemos hacer nada, es posible que desistamos. Y si nos paralizamos por temor, nuestros seres queridos perecerán.

En esencia, la respuesta de atender-y-amistar es un estado biológico ideado para reducir el temor y alentar la esperanza. La mejor forma de entender cómo hace esto dicha respuesta es examinar cómo afecta a tu cerebro. Ya vimos que la tensión puede aumentar el nivel de oxitocina, neurohormona que activa nuestras tendencias prosociales. Pero ésa es sólo una parte de la respuesta de atender-y-amistar, ya que, de hecho, intensifica la actividad de tres sistemas del cerebro:

- El **sistema de solidaridad social**, regulado por la oxitocina. Cuando este sistema se activa, sentimos más empatía, sintonía y confianza, así como mayor deseo de relacionarnos o estar cerca de los demás. Esta red también inhibe los centros de temor del cerebro, incrementando nuestra osadía.
- El **sistema de recompensas**, que libera el neurotransmisor dopamina. La activación de este sistema hace subir la motivación y desalienta el miedo. Cuando nuestra respuesta al estrés incluye un torrente de dopamina, vemos con optimismo nuestra aptitud para hacer algo significativo. La dopamina también prepara al cerebro para la acción física, pues se asegura de que no nos inmovilicemos bajo presión.
- El **sistema de adaptación**, impulsado por el neurotransmisor serotonina. Cuando este sistema se activa, favorece nuestra percepción, intuición y autocontrol. Esto nos permite saber qué hace falta y cerciorarnos de que nuestras acciones tengan el mayor impacto positivo posible.[3]

En otras palabras, la respuesta de atender-y-amistar nos vuelve sociables, valientes e inteligentes. Nos brinda el valor y esperanza que necesitamos para actuar y la conciencia para proceder hábilmente.

Aquí es donde las cosas se ponen interesantes. Tal vez la respuesta de atender-y-amistar evolucionó para proteger a la prole, pero cuando te encuentras en ese estado, tu valentía se extiende a cualquier reto que enfrentas. Y, sobre todo, *siempre que decides ayudar a otros, activas ese estado.* Ocuparte de los demás desata la biología del valor y engendra esperanza.

Un estudio de neurocientíficos de la UCLA reveló que ver por los demás hace pasar el interruptor del cerebro del temor a la esperanza.[4] Los investigadores invitaron a los participantes a presentarse en un centro de imagenología cerebral con un ser querido. Una vez ahí, se les explicaba que el estudio indagaría cómo reaccionamos al dolor de otros. Ellos verían a su ser querido recibir una serie de choques eléctricos moderadamente dolorosos. Para que los participantes supieran qué sentiría su ser querido, los investigadores les daban un choque de muestra.

Si aceptaban seguir adelante con el estudio, no podrían impedir que su ser querido experimentara dolor, pero los investigadores les ofrecían dos formas de reaccionar a la angustia de que aquél sufriera. En algunos casos, se pidió a los participantes que tomaran de la mano a su ser querido, para consolarlo. En otros, se les dio una pelota para que la apretaran y controlaran así su estrés al ver sufrir a esa persona. En ambos casos, los investigadores observaron qué pasaba en el cerebro de los participantes.

Las dos estrategias de respuesta de los sujetos de este estudio —tomar la mano y apretar una pelota— son buenos ejemplos de cómo reaccionamos en la realidad al sufrimiento de nuestros seres queridos. A veces les concedemos atención para ver si podemos consolarlos, apoyarlos o ayudarlos; ésta es una respuesta de atender-y-amistar. Es un acto de valentía, aun si lo único que hacemos es escucharlos y permanecer a su lado. Otras veces, buscamos la manera de escapar a la angustia que sentimos por su sufrimiento. Esto aparta nuestra atención de ellos y nos vuelve menos capaces o dispuestos a ayudar. Podemos distanciarnos física o mentalmente, acudiendo a estrategias de evasión para aliviar nuestra incomodidad. Los psicólogos llaman a esto *colapso de compasión*; tratando de evitar el estrés que sentimos por el estrés ajeno, nos paralizamos en lugar de movilizarnos.

Los investigadores descubrieron que esas dos estrategias de respuesta tenían efectos muy distintos en la actividad cerebral de los participantes. Cuando éstos tendían la mano para tomar la de su ser querido, aumentaba la actividad de los sistemas de recompensas y solidaridad del cerebro y disminuía la de la amígdala, parte del cerebro que detona temor y evasión. En contraste, apretar la pelota no tenía ningún efecto en la actividad de la amígdala. Igual que la mayoría de las estrategias de evasión, apretar la pelota no reducía la angustia, y *aminoraba* la actividad de los sistemas de recompensas y solidaridad, lo que indica que reforzaba la sensación de impotencia de los participantes.

Este estudio nos dice dos cosas. Primero, que el punto al que dirigimos nuestra atención cuando alguien que nos importa sufre puede cambiar nuestra respuesta al estrés. Si nos dedicamos a consolar, ayudar y cuidar a nuestros seres queridos, experimentamos esperanza y unión. Si, por el contrario, nos dedicamos a aliviar nuestra propia angustia, nos estancamos en el temor. Segundo, que podemos producir la biología del valor a través de pequeñas acciones. En este caso, los sujetos tomaron la mano de un ser querido mientras experimentaba dolor. En la vida diaria hay muchas oportunidades de pequeños actos similares de solidaridad.

Sea que te agobie tu estrés o el sufrimiento de otros, la forma de buscar esperanza es relacionarse, no escapar. Los beneficios de adoptar un enfoque de atender-y-amistar van más allá de ayudar a los seres queridos, aunque, desde luego, esta función es primordial. En toda situación en la que te sientes indefenso, hacer algo para apoyar a otros puede ayudarte a apuntalar tu motivación y optimismo.

El efecto secundario de la respuesta de atender-y-amistar hace que ayudar a otros sea un medio muy eficaz de transformar el estrés. Por ejemplo, investigadores de la Wharton School de la University of Pennsylvania querían encontrar una manera de aliviar la presión de tiempo en el trabajo. Tú conoces esa sensación: demasiadas cosas por hacer, pero tiempo insuficiente para realizarlas. La escasez de tiempo no sólo es una sensación estresante; está demostrado que también es un estado de ánimo que conduce a malas decisiones y opciones insanas.[5] En ese estudio, los investigadores probaron dos formas de aliviar la sensación de no tener tiempo. Concedieron tiempo libre a algunas personas para dedicarlo a lo que quisieran; a otras les pidieron dedicar tiempo a ayudar a alguien. Luego solicitaron a los participantes referir de cuánto tiempo libre disponían entonces y qué tan escaso era para ellos el tiempo como recurso en general.

Sorprendentemente, ayudar a alguien redujo la sensación de escasez de tiempo en mayor medida que contar con tiempo extra. Quienes ayudaron a alguien después reportaron sentirse más capaces, competentes y útiles que quienes dedicaron su tiempo a ellos mismos. Esto a su vez modificó su sensación respecto a lo que tenían que hacer y a su capacidad para manejar la presión. En este sentido, tal experimento se asemeja a las intervenciones sobre la mentalidad de Jeremy Jamieson: ayudar a alguien elevó la seguridad de los sujetos en sí mismos, lo cual modificó su impresión sobre las exigencias que les aguardaban. Su nueva seguridad también alteró su percepción de algo tan objetivo como el tiempo; tras ayudar a alguien, el tiempo, como recurso, se ensanchaba.

Desde el punto de vista de atender-y-amistar, podría especularse que ayudar a otros cambió la biología de esas personas, reduciendo su sensación de agobio. Los investigadores de Wharton resumieron sus descubrimientos en este consejo: "Cuando los individuos se sienten cortos de tiempo, deben ser más generosos con él, pese a su inclinación a serlo menos".[6]

Este consejo da en el clavo, entre otras cosas —no la menor— porque la gente suele subestimar lo bien que se siente cuando ayuda a otros. Por ejemplo, supone equivocadamente que emplear dinero en ella la hará más feliz que gastarlo en los demás, cuando lo cierto es lo contrario.[7] Dar puede subirle el ánimo aun si lo hace a fuerza. En un estudio, economistas de la University of Oregon dieron cien dólares a los participantes y les preguntaron si querían donar parte de ese dinero a un banco de alimentos. Casi todos aportaron algo, aunque su altruismo varió. Pero los investigadores recuperaron dinero sin el consentimiento de los participantes, para donarlo al banco de alimentos en su nombre. En ambas situaciones y en la mayoría de los sujetos, el sistema de recompensas del cerebro fue activado por las donaciones. Estos cambios en el cerebro resultaron más marcados cuando los participantes decidieron donar, pero en ambos casos la dirección del cambio fue la misma. Tales alteraciones cerebrales también predijeron mejor ánimo; donar al banco de alimentos hizo sentir bien a la mayoría de los sujetos.[8]

La lección por extraer de estos dos estudios no es que debe obligarse a la gente a ser más caritativa o a ayudar a los demás. Más bien, estos descubrimientos nos recuerdan que no necesariamente tenemos que esperar a sentirnos animados por una sensación de generosidad para decidir ayudar a alguien. A veces tomamos primero la decisión de ser generosos y el enaltecimiento viene después. Especialmente cuando sientes que tus recursos —tiempo, energía o lo que sea— son escasos, optar por ser generoso es una forma de acceder al aguante que acompaña a la respuesta de atender-y-amistar. Si tienes problemas de evasión, desconfianza de ti o sensación de abatimiento, ayudar a los demás es uno de los propulsores de la motivación más potentes que puedes encontrar.

Transforma el estrés: transita del agobio a la esperanza

Cuando te sientas abrumado, busca un modo de hacer algo por alguien más allá de tus responsabilidades diarias. Tu cerebro podrá decirte que no tienes tiempo o energía, pero justo por eso debes hacerlo. Podrías convertir esto en una práctica diaria: establece la meta de buscar la oportunidad de apoyar a alguien. Al hacer esto, preparas a tu cuerpo y tu cerebro a emprender una acción positiva y experimentar valor, esperanza y solidaridad.

Dos estrategias pueden aumentar el beneficio de esta práctica. Primero, el sistema de recompensas del cerebro se sentirá más estimulado haciendo algo nuevo o inesperado que haciendo siempre lo mismo. Segundo, los pequeños actos pueden ser tan eficaces como los grandes, así que busca cosas menudas que puedas hacer en lugar de esperar el momento perfecto para ser magnánimo. Yo aliento a mis alumnos a ser creativos en su generosidad. Puedes otorgar apreciación, toda tu atención o aun el beneficio de la duda. Al igual que otros reseteos de mentalidad que ya vimos —como recordar tus valores o reconsiderar el aceleramiento de tu corazón—, una decisión modesta puede tener efectos inesperadamente grandes en tu forma de experimentar el estrés.

Cómo las metas que nos rebasan transforman el estrés

La psicóloga investigadora Jennifer Crocker disfrutó de un año sabático durante el periodo escolar 1999-2000, tomando un descanso de sus labores docentes y administrativas en la University of Michigan.[9] Aunque los años sabáticos suelen idealizarse como un momento para restaurar la energía creativa y dedicarse más de lleno a la investigación, la verdad es que Crocker estaba agotadísima. Años antes había asumido una cátedra en la University of Michigan. Esta institución contaba con uno de los programas de investigación en psicología más sobresalientes del mundo y muchos de los colegas de Crocker eran famosos en ese campo. Pese a haber sido seleccionada por sus distinguidas investigaciones —cazada, de hecho, en otra prestigiosa escuela—, Crocker seguía preguntándose si el comité de contratación no había cometido un error y si ella era de veras lo que sus colegas llaman "material de Michigan". (Debo decir que saber que Crocker piensa esto me asombró bastante; su currículum incluye más de cien publicaciones científicas y una docena de grandes premios, como el Distinguished Lifetime Career Award, concedido en 2008.) Luego de varios años de tratar de demostrar su valía, se sentía consumida y exhausta. Se tomaría tiempo libre para saber cómo replantear sus objetivos sin saltar a la palestra.

En la primavera de su año sabático, fue a tomar un café con una buena amiga que la exhortó a asistir a un taller de liderazgo profesional en Sausalito, California. Crocker cedió, sin esperar gran cosa. Pero lo que oyó en ese taller de nueve días de duración fue justo lo que necesitaba. El taller trató de los costos de tener que demostrar la valía personal, justo lo que Crocker había experimentado.[10] Los demás participantes eran ejecutivos, médicos y hasta padres con sus hijos adolescentes y a Crocker le extrañó saber que todos ellos también parecían identificarse con ese mensaje. Era agotador abordar las metas en la vida con una actitud de competencia constante, siempre intentando impresionar a otros, o probarse a uno mismo. Esto privaba al trabajo de toda satisfacción. Generaba conflicto en las relaciones. Imponía un costo a la salud. Pero, como Crocker, todos los ahí presentes pensaban que ésa era la única manera de triunfar.

Sin embargo, los responsables del taller tenían otro punto de vista. Alegaron que si uno se ve como parte de algo más grande —un equipo, organización, comunidad o misión—, el esfuerzo pierde su efecto tóxico. Cuando nuestra principal meta es contribuir a "algo grande", no cesamos de trabajar con ahínco, pero nuestra motivación es distinta. En vez de querer demostrar que valemos o que somos mejores que otros, vemos nuestros esfuerzos en bien de un propósito que nos trasciende. En lugar de concentrarnos exclusivamente en nuestro éxito, también queremos apoyar a otros para promover la misión general.

Crocker y los demás participantes en ese taller fueron invitados a contemplar sus metas trascendentes, definidas como un propósito más allá de las metas de beneficio y éxito personal. Una meta trascendente no es una meta objetiva —como conseguir un ascenso— ni un premio —como que el jefe nos elogie. Se relaciona más bien con la manera en que vemos el papel que ejercemos en nuestra comunidad: lo que queremos aportar y el cambio que deseamos producir.[11] Cuando uno se esfuerza debido a esta mentalidad, explicaron los responsables del taller, aumentan sus posibilidades de cumplir tanto sus metas profesionales como las trascendentes, experimentando en el trayecto más alegría y significado.

Crocker se dio cuenta de que durante toda su vida profesional la había movido una mentalidad de competencia y concentración en ella misma, más que una meta trascendente. Adquirir un nuevo modo de abordar su trabajo parecía una solución radical, pero emocionante, al agotamiento que había sentido. Pero seguía siendo, antes que nada, una científica, así que cuando terminó su año sabático, hizo lo que todo buen investigador habría hecho: ponerse a diseñar estudios para descubrir cómo operan esas dos mentalidades.

Crocker y sus colegas han estudiado las consecuencias de las metas inmediatas *versus* trascendentes para el éxito académico, el estrés laboral, las relaciones personales y el bienestar, así como en dos culturas muy distintas, Estados Unidos y Japón.[12] Entre lo primero que descubrieron está que cuando la gente sintoniza con metas más allá de ella, se siente mejor: más esperanzada, curiosa, afectuosa, agradecida, inspirada y emocionada. En contraste, cuando opera con base en metas inmediatas, tiende a sentirse confundida, ansiosa, enojada, envidiosa y sola.

Las repercusiones emocionales de estas metas se acumulan en el tiempo, así que quienes persiguen persistentemente metas inmediatas tienden a deprimirse, mientras que quienes persiguen metas trascendentes exhiben más bienestar y satisfacción en la vida. Una razón de esta diferencia es que la gente que opera con una mentalidad trascendente termina por formar firmes redes de apoyo social. Paradójicamente, al concentrarse en ayudar a los demás en vez de probarse a sí misma, se gana más respeto y aprecio que quienes dedican su energía a tratar de impresionar a los demás más que a apoyarlos. En contraste, quienes persiguen sin cesar metas inmediatas tienden a ser padecidos y rechazados por los demás y, con el tiempo, a experimentar un descenso en su apoyo social. Como Crocker antes de su año sabático, pueden triunfar profesionalmente, pero se siguen sintiendo aislados e inseguros de su posición.

Cabe indicar que estas dos formas de perseguir metas no son rasgos de personalidad fijos. Crocker ha demostrado que todos tenemos ambos tipos de metas —probar nuestra valía y contribuir a algo que nos rebasa— y que esas motivaciones oscilan en el tiempo. (Un factor primordial parece ser quienes nos rodean; Crocker descubrió que las metas tanto inmediatas como trascendentes son contagiosas.) En sus primeros experimentos, trató de manipular las motivaciones de la gente con toda suerte de artilugios psicológicos, como inducir metas diferentes fuera de la conciencia de los participantes. Pero pronto se dio cuenta de que esto funciona mucho mejor cuando la gente misma tiene que hacer el cambio. Cuando se le invita a reflexionar en sus metas más allá de sí misma, puede cambiar de mentalidad. Y al hacerlo, además, su experiencia del estrés se transforma.

En un estudio, Crocker y sus colegas probaron los efectos de pensar en metas trascendentes sobre la experiencia de una estresante entrevista de trabajo por parte de los participantes.[13] Algunos recibieron una breve intervención sobre la mentalidad antes de la entrevista. El experimentador explicó que las entrevistas de trabajo tienden a poner a la gente en un estado de ánimo competitivo y de autopromoción. Otro modo de abordar una entrevista, sugirió, es pensar en lo que podría hacerse por los demás o por una gran misión, en caso de conseguirse el puesto. En vez de querer demostrar tu valía, tratar de ayudar a otros podría dirigir tu atención a algo que te excede. Se dio a los participantes un par de minutos para que pensaran en sus valores más destacados y en la forma en que ese trabajo les permitiría ayudar a otros y hacer una diferencia. Más todavía, el experimentador no les impuso ninguna meta trascendente; ellos tenían que buscarlas por sí mismos.

Para indagar los efectos del cambio de mentalidad en el desempeño, se evaluaron en ese estudio hormonas del estrés de los participantes antes y después de la entrevista. También se videograbaron las entrevistas y se contrató a observadores imparciales para que analizaran la conducta de los sujetos. Los que habían reflexionado en sus metas trascendentes mostraron más señales de entendimiento con los entrevistadores, como sonreír, hacer contacto visual e imitar inconscientemente el lenguaje corporal de éstos, conductas todas ellas que, se sabe, incrementan la afinidad y afianzan las relaciones sociales. Además, los evaluadores prefirieron lo que estos participantes dijeron, calificando sus respuestas como más sugerentes que las de quienes no contemplaron sus valores. Asimismo, el cambio de mentalidad influyó en las reacciones físicas de los participantes al estrés. Quienes reflexionaron en sus metas trascendentes para ese trabajo mostraron en menor grado una respuesta a amenazas, medida por dos hormonas del estrés, el cortisol y la hormona adrenocorticotrópica (ACTH).

Crocker no es la única persona que ha investigado los beneficios de adoptar un enfoque de atender-y-amistar para cumplir metas personales. David Yeager, a quien se aludió en el capítulo 1 (a propósito de su intervención en la mentalidad de crecimiento de chicos de noveno grado vestidos con shorts de deportes), ha demostrado que ayudar a estudiantes a buscar sus metas trascendentes eleva la motivación y el desempeño académicos.[14] En un estudio, algunos universitarios recibieron una intervención sobre la mentalidad "más allá de ellos" que incluyó este ejercicio:

> Piensa un momento en el tipo de persona que quisieras ser en el futuro, y en la clase de impacto positivo que querrías tener en quienes te rodean o en la sociedad en general [...] En el espacio de abajo, escribe una respuesta breve a esta pregunta: ¿de qué te servirá lo que aprendas en la escuela para ser el tipo de persona que quisieras ser, o para tener la clase de impacto que querrías en quienes te rodean o la sociedad en general?

Los estudiantes recibieron entonces una serie de tediosos y complicados problemas de matemáticas. Los que hicieron la reflexión más allá de ellos persistieron más tiempo y resolvieron correctamente más problemas. Esa misma intervención sobre la mentalidad en alumnos de preparatoria no sólo aumentó su motivación a largo plazo, sino que también produjo promedios más altos al final del semestre. Yeager y sus colegas descubrieron que cuando los estudiantes pensaban en sus metas trascendentes, el significado, lo mismo de labores tediosas que de dificultades académicas, se modificaba. El nuevo significado —que perseverar en sus estudios les ayudaría a hacer una diferencia en el mundo— los motivaba a enfrentar, más que a evitar, el estrés de retarse a sí mismos.

Una investigación de la Case Western Reserve University ofrece más ideas sobre por qué las metas trascendentes transforman tan eficazmente el estrés. En ella, neurocientíficos llevaron a estudiantes al laboratorio para que conversaran con un orientador escolar. En algunos casos, los orientadores adoptaron un enfoque directo de la reunión, siguiendo la plática usual sobre las labores de los alumnos y sus problemas. En otros, el orientador inquiría a los estudiantes sobre su visión del futuro, incitando una reflexión sobre sus valores e ideales. Entre tanto, los neurocientíficos rastrearon la actividad cerebral de cada estudiante. Cuando el orientador les preguntó sobre su propósito trascendente, ellos se sintieron más inspirados, atendidos y esperanzados. Esto incrementó de igual modo la actividad de los tres sistemas cerebrales asociados con la reacción de atender-y-amistar.[15] Reflexionar en tus metas trascendentes parece tener el mismo efecto que ayudar a otros: saca provecho de la motivación positiva que acompaña a la respuesta de atender-y-amistar.

Transforma el estrés: convierte tu concentración en ti mismo en metas que te rebasan

Cuando sientas subir el estrés en tu trabajo o en otra área relevante de tu vida, pregúntate: "¿Cuáles son mis metas trascendentes?" y "¿Cómo pueden beneficiarse de esta oportunidad?"

Si te cuesta trabajo encontrar una meta que te rebase, dedica unos momentos a reflexionar en una o más de estas preguntas:

- ¿Qué clase de impacto positivo quieres tener en quienes te rodean?
- ¿Qué misión en la vida o en el trabajo te inspira más?
- ¿Qué quieres aportar al mundo?
- ¿Qué cambio deseas producir?

Idear metas trascendentes en el trabajo

Monica Worline es miembro fundador del CompassionLab Research Group, colectivo de psicólogos organizacionales que estudian las relaciones sociales en el trabajo.[16] Sus investigaciones demuestran que sentirse unido a los demás en el trabajo reduce el agotamiento e incrementa el compromiso de los empleados, gracias a los grandes beneficios que se derivan de poder ayudar a otros.

En su calidad de presidenta de su empresa consultora en San Diego, Worline ha trabajado con veinte compañías del índice 100 de NASDAQ, así como con muchas otras de la lista de "las compañías más admiradas del mundo" de la revista *Fortune*. Un ejercicio del que se vale para que las empresas vuelvan más resilientes a sus empleados se llama *rediseño de roles* y consiste en reformular la propia descripción de funciones desde una perspectiva trascendente. Casi toda descripción de funciones enlista las tareas implicadas, las habilidades requeridas y las prioridades del puesto. Pero es raro que dé una noción del porqué: la contribución que la persona en el puesto hace a la organización o la comunidad.

En el rediseño de roles, Worline pide a la gente estimar esta interrogante: "¿Y si describieras tu puesto desde el punto de vista de las personas con las que trabajas o a las que sirves? ¿Qué dirían ellas sobre los beneficios que tu función les ofrece? ¿Cómo sostiene tu trabajo la gran misión de la compañía o el bienestar de tu comunidad?". Aunque esta reformulación no altera las tareas básicas del puesto, modifica la forma en que la gente las percibe. Worline ha descubierto que este ejercicio incrementa confiablemente el significado y satisfacción que la gente obtiene de su empleo.

Un ejemplo ilustrativo de idear metas trascendentes en el trabajo es lo que aconteció en Louisville, Kentucky, en un momento de creciente inquietud por la inseguridad del sistema de transporte público. Por ejemplo, en julio de 2012, esa ciudad se alarmó cuando uno de tres hombres que discutían en la parte trasera de un autobús sacó una pistola y mató a Rico Robinson, de diecisiete años, a plena luz del día. El alcalde de Louisville, Greg Fischer, retó al sistema de transporte a contribuir a la seguridad pública. En parte, la iniciativa consistió en pedir a los conductores de autobuses que pensaran en lo que podían hacer para proteger el bienestar de los pasajeros, más allá de las ya instaladas cámaras de seguridad y radios de emergencia.

Los conductores se tomaron en serio ese reto y se rebautizaron colectivamente como "embajadores de la seguridad". Manejar seguía siendo su principal tarea, pero reimaginaron su papel para incluir la labor de hacer del autobús un espacio en el que los pasajeros se sintieran vistos y conocidos. Decidieron que algo que podían hacer era saludarlos cuando subían al camión; no sólo recibir su dinero o revisar su pase, sino también hacer contacto visual con ellos y decirles: "¡Hola!". Al tratar con cada pasajero, los choferes reducirían el anonimato que alienta el crimen en espacios públicos. Podían hacer que sus viajantes se sintieran más cómodos y bienvenidos.

La mayor sorpresa de este rediseño de roles fue cómo afectó a los conductores. Su noción acerca del significado de su trabajo se elevó por los aires, dijo Worline, un resultado notable en un trabajo con alto riesgo de agotamiento. (Según *U.S. News and World Report*, los choferes de camiones enfrentan niveles de estrés superiores al promedio, pero oportunidades de desarrollo inferiores.) Reimaginarse como embajadores de la seguridad cambió para los conductores de Louisville el significado de su puesto. Cumplirían el propósito trascendente de sostener la iniciativa de seguridad del alcalde de su comunidad y satisfarían esa meta cada vez que alguien abordara su autobús.

Worline asegura que el caso de Louisville se repite en cada grupo con el que ella trabaja. Ver tu empleo con una mentalidad que te supera puede dignificar incluso las tareas básicas y defenderte de la extenuación.

Los beneficios de las metas trascendentes no se limitan a la satisfacción laboral. Las investigaciones indican que los líderes que aplican esta mentalidad a decisiones clave ayudan a sus organizaciones a recuperarse de la adversidad. En 2013, investigadores de las universidades de Virginia y Washington encuestaron a los dirigentes de ciento cuarenta compañías que habían pasado por un gran apuro en los dos últimos años.[17] Estas compañías pertenecían a industrias muy diversas, como manufactura, servicios, comercio y agricultura. Además de tener que vérselas con una recesión económica prolongada, todas lidiaron con, al menos, una seria amenaza para su futuro.

Los investigadores entrevistaron a esos líderes con objeto de saber qué habían hecho para sobrevivir en ese periodo. También analizaron los estados financieros de sus compañías para ver las repercusiones de la crisis en los ingresos, ganancias y tamaño organizacional. Cuando compararon las compañías que prosperaron con las que más sufrieron, saltó a la vista una diferencia clave: las exitosas habían adoptado lo que los investigadores llamaron un enfoque colectivista para salir de su aprieto. En otras palabras, usaron la crisis como una oportunidad para apoyar algo que las excedía. Por ejemplo, varias de ellas habían tenido roces con la delincuencia local. La mayoría reaccionó instalando seguridad extra y reforzando las barreras contra su entorno inmediato. No obstante, una empresa probó una inusual estrategia de atender-y-amistar: invirtió en la restauración de edificios abandonados y los rentó a la comunidad.

Otras creativas y eficaces soluciones trascendentes de esas compañías fueron responder a una recesión ofreciendo descuentos a grupos importantes de la comunidad, como policías y escuelas, y atacar la escasez de trabajadores calificados creando un programa de mentoría y becas para jóvenes. En cada uno de estos casos, los líderes decidieron ocuparse del bien de la comunidad, no sólo de su sobrevivencia inmediata. Es de hacer notar que esas soluciones no se redujeron a procurar una sensación agradable. Cuando los líderes buscaron soluciones trascendentes, compañías de todas las industrias registraron mayores ingresos, ganancias y expansión durante y después de la crisis.

Muchos suponen equivocadamente que la compasión es una debilidad y que hacerse cargo de los demás agota sus recursos. Pero lo que la ciencia y estos ejemplos demuestran es que ayudar puede ensanchar nuestros recursos. Dado que las especies sociales —la humana incluida— no pueden sobrevivir por sí mismas, la naturaleza nos proveyó de todo un sistema motivacional que garantiza que nos cuidemos unos a otros. En muchos sentidos, este sistema es aún más decisivo para nuestra sobrevivencia que el instinto de pelear-o-huir. Quizá por eso la naturaleza le dio el poder de darnos no sólo energía, sino también esperanza, valor y hasta intuición. Cuando ponemos en acción ese sistema motivacional a través de la atención y la amistad, usamos recursos que necesitamos para manejar nuestros problemas y tomar decisiones sensatas. Lejos de ser una fuga de recursos, la atención y la amistad pueden potenciarnos.

Cómo genera resiliencia el calor humano

Natalie Stavas, doctora de treinta y dos años, estaba por consumar el maratón de Boston, habiendo corrido nada menos que cuarenta kilómetros con un pie lastimado. Había resuelto no permitir que esa lesión le impidiera recaudar dinero para el hospital infantil donde trabajaba. Al acercarse a la línea de meta, oyó un estruendo que atribuyó a los juegos pirotécnicos, tras de lo cual se precipitó hacia ella un enjambre de personas que corrían y gritaban.

Era el 15 de abril de 2013. Lo impensable había sucedido.

Stavas volteó a ver a su padre, quien había corrido el maratón junto a ella y le dijo: "¡Tenemos que ir a ayudar, papá!". Saltó una valla de poco más de un metro y cruzó un callejón. Se encontró pronto frente a la Atlantic Fish Co., escenario donde había explotado la segunda bomba. Había sangre por todas partes, tan densa en el aire que literalmente ella pudo sentirla en la boca. Trató de orientarse mientras inspeccionaba el lugar. Una carriola abandonada. Un pie sin cuerpo. Vio a una joven tirada en el suelo; le tomó el pulso y comenzó a bombear su pecho.

Stavas trató a cinco personas en la escena de la explosión. Cuatro de ellas sobrevivieron. No dejó de ayudar hasta que un policía la sacó a rastras.

Ella fue una de las muchas personas que entraron en acción en cuanto las bombas estallaron. Atletas que acababan de culminar el maratón salieron corriendo al Massachusetts General Hospital a donar sangre. En internet surgieron plataformas de "apoyo colectivo", en las que lugareños ofrecían a corredores varados alimentos, compañía y un lugar donde dormir. Algunos voluntarios regresaron a la línea de meta para recuperar las medallas y pertenencias que corredores aterrados habían dejado ahí.

Estos actos de solidaridad no ocurrieron días o semanas después, mientras la gente pugnaba por dar sentido a la tragedia. La urgencia de hacer algo fue instintiva.

La efusión de ayuda que tuvo lugar en Boston es conmovedora, pero no extraordinaria. Su medianía misma es lo destacable: circunstancias difíciles dan origen a grandes actos de bondad porque el sufrimiento suscita una necesidad básica de ayudar a otros. Los estudios demuestran que después de un suceso traumático de cualquier índole, la mayoría se vuelve más altruista. Pasa más tiempo cuidando a amigos y familiares, así como ofreciendo sus servicios a organizaciones no lucrativas y grupos religiosos.[18] Sobre todo, este altruismo le ayuda a hacer frente a su propio dilema. Entre más tiempo pasan ayudando a otros, más felices son quienes sobreviven a traumas y más significado ven en su vida.

El instinto de ayudar a los demás cuando uno mismo está en dificultades fue llamado "altruismo nacido del sufrimiento" por Ervin Staub, profesor de psicología de la University of Massachusetts, Amherst. En su juventud, Staub escapó del nazismo y el comunismo en Hungría. Como investigador, quería estudiar la condición que desembocaba en la violencia y la deshumanización, pero entre tanto le fascinaron las historias de ayuda que no cesaban de salir a la superficie, como la de que ochenta y dos por ciento de los sobrevivientes del Holocausto se tomaron la molestia de ayudar a otros cuando estaban presos, compartiendo la poca comida que tenían pese a que morían de hambre.[19]

Staub ha documentado un aumento del altruismo luego de traumas comunitarios como desastres naturales, ataques terroristas y guerra, y algo que distingue al altruismo posterior a esas tragedias: la gente que más sufre es también la que más ayuda. Cuando, en 1989, el huracán *Hugo* azotó el sureste de Estados Unidos, las personas más afectadas brindaron a otras víctimas más ayuda que lugareños menos perjudicados por la tormenta. Tras el 11 de septiembre, los estadunidenses que reportaron más angustia fueron también quienes donaron más tiempo y dinero para apoyar a las víctimas de los ataques. Más en general, Staub descubrió que quienes han sufrido un alto número de sucesos traumáticos en su vida tienden a ofrecer sus servicios o a donar dinero después de desastres naturales.[20]

Este fenómeno puede parecerte desconcertante si ves el altruismo como una fuga de recursos. Desde este punto de vista, nuestras pérdidas deberían motivarnos a conservar energía y a aferrarnos a los recursos que nos quedan. ¿Por qué, entonces, el sufrimiento apremiaría a la gente a servir?

La respuesta parece estribar en algo que ya consideramos: cómo la cordialidad genera valor y esperanza. Ya vimos que ayudar a otros puede transformar el miedo en valentía y la impotencia en optimismo. Cuando la vida es muy estresante, este beneficio de atender-y-amistar es aún más crítico para nuestra sobrevivencia. El instinto de ayudar cuando estamos en dificultades desempeña un papel importante en el impedimento de una *respuesta de derrota*. Ésta es una respuesta biológicamente programada a la victimización repetida, la cual conduce a pérdida de apetito, aislamiento social, depresión y hasta suicidio. Su principal efecto es hacer que te retraigas. Pierdes motivación, esperanza y el deseo de relacionarte con los demás. Encontrar significado en tu vida se vuelve imposible, o imaginar cualquier acto con el que podrías mejorar tu situación. No toda pérdida o trauma deriva en una respuesta de derrota; ésta sólo se presenta cuando te sientes oprimido por tus circunstancias o rechazado por tu comunidad. En otras palabras, cuando crees que ya no puedes hacer nada y que a nadie le importa.[21] Por terrible que parezca, una respuesta de derrota es la forma en que la naturaleza te saca de la jugada para que no consumas recursos comunitarios.

Como las respuestas de pelear-o-huir y de atender-y-amistar, también la de derrota se encuentra en todas las especies sociales. Pero desde el punto de vista evolutivo, ésta debe ser, en serio, el último recurso. Así, tenemos que contrarrestar el instinto de desesperarnos, para mantenernos implicados con la vida aun si las cosas parecen irremediables. Esta inclinación es la respuesta a atender-y-amistar o, como lo llama Ervin Staub, el altruismo nacido del sufrimiento. Cuando ayudas a alguien en medio de tu angustia, contrarrestas la espiral descendente de la derrota. Como dijo una señora que sirvió comida para rescatistas en el World Trade Center, tras los ataques terroristas del 11 de septiembre en Nueva York: "Estoy orgullosa de haber hecho algo [...] Pero fue extraño sentir una especie de desesperación por hacer algo, como si eso mismo te ayudara a ti además de ayudar a otros".[22]

Abundan las investigaciones con ejemplos de que ayudar a otros reduce la sensación de desesperanza luego de una crisis personal. He aquí algunos casos:

- Personas que ofrecen sus servicios tras un desastre natural dicen sentirse más optimistas y estimuladas, y menos ansiosas, enojadas y abatidas por su estrés.[23]
- A la muerte del cónyuge, cuidar a otros reduce la depresión.[24]
- Los sobrevivientes de un desastre natural son menos propensos a desarrollar trastorno de estrés postraumático (TEP) si ayudan a otros inmediatamente después.[25]
- Entre quienes padecen un dolor crónico, aconsejar a sus iguales alivia el dolor, la discapacidad y la depresión y brinda un propósito en la vida.[26]
- Las víctimas de un ataque terrorista sienten menos culpa del sobreviviente y encuentran más significado en la vida cuando encuentran la forma de ayudar a otros.[27]
- Luego de superar una crisis de salud potencialmente mortal, quienes se ofrecen como voluntarios experimentan más esperanza, menos depresión y una mayor sensación de propósito.[28]

Ayudar a los demás no sólo altera el impacto psicológico del sufrimiento; también protege contra los nocivos efectos de un estrés serio sobre la salud física. De hecho, ayudar a otros parece eliminar el impacto de sucesos traumáticos en la salud y la longevidad.

En un estudio precursor, investigadores de la University of Buffalo rastrearon durante tres años a un millar de estadunidenses de entre dieciocho y ochenta y nueve.[29] Cada año los interrogaban acerca de sucesos de vida estresantes. Les interesaban los grandes estresantes de ese año, como una crisis familiar, problemas económicos o la muerte de un ser querido. También preguntaban cuánto tiempo habían dedicado los participantes a retribuir a sus comunidades. ¿Se habían integrado al consejo escolar o a un comité religioso? ¿Habían hecho cosas para mejorar su vecindario, como cuidar un jardín comunitario u ofrecerse para una campaña de donación de sangre? Por último, los interrogaban sobre su salud. ¿Se les habían diagnosticado nuevos problemas? No dolencias menores como un resfriado, sino padecimientos graves, como dolor de espalda, afecciones cardiovasculares, cáncer y diabetes.

Entre quienes no habían hecho nada por su comunidad, cada suceso de vida estresante, como divorcio o pérdida de empleo, aumentó el riesgo de desarrollar un nuevo problema de salud, no así entre quienes dedicaron tiempo a retribuir con regularidad. En su caso, la asociación entre sucesos de vida estresantes y salud fue nula.

Esos mismos científicos realizaron más tarde otro estudio, para inspeccionar esta vez los efectos de ayudar sobre la longevidad. Rastrearon durante cinco años a ochocientos cuarenta y seis hombres y mujeres residentes en Detroit.[30] Al principio del estudio, preguntaron a los participantes cuántos sucesos de vida muy negativos habían experimentado el año anterior y cuánto tiempo habían pasado ayudando a amigos, vecinos y parientes. En los cinco años posteriores revisaron obituarios y actas de defunción para saber quiénes habían fallecido.

Una vez más, el calor humano creó resiliencia. Entre quienes no ayudaron a otros con frecuencia, cada suceso de vida significativo y estresante aumentó en treinta por ciento el riesgo de muerte. Pero los participantes que se tomaron la molestia de ayudar a los demás no mostraron ningún riesgo adicional de muerte relacionado con el estrés. De hecho, aun si experimentaron sucesos traumáticos, tenían el mismo riesgo de morir que quienes no. Parecían estar completamente protegidos de los dañinos efectos de la ansiedad.

Esto no quiere decir que ninguna de esas personas solidarias haya muerto o presentado problemas de salud. Ayudar a otros no es garantía de eternidad, ni de protección contra todo. Pero sí te protege del estrés. En esos dos estudios, los beneficios de la solidaridad se aplicaron tanto a hombres como a mujeres de todas las razas y orígenes étnicos, y de todas las edades. Pese al extendido supuesto de que el estrés incrementa el riesgo de enfermedad y muerte, éste no parece ser el caso entre quienes adoptan un enfoque de la vida de atender-y-amistar.

Esto podría parecer ejemplar, sobre todo si ya eres un voluntario frecuente y te gusta retribuir. Pero ¿y si tus inclinaciones bajo estrés no son tan altruistas? Como ya vimos, la gente tiene diferentes tendencias en lo que se refiere a su respuesta al estrés. Si no posees una inclinación natural a atender-y-amistar, ¿de todas maneras ayudar a los demás te beneficiará?

La respuesta es un rotundo sí. Un estudio de la University of Buffalo abordó directamente este cuestionamiento recolectando muestras de ADN de los participantes.[31] Los investigadores analizaron variaciones de un gen que influye en la sensibilidad a la oxitocina, la neurohormona que alienta la respuesta de atender-y-amistar. Inicialmente sospecharon que las personas sensibles a la oxitocina eran las que más se beneficiaban de retribuir a su comunidad, pero lo cierto resultó ser lo contrario. Los participantes genéticamente predispuestos a la respuesta de atender-y-amistar *no* fueron los que recibieron el mayor beneficio de salud de ser prosociales.

Los científicos especularon que interesarse en otros puede forzar la activación del sistema de oxitocina, aun si se tiene una predisposición genética poco propicia a la respuesta de atender-y-amistar. Esto concuerda con la idea de que lo que haces en la vida modifica la naturaleza de tu respuesta por omisión al estrés. El acto de ayudar a otros —mediante el voluntariado o considerando sólo tus metas trascendentes— puede liberar un potencial biológico de resistencia.

"De la comunidad y listos para servir"

El vínculo entre calor humano y resiliencia sugiere una interesante posibilidad de cómo apoyar a quienes han experimentado un estrés o trauma severo. La mejor manera de asistir a esos individuos, calificados normalmente como "en riesgo", podría ser hacerlos transitar de víctimas a héroes y ayudarlos a ayudar a otros.

Un programa que sigue este método es EMS Corps en Alameda County, California, el cual adiestra como paramédicos en sus comunidades a jóvenes desfavorecidos. Muchos de estos practicantes viven en barrios muy pobres, donde sesenta por ciento de los jóvenes desertan de la preparatoria. Algunos han sido indigentes. Están acostumbrados a que se les vea como una amenaza para su comunidad; cuando van por la calle o entran a una tienda, muchos los creen miembros de las pandillas o grupos criminales y violentos que acosan a sus vecindarios. La falta de oportunidades, agravada por la sensación de no ser bienvenidos en su comunidad, puede inducir fácilmente una respuesta de derrota en estos jóvenes. Algunos se convierten en definitiva justo en el problema que otros ya advertían en ellos.

Alex Briscoe, director de la Health Care Services Agency de Alameda County, veía de otra manera a esos muchachos. "Los jóvenes acusados de no cooperar con nuestra sociedad no son en realidad el problema", dijo. "Son la solución."[32]

EMS Corps —cuyo lema es "De la comunidad y listos para servir"— está diseñado para lograr que la comunidad vea a tales jóvenes de otro modo y ellos también a sí mismos. Además de aprender a brindar atención médica de emergencia, esos chicos trabajan también en pro de la salud pública. Por ejemplo, hacen revisiones gratis de la seguridad de los asientos de automóviles en favor de padres de familia y ofrecen, de puerta en puerta, tomar la presión y dar información sobre salud cardiovascular. Tras una campaña así, un joven miembro de EMS Corps dijo a sus compañeros en Berkeley, respecto a sus experiencias de esa jornada: "Dar consejos te hace sentir de maravilla".

Esta capacitación vocacional combinada con mentoría se concibió para ayudar a los jóvenes a desarrollar una identidad basada en ayudar a otros. No se reduce a enseñarles a tratar a una persona en crisis; también tiene que ver con utilizar esa función para desarrollar valor, carácter y compromiso. Como explicó un practicante en una sesión de mentoría grupal: "Me di cuenta del potencial que tengo. Aprendí quién soy en realidad y quién puedo llegar a ser". Un graduado de 2013, al reflexionar en cómo esa capacitación había afectado su vida, dijo: "Tengo la oportunidad de ser un superhéroe en la realidad". Además de esto, los graduados también tienen éxito: setenta y cinco por ciento de ellos son empleados por el sistema de emergencia y muchos asisten a la universidad. Éste es un resultado impresionante en un área en la que la tasa de desempleo juvenil es de hasta setenta por ciento.

Las investigaciones señalan que este tipo de intervención —ayudar a personas en riesgo a ayudar a otros— también puede reducir los negativos efectos de la pobreza y el estrés crónico en la salud. En un estudio, a alumnos de una preparatoria pública urbana en British Columbia, Canadá, se les asignó aleatoriamente como voluntarios en una escuela primaria durante una hora a la semana.[33] La mayoría de esos adolescentes eran miembros de minorías pobres con alto nivel de estrés en casa. Su labor voluntaria consistía en ayudar a estudiantes de primaria en sus actividades escolares, deportivas, artísticas, científicas o culinarias. Diez semanas después, los voluntarios exhibieron mejoras de salud cardiovascular, como menos colesterol y un reducido nivel de dos marcadores de inflamación, interleucina 6 y proteína C reactiva. El grupo de control no mostró cambio alguno.

Los investigadores analizaron también si un cambio psicológico podía explicar los biológicos. Los estudiantes que reportaron mayor incremento en empatía y deseo de ayudar a otros mostraron la mayor reducción de colesterol e inflamación. El voluntariado también mejoró la autoestima de los adolescentes, aunque mayores incrementos en autoestima no se asociaron con mayores mejoras de salud. El efecto protector del voluntariado procedió de la mentalidad de atender-y-amistar.

Programas basados en la solidaridad se han convertido incluso en tratamientos de primera línea para el TEP. La Warrior Canine Connection en Brookeville, Maryland, por ejemplo, alista a soldados con TEP o con lesiones cerebrales traumáticas para que entrenen a perros de servicio destinados a otros veteranos. Los soldados se encariñan con los perros, cumpliendo, al mismo tiempo, la alta misión de ayudar a sus compañeros heridos. Los veteranos que participan en este programa reportan menos depresión, recuerdos indeseables y automedicación, así como mayor sensación de propósito y pertenencia.[34]

Muy a menudo, los desfavorecidos o sobrevivientes de estrés crónico o traumático son vistos sólo como víctimas perjudicadas por sus experiencias y con poco que ofrecer. Irónicamente, las intervenciones que refuerzan esta visión pueden ser más dañinas que provechosas si hacen sentir a sus destinatarios como ciudadanos de segunda en su comunidad. Las intervenciones que reconocen las fortalezas de los sobrevivientes y que ponen a trabajar esos recursos sirven de promisorio contrapeso al costo psicológico de ser siempre quien está en necesidad de ayuda.

De predadores a protectores

*Lo tomé de la mano, pedí por él y le dije: "Tu sufrimiento está a punto
de terminar". Le calé la gorra y lo arropé con sus cobijas.
Siempre le gustaron los deportes, así que le puse la tele
en ESPN. Le di un beso en la frente antes de retirarme.*[35]

El hombre que describió este momento de atención no era un familiar del paciente, ni un enfermero o prestador de servicios de un hospicio. Era un preso de una institución correccional estatal de Pennsylvania, cuidando a un compañero moribundo. Esta historia es una más entre las docenas que le han sido relatadas a Susan Loeb, investigadora de enfermería de la Pennsylvania State University, quien estudia la atención terminal en prisiones.[36]

Pregunta a la gente dónde es menos probable ver el instinto de atender-y-amistar y seguro aparecerá en la lista una penitenciaría estatal. La vida en prisión requiere una mentalidad de sobrevivencia. Muchos internos crecieron en medios hostiles que premiaban la defensa personal sobre el altruismo. Quizá no hayan sido objeto de cuidados sistemáticos, o no hayan tenido modelos de compasión a seguir.

Pero la compasión puede florecer en las cárceles que dan a los reclusos oportunidades de atención, como las documentadas por Loeb. Ella entrevistó a internos de entre treinta y cinco y setenta y cuatro años que cuidaban a agonizantes en instituciones correccionales estatales. La mayoría de esos cuidadores estaban de guardia todo el tiempo, con deberes que iban de tender camas a cambiar pañales. Brindaban apoyo emocional hablando, rezando, tomando de la mano y ayudando a compañeros a prepararse para recibir visitas familiares. También protegían a los moribundos contra abusos de otros internos y actuaban como intermediarios con funcionarios penales. Mantenían cómodos a los agonizantes en sus últimos días y ayudaban al personal médico en sus labores tras la defunción.

Sus razones para participar en esas tareas eran tan nobles como las que puedes encontrar fuera de la cárcel: tener la oportunidad de realizar algo bueno y de hacer una diferencia. Sabían que ellos podían estar en la situación de los moribundos. Lo que, por ejemplo, motivó a uno de estos cuidadores fue oír que una enfermera le decía a un preso moribundo: "¡Prepárate para reunirte con Satanás!". Los internos querían hacerse cargo de que cada uno de ellos fuera tratado con bondad y dignidad en sus últimos momentos.

Los cuidadores en las cárceles casi nunca son remunerados por su trabajo, ni reciben privilegios especiales. Cabría suponer que esto reduciría su interés en participar, pero tiene el efecto opuesto. Sin beneficios extra, los reclusos pueden verse realmente a sí mismos como cuidadores compasivos. Como escribió uno de ellos en una encuesta anónima, para él era importante "ceder parte de mi tiempo sin necesidad de que se me aplaudiera o diera un certificado. Querer a otros sólo porque es lo correcto".[37] Cuando se pregunta a voluntarios del hospicio de internos qué debe saber la gente sobre éste y sobre la labor voluntaria que se lleva a cabo ahí, suelen contestar que todos deben saber que si ellos ayudan es porque les importa de verdad.[38] Muchos dicen que cuidar les permite expresar su auténtico yo. Uno dijo a Loeb: "Era un predador. Ahora soy un protector". Otro le dijo: "Recuperé algo que creía haber perdido; no soy un objeto desechable, tengo algo que aportar".

Cuidar a los moribundos transforma por igual la experiencia carcelaria de los internos. Aunque son ellos quienes ofrecen compasión, ven a compañeros recibirla. Esto cambia su percepción del sistema penitenciario, el cual deja de ser totalmente deshumanizador para honrar su humanidad, al menos de esta manera. Sus propias contribuciones terminan por modificar su experiencia del sistema en el que viven. A este respecto, se vuelven receptores de sus propios cuidados.

Como me dijo Susan Loeb: "La gente dice 'Jamás podremos hacer esto aquí, no funcionará'" cuando oye hablar de los presos cuidadores. Yo también he escuchado afirmaciones de ese tipo, no de directores de cárceles, sino de personas que dan por supuesto que sus compañeros de trabajo, estudiantes y otras comunidades no tendrán interés en cuidar a otros. Pero los beneficios de adoptar la respuesta de atender-y-amistar no se limitan a los lugares y personas que tradicionalmente asociamos con la compasión. Cuando se le da la oportunidad, la gente en circunstancias difíciles suele aprovechar la ocasión de ayudar a otros.

En todos estos estudios e historias hemos visto que el instinto de ayudar forma parte de lo que significa ser humano. La compasión no es un lujo reservado a quienes tienen una vida fácil, ni dominio exclusivo de santos y mártires. Cuidar puede crear resiliencia y dar esperanza aun en los sitios más inesperados.

Cuando te sientes solo en tu sufrimiento

Hace varios años, volvía a casa de la tienda cuando oí que alguien me llamaba por mi nombre. Al voltear, vi que una estudiante de posgrado de Stanford, que tomaba uno de mis cursos, agitaba la mano y corría hacia mí. No la conocía bien, porque solía sentarse en las bancas traseras del salón. Supuse que intercambiaríamos un simple "Hola, ¿cómo está?" y seguiríamos nuestro camino. Pero cuando ella llegó hasta mí, rompió a llorar. Asombrada, la abracé y le pregunté qué le pasaba. "Estoy muy sola", me dijo, y añadió algo que me sacudió: "¡Y usted siempre parece tan contenta! No sé cómo le hace".

Esta alumna me conocía en un solo contexto: la docencia. En ese rol, mi sufrimiento es menos visible. Pero desde luego que, igual que ella, sé qué se siente estar sola. Cuando era estudiante, había días en los que lloraba porque quería ser más feliz pero no sabía cómo. De hecho, recuerdo mi primer día de Acción de Gracias en Stanford; me había ocupado tanto en mis deberes que no hice muchos amigos en mis tres meses ahí. El día de Acción de Gracias, el campus estaba casi desierto, así que fui a dar una vuelta por la ciudad. No encontré ningún lugar abierto donde poder tomar apresuradamente un café o hacer una comida. Cuando por fin me encaminé a mi departamento en el campus, ya había oscurecido. Al pasar por la sociedad de alumnos, vi a un grupo sentado a una mesa en medio de un banquete. Recuerdo claramente haberme asomado a esa ventana y sentido que era la única que estaba sola ese día en el campus. Ahora sé que no era cierto, pero, a veces, cuando no tienes mucho apoyo a tu alrededor, es fácil sentir que eres la única persona metida en un aprieto.

La sensación de que estamos solos en nuestro sufrimiento es una de las mayores barreras a la transformación del estrés. Cuando nos sentimos aislados y desvinculados, es más difícil actuar y ver algo bueno en nuestra situación. También puede impedirnos buscar o dar ayuda y beneficiarnos de ello. Lo irónico es que quizá nada sea más universal que la experiencia del estrés. Nadie pasa por la vida sin experimentar dolor, enfermedad, decepción, cólera o pérdida. Los detalles pueden variar, pero la experiencia de fondo es tan humana como cabe suponer. El desafío es no olvidar esto cuando sufres.

Una mentalidad de aislamiento o humanidad común

Lee los cuatro enunciados siguientes y determina cuál de ambos pares se aplica a ti:[39]

- Cuando me deprimo, tiendo a sentir que los demás son más felices que yo.
- Cuando estoy en grandes dificultades, tiendo a sentir que los demás la tienen más fácil.
- Cuando me deprimo, me recuerdo que hay muchas otras personas en el mundo que se sienten como yo.
- Cuando no me va bien, veo las dificultades como una parte de la vida por la que todos tenemos que pasar.

Estos puntos proceden de un indicador de lo que los psicólogos llaman *humanidad común*, el grado en que vemos nuestros problemas como parte de la condición humana. Los dos primeros puntos reflejan una mentalidad de aislamiento y los otros dos revelan la capacidad de un individuo para sentirse unido a los demás, aun en los momentos más oscuros. Cabe mencionar que estas dos mentalidades tienen consecuencias muy distintas. Quienes se sienten solos en su estrés tienden a deprimirse y recurrir a estrategias de evasión como la negación, la renuncia a metas y la elusión de experiencias estresantes.[40] Evitan hablar con otros de su estrés y sufrimiento y, por tanto, es poco probable que reciban el apoyo que necesitan. Esto los convence todavía más de que están solos en sus preocupaciones.

En contraste, quienes comprenden que el sufrimiento forma parte de la vida son más felices y resilientes; están más satisfechos de su existencia. Son más francos sobre sus dificultades y suelen recibir apoyo de otros.[41] Tienden a encontrar significado en la adversidad y a agotarse menos en el trabajo.[42] Pero pese a los beneficios de admitir la humanidad común, la gente suele subestimar el estrés ajeno y a sobreestimar la felicidad de los demás.[43] Esto se aplica no sólo a desconocidos, sino también a vecinos, compañeros de trabajo y hasta a amigos y familiares a los que creemos conocer bien. En *The Mindful Way through Anxiety*, las psicólogas Susan Orsillo y Lizabeth Roemer describen esta confusión fundamental:

> A menudo juzgamos el interior que conocemos íntimamente, por el exterior de otras personas, porque eso es lo único que podemos ver. Con frecuencia nos sorprende y desconcierta saber que un compañero de trabajo forcejea con ideas suicidas, un vecino tiene un problema con el alcohol o la encantadora pareja calle abajo incurre en violencia doméstica. Cuando subimos con otros a un elevador o intercambiamos saludos en la fila del súper, ellos pueden parecernos tranquilos y dueños de sí. Pero las apariencias no siempre reflejan las batallas internas.[44]

Como el sufrimiento ajeno es menos visible para nosotros, a menudo miramos el mundo y concluimos que estamos solos en nuestro sufrimiento.[45]

Las investigaciones prueban que los medios de comunicación modernos contribuyen a esta equivocada percepción, pues nos inducen a presentar una imagen positiva de nuestra vida. La gente prefiere —o se siente presionada a— publicar en las redes sociales buenas noticias, fotos felices y acontecimientos positivos. Aunque la mayoría está consciente de su tendencia a actuar de esta forma, subestima el grado en que los demás también montan un espectáculo esplendoroso.[46] Así, tú podrías recorrer notas optimistas de amigos y familiares preguntándote por qué tu vida es más caótica, decepcionante o difícil que la suya. Esta equivocada idea agudiza la sensación de aislamiento y aminora la satisfacción con la vida. Los estudios indican que pasar tiempo en redes sociales como Facebook puede incrementar la soledad y reducir la satisfacción existencial.[47] La tendencia a ver nuestra vida como menos feliz que la de otros es quizás una razón de ello.

¿Cómo encontrar entonces una mentalidad de humanidad común si sueles sentirte aislado por tus problemas? He explorado esta pregunta en mis investigaciones, desarrollando intervenciones sobre actitud en el Center for Compassion and Altruism Research and Education de Stanford.[48] Esto me ha permitido descubrir que para sentirte menos solo en tu estrés puedes hacer dos cosas: tomar conciencia del sufrimiento de los demás y estar más abierto al tuyo.

Hacer visible lo invisible

Uno de de los ejercicios que empleo con grupos para promover una mentalidad de humanidad común es lo que llamo "hacer visible lo invisible". Pido a los presentes que escriban en un papelito algo con lo que hayan tenido dificultades y que les siga afectando en ese momento, *pero que nadie sabría con sólo verlos.*

Una vez que todos han escrito algo, recojo los papelitos y los revuelvo en una bolsa. Luego formamos una rueda y circulamos la bolsa. Cada uno saca de ella un papelito anónimo y lo lee en voz alta como si fuera el suyo. "Siento tanto dolor en el cuerpo en este momento que me es difícil permanecer en la sala." "Mi única hija murió hace diez años." "Me preocupa no encajar aquí y que si hablo todos se den cuenta de eso." "Soy un alcohólico en recuperación, pero se me sigue antojando beber todos los días."

La experiencia de este ejercicio es profunda en muchos niveles. Primero, como los papelitos son anónimos, es imposible saber quién escribió qué. E infaliblemente, el papelito que cada persona saca al azar parecería contener su propia verdad. Segundo, este ejercicio saca a la luz gran parte del sufrimiento antes invisible. Todos esos sufrimientos ya estaban en la sala; pero como no se les había expresado, pasaban inadvertidos. En esa invisibilidad, podría parecer que el sufrimiento nos aparta; pero en cuanto se le nombra, se vuelve un recordatorio de nuestra humanidad común. Cada vez que me siento sola ante un dilema particular, recuerdo la sensación de esos círculos y el temor reverente que producen cuando el dolor y la fortaleza de los demás, antes imperceptibles, se hacen visibles.

No es forzoso que realices formalmente este ejercicio grupal para poder beneficiarte de la idea en la que se basa. Cada vez que estés en un grupo, piensa en lo que es invisible en él. Hace poco escuché un sermón de la ministra Karen Oliveto, de la Glide Memorial Church de San Francisco, en el que dio este mismo consejo. "La vida no es fácil para nadie", recordó a la comunidad. "Si ustedes quisieran vivir como la persona sentada a su lado, admitan que no saben nada de ella. Porque, la verdad sea dicha, esa persona carga sobre sus hombros fardos que ustedes ni se imaginan. Cada uno de nosotros lleva su propia aflicción, es atormentado por sus demonios personales, oprimido por las exigencias de la vida diaria, cuando suele sentir que, si se echara a cuestas algo más, se desplomaría."

Una frase que me repito para recordar esta verdad es: "Igual que yo, esta persona sabe qué es el sufrimiento". No importa quién sea "esta persona"; podría elegir a cualquiera en la calle, en cualquier casa u oficina. Igual que yo, esta persona ha tenido dificultades en la vida. Igual que yo, ha conocido el dolor. Igual que yo, quiere ser útil al mundo, pero también sabe qué se siente fracasar. No necesito preguntarle si estoy en lo cierto. Si es humana, lo estoy. Basta con que yo decida verlo.

Una noche de insomnio antes de una cirugía

Una de mis alumnas, Cynthia, estaba en el hospital para ser sometida a una operación de rutina. La noche anterior no pudo dormir. Aunque todos esperaban que la operación fuera exitosa, requeriría anestesia general. Cynthia estaba inquieta por eso, preocupada por todo lo que no podía controlar. Era mamá y en su mente siempre conseguían abrirse paso los peores escenarios. Como estaba despierta y la preocupación no le servía de nada, decidió pensar en su humanidad común.

Primero pensó en la cirugía y su ansiedad por no poder controlar esa experiencia. Luego imaginó a todas las personas que, como ella, estaban a la espera de un procedimiento médico que las angustiaba. Las que debían iniciar al día siguiente otra ronda de quimioterapia. Las que aguardaban los resultados de sus exámenes médicos. Las que no sabían si podrían solventar un tratamiento. Aquellas sin seguro, esperando en una lista de trasplantes o tratando de entrar a una prueba clínica. Pensó en toda esa ansiedad y en el sinnúmero de individuos que estaban en el mismo barco que ella. Se sintió unida a ellos. La conciencia incluso de una comunidad sin nombre, sin rostro, que compartía sus mismas sensaciones, resultó apaciguadora.

Luego pensó en su experiencia presente de no poder dormir de la preocupación. En cuántas otras personas estaban despiertas en ese instante, también por temor o por pensar en las peores consecuencias. ¿Cuántas como ella tenían que levantarse en unas horas para hacer algo que no querían? No sólo una operación, sino también cualquier otra cosa: un examen, una conversación difícil, enterrar a un ser querido. Esa experiencia de no poder dormir que la hacía sentir tan sola, acabó por unirla con incontables personas que la compartían con ella. Admiró su valentía y por extensión sintió su propio valor. Eligió la frase "Que todos sepamos que somos fuertes" como una ofrenda para todas, incluida ella misma. Al levantarse a la mañana siguiente, se sintió una entre muchas, parte de un grupo que decidía encarar los retos que esa jornada le depararía.

Transforma el estrés: convierte el aislamiento en humanidad común

Cuando te sientas solo en tu sufrimiento, intenta empaparte de la verdad de la humanidad común.

Experimenta primero los pensamientos y emociones que emergen al pensar en tu situación. Admite el dolor de fondo, sea cual sea: ansiedad, dolor físico, enojo, desaliento, desconfianza de ti o tristeza.

Considera después la posibilidad de que esa fuente de sufrimiento forme parte de la experiencia humana. Igual que tú, muchos otros saben qué es sentir este dolor, aflicción, tristeza, injusticia, ira o miedo. Tal vez sea útil que pienses en ejemplos específicos, situaciones que, pese a no ser idénticas a la tuya, implican el mismo tipo de estrés o dolor. Experimenta una sensación natural de empatía por esas personas, una comprensión de lo que han de estar sintiendo en cada caso.

A mí me gusta terminar esta reflexión con una frase que recoja el sentir de la experiencia compartida. Una de mis favoritas es: "Que todos sepamos que somos fuertes". Algunas frases que agradan a mis alumnos son "Que todos hallemos paz", "Que todos encontremos apoyo en nuestro sufrimiento" y "Que todos sepamos que no estamos solos". De esta forma, tomas para ti un poco del valor y la esperanza que se desprende de sentirse unido a los demás.

Crea la comunidad de apoyo que necesitas

Lennon Flowers tenía veintiún años cuando su madre murió de cáncer de pulmón. Esta pérdida cambió todo en su vida, pero al salir de la universidad y mudarse a California vio que era difícil hablar de ella. Todos los que habían conocido a su madre estaban al otro lado del país. Cuando Flowers mencionaba que su madre había muerto, obtenía una de dos reacciones: muchos encontraban una razón para desaparecer y el resto ponía cara de lástima —labios fruncidos, cejas aplanadas, ligera inclinación de la cabeza y las mismas tres palabras de siempre: "Cuánto lo siento". Ambas respuestas la hacían sentir sola. Ella era una carga para los demás, a los que incomodaba y objeto de su lástima. Así pues, aprendió a guardar su historia para sí, pese a que sintiera que contenía una parte importante de ella misma.

Un día, ya a sus veinticinco, Flowers buscaba departamento acompañada por Carla Fernandez, excolega con la que sostenía una amistad de meses, cuando de pronto salió a colación que ésta había perdido a su padre. Ése era un obvio punto de unión entre ellas, pero se sentían tan bien evitando el tema que tardaron meses en reconocer que compartían la misma experiencia de pérdida.

Éste fue un momento revelador para ambas, aisladas hasta ese momento en su dolor pero temerosas de compartir el secreto. Fernandez decidió entonces reunir a todas sus conocidas que hubieran perdido a uno de sus padres; cuatro invitaciones fueron extendidas y aceptadas. Preparó una receta familiar de paella para honrar a su padre, que había sido español y todas cenaron en su departamento, donde no pararon de hablar hasta las dos de la mañana.

Eso sucedió en 2010 y fue el primer episodio de lo que terminaría por conocerse como la Cena. Ahora tienen lugar Cenas en todo Estados Unidos, cada una convocada por alguien que ha perdido a un ser querido y abierta a todos aquellos que quieren un lugar seguro para hablar de su vida después de esa pérdida. Flowers y Fernandez fundaron la Cena como una organización de base para ayudar a personas que se sentían aisladas por una tragedia a formar sus propias comunidades.[49] Mediante su página en internet, ellas juegan a celestinas entre anfitriones e invitados y dan pautas a aquellos para crear un ambiente inofensivo y favorable a la conversación sincera.

A cada cena asisten hasta diez personas, muchas de las cuales no se conocen. Cada una aporta un platillo capaz de incitar una conversación sobre el ser querido que perdió: la lasaña favorita de una hermana; el pastel que una esposa horneaba cada año en su aniversario de bodas; la sopa que un padre solía hacer cuando el hijo estaba enfermo. El anfitrión guía sutilmente la charla durante la cena, dejando margen para que los invitados reflexionen en lo que quieren decir. Hay risas, lágrimas y silencio. Todas las cenas concluyen con una reflexión de cada invitado sobre lo que más apreció de la conversación y la comunidad.

En fecha reciente, este grupo ha empezado a organizar cenas que reúnen a individuos afectados por una pérdida, con otros deseosos de saber cómo pueden apoyarlos. En estos eventos los invitados comparten historias sobre qué han hecho quienes más los han apoyado tras su pérdida. "Me preguntan de la vida de mi papá, no sólo de su muerte." "Me siguen llamando aunque yo no les llame a ellos." "Recuerdan conmigo a mi esposo sin temer llamarlo por su nombre." "No me han dejado sola." Estas historias, relatadas en cenas y ahora compartidas en línea, se han vuelto un recurso para quienes quieren ayudar, pero no saben cómo hacerlo.

La creación de la Cena le ha rendido a Flowers beneficios inesperados. "Una pérdida puede paralizarte", me dijo. "La gente encuentra valor siendo valiosa para otros. Para mí ha sido fenomenal dejar de sentirme a

171

la deriva en el mundo y descubrir que mi propósito en la vida se renueva por medio de la Cena".

Quienes desean sentirse más acompañados, apoyados y cuidados suelen creer que deben esperar a que alguien les ofrezca esas cosas. Uno de los cambios de mentalidad más útiles que tú puedes hacer es concebirte como la fuente del apoyo que quieres experimentar. La Cena es un ejemplo de lo que significa estar en el punto de partida de una comunidad de apoyo. Flowers y Fernandez se sentían aisladas por su pérdida. Querían que fuera más fácil hablar de ella y que otros hablaran más abiertamente con ellas sobre el asunto. Así, iniciaron la conversación y formaron para ellas y otros esas comunidades abiertas.

Aunque dar el primer paso puede ser intimidatorio, decidir estar en el punto de partida de lo que necesitas es la mejor forma de crear la comunidad de apoyo que buscas. Las investigaciones reportan que cuando se hace un esfuerzo deliberado por apoyar a los demás, también se recibe más apoyo. Cuando se hace un esfuerzo por expresar gratitud, se es también más apreciado por los demás. Cuando uno se toma la molestia de hacer sentir aceptados a los demás, se vuelve un miembro importante y apreciado de la comunidad.

Una alumna mía, Ariel, me contó que ella descubrió una comunidad de apoyo buscando el valor de hablar francamente de sus sinsabores. Doce años antes, su hija, entonces de trece, le había dicho que en realidad era hombre. Este anuncio fue para ella como una bomba que hizo volar por los aires su noción de la realidad. Ariel y su esposo tardaron meses en comenzar siquiera a dar sentido a lo que pasaba. Intentaron procesarlo solos por un tiempo, pero en cuanto decidieron apoyar la transición de su hija para que ella se identificara plenamente como hombre, supieron que tenían que informarse más sobre temas transgéneros.

Cuando Ariel se integró a la comunidad de padres con hijos transgénero, pronto fue invitada a hablar en paneles para apoyar a otros padres. Éste es un magnífico ejemplo de cómo convertir una crisis personal en oportunidad de relacionarse con otros. Pero lo más impresionante para mí fue el inesperado resultado de la disposición de Ariel a hacer pública su historia: padres de toda la ciudad comenzaron a referir experiencias de familia que hasta entonces habían mantenido ocultas por vergüenza y por sentirse aislados. "La gente soltó todo tipo de secretos incómodos y compartió cómo los había enfrentado", me dijo. "¡El valor es contagioso, sin duda alguna!" (Otro epílogo feliz: Ariel presume orgullosamente ahora que su hijo decidió estudiar enfermería.)

Cuando te sientas aislado en tu estrés o sufrimiento, piensa qué anhelas. Si hay algo que quisieras experimentar, o una comunidad de la que desearas disponer, ¿cómo podrías crearla para otros? Quienes se permiten tener una vulnerabilidad valiente —buscar cómo apoyar a los demás y usar su sufrimiento como punto de unión— acaban recibiendo más apoyo social. Como Flowers, que cofundó la Cena y mi alumna Ariel, que hizo posible que otros confesaran sus secretos, terminan recibiendo lo que querían dar: la sensación de que nadie está solo en sus apuros y de que pertenece a una comunidad solidaria.[50]

Una mano en tu espalda

A la orilla de Huron Avenue, en Cambridge, Massachusetts, veía una soleada y ventosa mañana de abril cómo los corredores cruzaban la línea de meta tras consumar una carrera de ocho kilómetros.

Al otro lado de la calle, un grupo de adolescentes cubiertos con camisetas azules que decían "Sole Train", estallaban en aplausos cada vez que uno de sus compañeros se acercaba a la línea de meta. "¡Tú puedes!", lo animaban. Ellos ya habían completado la carrera, pero seguían ahí para apoyar a sus amigos de Sole Train. El más rápido había llegado a la meta en treinta y cinco minutos, veintidós segundos. Cuando el cronómetro marcaba ya 1:09:09, apareció uno de los últimos corredores, que a duras penas mantenía su paso lento. Era una chica, flanqueada por otros dos corredores de camiseta azul con una mano en su espalda. Los reconocí como de entre los primeros miembros de Sole Train en terminar la carrera; habían vuelto sobre sus pasos para buscar a otros miembros de su equipo en problemas. Literalmente sostenían a esa muchacha por la espalda. Cuando ella cruzó por fin la meta, sus compañeros la vitorearon como si hubiera ganado la carrera.

Viendo a aquellos corredores me llené de alegría y deseé poder formar parte de su comunidad, no ser sólo una observadora ocasional. Sole

Train es un programa deportivo y educativo para jóvenes de Boston apoyado por la Trinity Boston Foundation.[51] Supe de él a través de Natalie Stavas, la doctora que salvó vidas tras los atentados del maratón de Boston. No sabía mucho de este programa cuando me presenté en esa carrera, pero pronto se volvió uno de mis ejemplos favoritos de cómo generar una cultura de atender-y-amistar para soportar grandes adversidades.

Jess Leffler, directora de Sole Train, puso en marcha este programa en 2009 luego de trabajar como orientadora y terapeuta de arte con jóvenes en riesgo en la Trinity Boston Foundation. La idea de Sole Train se le ocurrió mientras participaba en el maratón de Chicago de 2007. Hacía tanto calor ese día que la mitad de los atletas abandonaron la justa. Los policías les gritaban: "¡Dejen de correr!", pero Leffler perseveró. Para ella fue una experiencia increíblemente difícil, pero también asombrosa, que le hizo ver sus propias capacidades. Mientras corría, pensó en los chicos con los que trabajaba; vivían en barrios pobres con oportunidades limitadas. Leffler se preguntó qué representaría para ellos una experiencia como ésa: entrenar para un maratón y hacer algo que nunca se creyeron capaces de hacer.

Año y medio más tarde, Leffler invitó a varios adolescentes a entrenar con ella para un medio maratón. Lo que comenzó como una ocurrencia se ha vuelto un programa formal, con alrededor de ciento cincuenta miembros (llamados "suelas jóvenes") reclutados de escuelas y servicios comunitarios locales y cuarenta adultos que fungen como asesores (las "suelas viejas"), quienes se ofrecen a entrenar con los muchachos. La misión de este programa es "Deconstruir lo imposible". Leffler veía que los jóvenes con los que trabajaba creían imposibles muchas cosas, desde escapar a la violencia hasta egresar de la universidad. "Cuando logras algo que jamás creíste posible, todo cambia", me dijo.

Lo más sobresaliente de Sole Train es el enfoque que adopta para que esos chicos consigan lo aparentemente imposible. Todo gira en torno a la comunidad y el apoyo mutuo. La meta de cada corredor no es sólo terminar la carrera, sino también apoyar a cada uno de sus compañeros para que logre lo mismo. (El día que fui a la carrera, los adolescentes me alentaron a correr con ellos, pese a que no me conocían ni iba ataviada para hacerlo.) "Si quieres competir contigo mismo, qué bueno, ten metas", dice Leffler. "Pero nunca con otro." Al eliminar la competencia como el principal objetivo, el proceso de entrenamiento pasa a ser una intervención de mentalidad para reforzar metas trascendentes.

Pude ver esta actitud en acción cuando, antes de la carrera, los atletas de Sole Train formaron un círculo en el centro comunitario que organizó el evento. Uno de los chicos puso al grupo a hacer un poco de yoga y, luego del estiramiento, una joven pasó al centro para chocar palmas con todos. Llegado el momento de salir a la calle, se tomaron de los brazos. Leffler hizo algunos valiosos recordatorios antes de la carrera. Después, los corredores se turnaron diciendo algo que aportarían al grupo y algo que quisieran de él. "Doy mi determinación", dijo uno de ellos. "Y quiero que alguien corra junto a mí con paso lento pero firme." Una chica dijo que ella daba vítores estridentes y quería que alguien gracioso le ayudara a seguir cuando ella se cansara. Otro aportaba su velocidad, para ser aquel al que quieres rebasar en tu camino a la meta.

Las suelas jóvenes se apoyan entre sí y a las suelas viejas. Muchos de estos asesores no han corrido nunca y están en peor forma que los adolescentes. Al entrenar o al participar en una carrera, necesitan tanto aliento como los muchachos. Uno de ellos, Nate Harris, dijo que la ambigüedad respecto a quién asesora a quién forma parte importante de Sole Train. "Ellos sienten que tienen algo que ofrecerte." Abogados y médicos de primera corren codo a codo con estos chicos. En la calle, de tenis y shorts, todos son por igual simples seres humanos empeñados en poner un pie delante del otro. Leffler dijo que este aspecto del programa —poner a jóvenes en riesgo en igualdad de condiciones con líderes de la comunidad— es la intervención más terapéutica que ella haya visto nunca.

La eficacia del enfoque de Sole Train —inspirar una sensación de posibilidad personal fomentando una mentalidad de unión— es confirmada por las investigaciones. Los estudiantes que se sienten apoyados y parte de algo más allá de sí mismos tienden a suponer que pueden desarrollar sus habilidades con su esfuerzo y la ayuda de los demás, lo que a su vez los lleva a aceptar más retos en vez de rendirse. Para muchos de sus jóvenes miembros, Sole Train es una demostración de su potencial. Una de sus integrantes anota destacadamente todas las carreras en el tablero de su recámara, para que la inspire todos los días al despertar.

Habiendo consumado todos la carrera de ocho kilómetros, Leffler los llamó para formar un último círculo. El grupo entrelazó de nuevo sus brazos, pese al sudor general. Uno por uno, los corredores dijeron cómo se sentían. "Me duele todo, pero me gusta cómo me siento", dijo uno. Otro lanzó: "Me da mucho gusto haber podido terminar la carrera, que todos la hayamos terminado". Uno adulto dijo: "Me siento muy afortunado de formar parte de un grupo tan maravilloso". Al proseguir el círculo de apreciación, los comentarios continuaron reflejando una mentalidad de unión. El *team back* posterior a la carrera concluyó con un elogio de Leffler: "Espero que ahora sepan de qué son capaces", dijo al equipo, "y qué es posible cuando tienen el apoyo de un grupo tan sensacional".

Lo que más me llamó la atención, después de haber observado la mañana entera, fue la absoluta ausencia de cinismo en esos adolescentes. Parecían abrazar sin reservas los rituales comunitarios. Tampoco pude evitar asociarlos con mis mejores alumnos de licenciatura en Stanford. Daban muestra de liderazgo, bondad y autodisciplina. Se sentían seguros interactuando con sus asesores adultos. Quise poder pasar más tiempo con ellos para conocerlos mejor en lo individual.

Lo asombroso es que muchos de esos corredores de Sole Train asisten a una escuela en Boston considerada de "última esperanza", noventa por ciento de cuyos alumnos reciben un diagnóstico de TEP. Antes de Sole Train, a algunos de esos chicos les costaba trabajo llegar sobrios a la escuela. Ahora se juntan a correr todos los días a las siete de la mañana. En un entorno en el que sus fortalezas son reconocidas y necesarias, ellos florecen.

Reflexiones finales

Una noche al llegar al curso de la nueva ciencia del estrés, encontré un periódico esperándome en el atril. Un alumno había llevado un artículo titulado "Stress: It's Contagious", aparecido en un diario local.[52] En él se aseguraba que el estrés es "tan contagioso como cualquier patógeno presente en el aire" y se comparaba su toxicidad con la del humo de segunda mano. Un experto citaba un estudio que demostró que la gente tenía una respuesta al estrés cuando observaba pasivamente el sufrimiento de otra persona. "Es increíble lo fácil que se transmite el estrés", dijo. Otro instaba a la gente a no ser "portadora de estrés". Encontré después otro artículo en línea en el que se describía la misma investigación, bajo el título "¿El estrés de segunda mano te está matando?".

Me maravilló que estos artículos no sólo reforzaran la mentalidad de que "el estrés es tóxico", sino que también añadieran una nueva capa de amenaza: "Si te juntas con personas estresadas, te contagiarás de ansiedad y la tuya daña a quienes te rodean".

Cuando les leí a mis alumnos parte de ese artículo y les pregunté cuál era la conclusión práctica, la primera respuesta fue: "Aíslate". Luego: "Si estás estresado, guárdatelo. No compartas con nadie tus preocupaciones". Las lecciones continuaron, todas ellas con el mismo tema: "Aléjate de quienes sufren. No permitas que personas estresadas te infecten. No seas una carga para los demás compartiendo con ellos tu estrés".

De todos los horribles argumentos que he visto en los medios en el sentido de que "el estrés mata", éste es el que más me ha entristecido. Porque si tú sigues las estrategias que mis alumnos dedujeron de ese artículo, te apartarás de dos de las principales fuentes de resistencia: saber que no estás solo en tu sufrimiento y ser capaz de ayudar a otros.

La naturaleza social del estrés no es algo que se deba temer. Cuando adoptas el enfoque de atender-y-amistar, aun el estrés contagioso puede fortalecerte. Como ya vimos, el calor humano crea resiliencia, así sea el altruismo una reacción para salvarnos de nuestro sufrimiento o una respuesta natural al dolor de los demás. Una respuesta compasiva al sufrimiento de otra persona puede originar empatía y motivar ayuda, lo que a su vez incrementa nuestro bienestar.[53] Además, no deberíamos temer que otros vean la verdad de nuestra penuria, en especial si necesitamos su apoyo. En muchos sentidos, nuestra transparencia es un don que permite a los demás sentirse menos solos y les ofrece la oportunidad de experimentar los beneficios de la atención y la amistad.

6 Crece
Cómo te hace más fuerte la adversidad

Tómate un momento para identificar un periodo de tu vida de importante crecimiento personal, un periodo crucial que te haya conducido a cambios positivos o a un nuevo propósito en tu existencia.

Cuando tengas en mente un periodo específico, piensa en esto: ¿lo describirías también como un momento estresante?

Al formular esta pregunta en mis talleres, casi todos levantan la mano para decir que sí, que esa etapa de crecimiento personal fue también muy estresante. Ésta es la paradoja del estrés en todo su esplendor: aun si preferiríamos tener menos estrés en nuestra vida, los momentos difíciles son los que dan origen al crecimiento.

La idea de que se crece gracias a la adversidad no es nueva. Está presente en la doctrina de las principales religiones y en muchas filosofías. Ya es un lugar común decir: "Lo que no te mata, te hace más fuerte". La más reciente información científica confirma esta noción. Por ejemplo, interrogada sobre cómo enfrenta las mayores fuentes de estrés en su vida, ochenta y dos por ciento de la gente dice recurrir a la fuerza que desarrolló en experiencias estresantes pasadas.[1] Aun las experiencias menos gratas pueden desembocar en un cambio positivo. La adversidad crea resiliencia y el trauma suele inspirar crecimiento personal.

Cabe referir que las investigaciones también demuestran que decidir ver este lado de la tensión puede ayudarte a aprender y crecer. Con el fin de encontrar el valor indispensable para poder crecer por medio del estrés, debes creer que a partir de tu sufrimiento puede salir algo bueno. Asimismo, debes ser capaz de ver y celebrar los cambios positivos en ti al crecer con base en la experiencia. Pero cuando atraviesas una situación tan difícil que desconocidos o seres queridos bienintencionados te dirigen el lugar común de que "Lo que no te mata...", quizá no te sientas tan inclinado a ver el lado positivo de tu situación.

Los datos científicos, historias y ejercicios de este capítulo te ayudarán a cultivar una *mentalidad de crecimiento*, la cual reconoce la natural capacidad humana para crecer en momentos de tensión. Exploraremos cómo descubrir esta perspectiva aun en las circunstancias en que es más difícil encontrar esperanza. Las historias desempeñarán un papel especial en este proceso, ya que consideraremos que las que oyes y las que cuentas te ayudan a encontrar significado en el sufrimiento.

Un tema destacado reaparecerá una y otra vez en este capítulo: que el bien que se deriva de las experiencias difíciles no procede del suceso estresante o traumático mismo, sino de *ti*: de tus fortalezas despertadas por la adversidad y de la natural capacidad humana para dotar de significado al sufrimiento. Parte de aceptar el estrés consiste en confiar en esta capacidad, aun si el dolor es reciente y el futuro incierto.

Lo que no te mata te hace más fuerte

Mark Seery, psicólogo de la University of Buffalo, tiene enmarcada en su oficina la estampilla postal de Iowa de treinta y dos centavos que reproduce el cuadro *Young Corn*, que Grant Wood pintó en 1931. Aunque Seery lleva una década viviendo en Buffalo, sitio que ha vuelto su hogar, mantiene a la vista ese cuadro porque sus onduladas colinas y maizales le recuerdan su origen.

La importancia del pasado de una persona desempeña un papel central en las investigaciones de Seery. Él cobró fama a causa de su controvertido artículo de 2010 titulado "Whatever Does Not Kill Us", en el que refutó la extendida creencia de que los sucesos traumáticos incrementan invariablemente el riesgo de depresión, ansiedad y enfermedad. En cambio demostró que una historia de sucesos de vida negativos puede en realidad proteger contra esas consecuencias. La adversidad, afirmó, es capaz de crear resiliencia.[2]

180

Estos sorprendentes descubrimientos se desprendieron de un estudio en que se siguió a más de dos mil estadunidenses durante cuatro años. Ésta era una muestra nacionalmente representativa, lo cual quiere decir que la edad, sexo, raza, origen étnico, nivel socioeconómico y otros detalles demográficos de los participantes reflejaban los de todo Estados Unidos. Como parte de este estudio, los investigadores preguntaron a los participantes si alguna vez habían experimentado uno o varios de entre treinta y siete sucesos de vida negativos, como enfermedad o lesión grave, la muerte de un amigo o ser querido, una gran dificultad económica, divorcio, vivir en una casa o colonia insegura, ser víctima de violencia física o sexual, o sobrevivir a un desastre natural como un incendio o inundación. Los sujetos podían reportar más de un suceso de cada tipo para explicar una amplia gama de adversidades pasadas. En promedio, reportaron ocho de esos acontecimientos. Ocho por ciento de ellos dijeron no haber experimentado ninguno y el mayor número reportado fue de setenta y uno.

Para probar los efectos a largo plazo de la adversidad, Seery indagó si el número de sucesos traumáticos por los que esas personas habían atravesado predecía su bienestar durante los cuatro años del estudio. Una posibilidad era una relación negativa directa: a mayor número de sucesos negativos, menor bienestar de una persona. Por el contrario, Seery descubrió una curva en forma de U, en la que las personas en el centro eran las que estaban mejor. Las que habían experimentado un nivel moderado de adversidad tuvieron el menor riesgo de depresión, el menor número de problemas de salud y la mayor satisfacción en la vida. Las ubicadas en los extremos —mayor o menor nivel de adversidad— se deprimieron más, tuvieron más problemas de salud y estaban menos satisfechas con la vida. Aunque muchos idealizan una existencia sin adversidad, quienes la tienen son menos felices y saludables que quienes han enfrentado algún apuro. De hecho, las personas sin ningún trauma en su pasado están significativamente menos satisfechas con su vida que las que han experimentado el número promedio de sucesos traumáticos.

En encuestas complementarias al paso de los años, se preguntó igualmente a los participantes cómo se las arreglaban con el estrés más reciente. ¿Habían experimentado nuevas adversidades graves desde la última encuesta? De ser así, ¿cómo habían influido esos sucesos en su bienestar?

Las consecuencias de un nuevo suceso traumático dependieron del pasado de cada persona. Los participantes con una historia de adversidad tendieron a deprimirse o a desarrollar nuevos problemas de salud en menor medida que aquellos con una limitada experiencia de adversidad.

En todos los casos, el efecto protector de la adversidad se aplicó por igual a hombres y mujeres de todas las edades, orígenes étnicos y razas. Además, ese efecto no pudo ser explicado por diferencias en educación, ingresos, empleo, estado civil u otros factores sociales. Cualquiera que haya sido la experiencia más difícil en la vida de una persona, era muy probable que la hubiese hecho más fuerte.

¿Esto quiere decir que yo debería agradecer mi sufrimiento?

La mayoría de los comentarios que Seery ha recibido sobre sus descubrimientos han sido positivos, entre ellos muchos correos de agradecimiento de personas que creen que las dificultades de su pasado las han hecho más fuertes. Estas personas aprecian que la investigación de Seery les brinde una forma de describir a otros lo que han atestiguado en sí mismas.

Sin embargo, el trabajo de Seery también puede ofender. Cuando él presentó su artículo para que se publicara en una revista científica, un revisor lo rechazó, afirmando que respaldaba el abuso infantil. El revisor dijo a Seery: "Usted da a entender que esos hechos negativos son buenos y eso es peligroso". He tenido experiencias parecidas por el solo hecho de describir los descubrimientos de Seery. En una conferencia para personas que trabajaban con sobrevivientes de traumas, otro ponente me criticó en público por haber hablado del trabajo de Seery en mi presentación sobre la resiliencia. A su parecer, yo había insinuado que las personas que han sido violadas, padecido abuso o víctimas de cualquier otra forma debían estar agradecidas, porque eso les dio la oportunidad de crecer.

Cuando le informé de esa objeción, Seery lo lamentó, pero rechazó la interpretación. "Yo lo veo de otra manera", me dijo. Esos sucesos negativos son tan inequívocamente malos cuando ocurren, me explicó, que no tiene caso negarlo. Es fácil ver lo negativo en el sufrimiento. "Lo difícil", añadió, "es ver cualquier otra cosa."

Seery no respalda el trauma. Simplemente quiere entender el papel que desempeña la adversidad en la experiencia humana. Comprende que la mayoría de la gente preferiría restituir al universo sus experiencias traumáticas. Y ciertamente no sugiere que dejemos de impedir el sufrimiento para que la gente pueda tener más oportunidades de desarrollar resiliencia. Pero por más que queramos evitar el dolor y el sufrimiento, es casi imposible pasar por la vida sin experimentar algún trauma, pérdida o adversidad grave. Si no es posible evitar el sufrimiento, ¿cuál es la mejor forma de concebir esa experiencia? "¿El hecho de que ya haya ocurrido, significa que tu vida está arruinada?", preguntó Seery. Él cree que su trabajo da una respuesta muy clara: "La gente no está condenada a ser herida por la adversidad".

Tras su controvertido artículo de 2010, Seery llevó sus investigaciones al laboratorio. Si, en efecto, la adversidad vuelve a las personas más resilientes al estrés futuro, pensó, él debía poder ver en acción esa resiliencia durante situaciones estresantes. ¿Cómo responde la gente con un pasado difícil al dolor o la presión psicológica? ¿Sus reacciones difieren de las de personas que han sufrido menos?

Si tú fueras uno de los sujetos de un estudio de resiliencia de Seery, tu experiencia podría ser como ésta. Al llegar al laboratorio se te pide sentarte en una silla de plástico que te recuerda un consultorio. En una mesa junto a ti se encuentra una tina grande de plástico con agua a un grado Celsius de temperatura. ¿Qué tan frío es esto? Considera que el tejido humano empieza a congelarse a los diez grados Celsius. Por debajo de los cinco, el agua se pone tan fría que sientes que quema tu piel. Si sumergieras todo el cuerpo en ella, morirías en menos de un minuto.

El experimentador te pide entonces meter la mano al agua y poner la palma sobre una gran X en el fondo de la tina. Esta sola idea hace que te duelan el brazo y la mano. "Mantén la mano en el agua todo el tiempo que puedas", dice el experimentador, "aunque puedes decidir cuándo parar. Cuando no aguantes más, sácala. No pidas permiso y no pasará nada si te detienes."

Una vez que sumerges la mano en el agua, cada treinta segundos el experimentador te hace dos preguntas: "En una escala del uno al diez, ¿qué tan intenso es tu dolor? En una escala del uno al diez, ¿qué tan desagradable es?". La prueba termina cuando sacas la mano del agua o cuando llegas a los cinco minutos (un segundo más podría causarte daño permanente).

En este estudio, a Seery le interesaban dos aspectos de la resiliencia: ¿cuánto tiempo podemos soportar el dolor y cuánto nos trastorna éste? Una vez más, encontró pruebas de que la adversidad nos hace resilientes. Los participantes no familiarizados con ella fueron los que encontraron más doloroso y desagradable el frío y sacaron más pronto la mano. Quienes habían enfrentado más adversidad mantuvieron sumergida la mano más tiempo.

Seery también preguntó a los participantes qué pensaron mientras sentían dolor. Quienes habían experimentado menos adversidad tendieron a pensar cosas como "Ojalá esto terminara ya", "Creí que el dolor me abrumaría", "Creí que no iba a aguantar más", "No podía dejar de pensar en lo mucho que me dolería". Este tipo de pensamientos —que los psicólogos llaman catastrofistas— no sólo vuelven más angustiosa una experiencia difícil, sino que también hacen que te des por vencido. En este estudio, los pensamientos catastróficos explicaron la relación entre la pasada adversidad de una persona y su capacidad para tolerar el dolor. Sufrir algo difícil te hace tender menos al catastrofismo y te da más fortaleza.

Aunque este experimento ofrece sólo una pequeña muestra de cómo respondieron los participantes al estrés, esos efectos pueden acumularse en la realidad. Por ejemplo, entre adultos con dolor crónico de espalda, aquellos con una historia de adversidad moderada reportan menos deterioro físico, dependen menos de analgésicos, van menos al médico y son menos proclives al desempleo por incapacidad.[3] Manejan mejor el dolor y su vida se ve menos perturbada por esa causa. Los policías que han experimentado al menos un suceso traumático antes de incorporarse a su gremio muestran mayor resistencia tras un suceso de ese tipo en su trabajo, como presenciar un accidente automovilístico fatal o la muerte de un compañero.[4] Reportan menos síntomas de estrés postraumático y tienden a reportar resultados positivos del trauma, como más aprecio por la vida. Cuando la vida ha puesto a prueba tu fuerza, tiendes a saber que puedes manejar el reto siguiente y tu experiencia pasada puede convertirse en un recurso de respuesta.

Por mera curiosidad me sometí al indicador de adversidad acumulada en la vida para determinar mi ubicación en esos descubrimientos. Igual que muchos de mis alumnos y de los individuos con los que trabajo como psicóloga de la salud, he experimentado más sucesos negativos de los que habría sido ideal para los análisis de Seery. Según los descubrimientos de éste, yo podría ser más feliz o más sana si me hubiera evitado algunas de esas pérdidas y sucesos de vida. Pero aunque no me sitúo en su zona de resiliencia estadísticamente ideal, esta investigación me parece estimulante. Hay una gran diferencia entre creer que cada adversidad me ha debilitado y saber que algunas de esas experiencias me han fortalecido. Cuando atravieso un momento particularmente difícil, me es útil ver mis experiencias pasadas como recursos que me ayudan a superar la crisis actual.

Ésta es una de las lecciones de la investigación de Seery. Pero a veces la gente sólo se fija en el extremo derecho de la curva en forma de U, donde se han experimentado los sucesos más traumáticos y la angustia más permanente. Aquellos con el más alto nivel de adversidad tienden a deprimirse más, o a padecer más problemas de salud que quienes han experimentado menos sufrimiento. Algunos interpretan esta parte de las gráficas de Seery como indicadora de una especie de punto de ruptura, como si una vez que has experimentado cierta cantidad de adversidad, fueras un ser humano destrozado. Interrogué a Seery sobre esta interpretación de sus datos. ¿Coincidía con ella? ¿Juzgaba su investigación como evidencia de un corte importante: cierta adversidad es buena para ti, pero una vez que cruzas determinado umbral estás arruinado?

Su respuesta me sorprendió. Primero, él rechazó la interpretación del momento de corte y la idea de que sus descubrimientos prueban que existe un número óptimo de experiencias de vida negativas. "Más bien son evidencia de que algo completamente negativo en su momento no tiene por qué seguir siendo perjudicial. Hay un mensaje de esperanza en eso, para todos, donde sea que se ubiquen en la escala."

Añadió que sus modelos ni siquiera pueden hacer predicciones para quienes han experimentado la mayor adversidad. Estas personas están literalmente fuera de la norma en términos del trauma que han vivido. Como están tan lejos del promedio estadístico y hay tan pocas de ellas en cualquier estudio, resulta imposible estimar con certeza el efecto de experimentar tanta adversidad. Sin embargo, en plan anecdótico me dijo que cuando se les considera en lo individual, no necesariamente son a quienes peor les va entre los participantes en sus estudios. A algunas les va bien de manera excepcional. "Aun si alguien ha experimentado mucha adversidad, le queda amplio margen para superar eso y no sufrir daños irreparables", explicó. "No tengo una respuesta clara acerca de si esto sucede en el sujeto promedio, pero estoy seguro de que es posible."

Cultivar una mentalidad de crecimiento

Trece estudiantes universitarios de primera generación estaban sentados en sillones y sillas, apretujados frente a mí.[5] Nos encontrábamos en el sótano de una tienda de artículos deportivos en San Francisco. Era el final del verano y ellos estaban por partir a diversas universidades para iniciar su primer año en ellas. Todos pertenecían a la organización ScholarMatch, la cual proporciona asesoría, becas y mentoría a estudiantes prometedores del área de la bahía de San Francisco.

Yo estaba ahí para impartir un taller sobre cómo triunfar en la universidad. Horas más tarde, ellos recibirían consejos prácticos acerca de todo, desde finanzas personales hasta interacción con los profesores. Estudiantes que apenas uno o dos años atrás habían estado en la misma situación les harían recomendaciones prácticas. Pero primero, yo pondría en marcha la jornada con un taller sobre la mentalidad de crecimiento.

Empecé contándoles a esos estudiantes de ScholarMatch acerca de mi alumno favorito en Stanford. Puesto que durante varios años di, junto con otros maestros, el curso de introducción a la psicología, muy popular entre los estudiantes de primer año, conocí a cientos de alumnos recién ingresados a Stanford. Luis destaca entre los demás. Todo empezó cuando reprobó su primer examen.

Cada vez que un estudiante reprobaba un examen del curso, le enviaba un correo invitándolo a visitarme en mi cubículo. Mencionaba los recursos disponibles, entre ellos yo misma, los profesores adjuntos y sus compañeros tutores. Pero muchos alumnos no contestaban, casi garantizando, de esta manera, que apenas pasarían el curso. Otros respondían con explicaciones o excusas, al parecer sin darse cuenta de que les ofrecía ayuda, no regaños.

Luis contestó de inmediato, alarmado. Había estudiado mucho y no entendía por qué había reprobado el examen. Se presentó en mi cubículo con su libro y sus apuntes, deseoso de revisar las preguntas de la prueba para ver dónde se había equivocado. Repasamos juntos sus apuntes y hablamos de cómo escuchar más eficazmente en clase y tomar mejores notas. Comentamos estrategias de estudio por aplicar al libro. Aquella no fue la única ocasión que Luis se presentó a asesoría. Siguió haciéndolo, una vez a la semana. A veces platicábamos de otras cosas, como sus demás cursos, qué tal se sentía él en Stanford y acerca de que no quería desilusionar a su familia.

Luis terminó el curso con una calificación de ocho, la única ocasión en mi carrera en que he visto que un estudiante que reprueba el primer examen logra una recuperación tan drástica. Más todavía, dije a los estudiantes de ScholarMatch, yo misma abogué en su favor. Cuando él necesitó una carta de recomendación para ser el asistente en su dormitorio, la escribí con gusto. Cuando necesitó una referencia para un curso de verano, no perdí la oportunidad de apoyarlo. Me convertí en su promotora oficial. Y esto no fue así porque él hubiera sido una superestrella natural en el curso; lo fue porque transformó la adversidad en oportunidad. Permitió que una calificación de cinco lo impulsara a recurrir a las mismas fortalezas personales que lo habían llevado a Stanford, y a desarrollar las habilidades y relaciones que necesitaba para triunfar ahí.

"Pónganse en su lugar", les dije a los muchachos de ScholarMatch. "¿Pueden imaginar que reprobar el primer examen de su carrera se convierta en una de las mejores cosas que les podrían ocurrir?"

Elegí esa historia para iniciar el taller porque se opone a la forma en que se enseña a muchos jóvenes a pensar en el fracaso. Ellos lo ven como algo por evitar a toda costa, porque revelará que no son lo bastante inteligentes o talentosos. Esta mentalidad puede infiltrarse cada vez que estamos en un trance de crecimiento, persiguiendo una meta o cambio más allá de nuestras aptitudes del momento. Muy a menudo, percibimos los reveses como señales de alto, pensando que significan que algo está mal en nosotros o en nuestras metas. Esto puede detonar un círculo vicioso de rendición y desconfianza de sí. De hecho, cuando fui a dar ese taller a los estudiantes de ScholarMatch, el personal de esta institución aún estaba alterado por la reciente reacción de uno de sus alumnos a un revés menor.

Este chico había obtenido una beca en una universidad privada al otro lado del país. De camino a la orientación de verano en esa escuela, perdió su vuelo de enlace. Interpretó este revés —ni culpa suya ni insuperable— como una señal. Se convenció de que haber perdido el vuelo quería decir que no debía ingresar a ese colegio. Perturbado, llamó desde el aeropuerto a la oficina de ScholarMatch. Quería renunciar a su beca, quedarse en California y asistir a la universidad comunitaria. Una vez en casa, los asesores de ScholarMatch hablaron sobre su decisión con él, y él optó finalmente por viajar a aquella universidad. Pero ¿qué habría pasado si ese incentivo extra no hubiera estado disponible?

Así, durante mi estancia con esos muy próximos estudiantes de primer año, quise ayudarles a adoptar una mentalidad de crecimiento: ver los reveses como inevitables y entender que enfrentar un obstáculo significa que es momento de echar mano de tus recursos. Tras relatarles la historia de Luis, expliqué que los reveses y fracasos pueden ser catalizadores de crecimiento. "La pregunta", les dije, "no es si tendrán alguna vez un revés o complicación en la universidad, sino qué harán cuando eso ocurra." Las experiencias que la mayoría de los estudiantes temen —críticas por un trabajo escolar, no salir bien en un examen— son, curiosamente, momentos deseables. Representan una invitación a desarrollar recursos en el campus, como hizo Luis. Cuando él pidió ayuda y empeñó un esfuerzo extra, invirtió en sí mismo, y yo en él. Terminó no sólo con una buena calificación, sino también con alguien genuinamente interesado en él y que puso de su parte para ayudarlo a tener éxito.

Propuse entonces un ejercicio de narración de historias. Pedí a los estudiantes de ScholarMatch que pensaran en una ocasión en que hubieran experimentado un revés o complicación y hubieran perseverado. Quizá les había ido mal en un curso pero acabaron superándose en una forma que les enorgullecía. Tal vez en algún momento se les trató injustamente, pero no permitieron que eso los desanimara. O a lo mejor pelearon con alguien que les importaba, pero fueron capaces de reparar la relación. Luego les referí un ejemplo mío, de cómo había estado a punto de abandonar mis estudios de posgrado.

Casi al final de mi primer año en Stanford, analizaba un conjunto de datos recolectados durante todo el año por nuestro laboratorio cuando un asistente me preguntó acerca de una incongruencia en el archivo. Cuando cotejé con los datos originales el archivo que analizábamos, me di cuenta de que yo había cometido un error técnico más de dos meses antes, al combinar varias fuentes de datos. Mi error había arruinado la fidelidad del archivo de datos que analizábamos y ninguno de los descubrimientos que creíamos haber observado era cierto, sino producto de un conjunto de datos adulterado.

Mi equivocación me aterró y pensé que comprobaba que no estaba hecha para un doctorado. Este temor no era nuevo; todo el año me había preocupado exhibir mis limitaciones. A diferencia de la mayoría de mis compañeros, que portaban con orgullo camisetas y sudaderas de Stanford, tanto en las aulas como en todo el campus, yo no tenía una sola prenda con el logotipo de Stanford. En cambio, preveía la vergüenza que sentiría si fracasaba y tenía que abandonar la universidad y no quería sentirme ridícula por haber comprado una sudadera de la escuela.

Avisar de mi tropiezo a mi asesor fue una de las cosas más difíciles que haya hecho nunca. Pensé que en realidad era más fácil dejar el curso y desaparecer. (Después de todo, uno de mis compañeros de primer año de doctorado se había ido a casa en las vacaciones de invierno y nunca regresó. Envió a su asesor un correo que decía: "Disculpe: ¡la investigación psicológica no es para mí!".) Pero en lugar de esconderme o escabullirme, me senté y expliqué lo ocurrido. He de reconocer que mi asesor no me reprendió por mi error. En cambio, me contó de una desastrosa equivocación que él mismo había cometido a comienzos de su carrera. Me ayudó a reparar el archivo y a reiniciar el proyecto. De hecho, todo el laboratorio se unió para ayudarme a terminar mi proyecto de primer año, y yo recibí más empatía que el juicio acusador que había previsto.

Tras compartir esta anécdota con los estudiantes de ScholarMatch, les pedí dedicar unos minutos a escribir sus propias experiencias de reveses. ¿Qué había sucedido y por qué había sido importante para ellos? ¿Qué les permitió perseverar? ¿De qué convicciones, actitudes o fortalezas habían echado mano? (En mi caso, confié en mis valores de sinceridad y valentía.) Y por último, ¿hicieron uso de recursos o apoyo de otros (como yo de mi asesor y compañeros de laboratorio)?

Una vez que terminaron de escribir, nos dividimos en pequeños grupos y se turnaron contando sus historias. Durante la sesión, oí casos de perseverancia, pese a discriminación racial, tropiezos escolares, penurias familiares y tensiones de amistad.

Habiéndose turnado todos, cada grupo informó a la sala sobre los temas planteados. Un grupo dijo que lo más destacado en su caso había sido la sensación de humanidad común. Aunque cada historia era distinta, todos sus miembros habían experimentado fracaso, decepción y reveses. Otro grupo observó que la disposición a pedir ayuda fue lo que les había permitido tener éxito. El tercero se había percatado de que la adversidad estimuló su motivación positiva y le hizo desear esforzarse más.

Meses después recibí una carta de una de las estudiantes de Scholar-Match. Me contaba que aunque la universidad le estaba resultando más difícil de lo esperado, persistía gracias a que aprendió que estaba bien pedir ayuda.

Está demostrado que talleres como el que impartí para ScholarMatch ayudan a los estudiantes a responder con más eficacia a sus retos académicos. Por ejemplo, después de intervenciones similares en escuelas públicas de Nueva York y suburbios aledaños (realizadas por David Yeager y colaboradores de Columbia University), los estudiantes tendieron a revisar sus tareas para mejorar sus calificaciones y aceptar los comentarios de sus maestros. Gracias a esto, sus notas mejoraron.[6]

Una mentalidad de crecimiento también puede crear resiliencia en términos más generales, en especial entre quienes han enfrentado adversidad desde sus primeros años. Edith Chen, psicóloga de Northwestern University, identificó un estilo de reacción llamado de "cambio y persistencia" que, al parecer, protege a la gente contra los habituales riesgos de salud asociados con el desarrollo en entornos pobres o inseguros.[7] El *cambio* es una mezcla de aceptación del estrés y modificación de lo que piensas de su fuente. Suele evaluarse preguntando a la gente hasta qué punto está de acuerdo con enunciados como "Pienso en lo que puedo aprender de una situación, o en lo bueno que puede desprenderse de ella". La *persistencia* es mantener el optimismo necesario para buscar sentido, aun de cara a la adversidad. Se evalúa con enunciados como "Pienso que las cosas mejorarán en el futuro" y "Siento que mi vida tiene un propósito."

Quienes reaccionan a la adversidad cambiando y persistiendo parecen inmunes al contenido tóxico de una infancia difícil o desfavorecida. Chen ha estudiado a niños, adolescentes, jóvenes, adultos y ancianos de todo Estados Unidos que se desarrollaron en lo que los psicólogos llaman entornos riesgosos. En cada grupo de edad, quienes reportan un enfoque del estrés de cambio y persistencia son más saludables. Chen emplea una gama de indicadores biológicos que reflejan una acumulación tóxica de estrés en el cuerpo, como presión arterial, nivel de colesterol, obesidad e inflamación. Si bien una infancia difícil predice, a veces, niveles nocivos de todos esos factores, no es el caso de quienes deciden ver significado en el estrés y creen en su aptitud para aprender de él y crecer. Lucen tan sanos, o más, que quienes tuvieron menos dificultades en la infancia.

Muchas cosas influyen en que alguien utilice una estrategia de cambio y persistencia para resolver el estrés, como si un niño se desarrolló o no con adultos que le dieron ejemplo de una mentalidad de crecimiento. Pero esta última también puede cultivarse en cualquier etapa de la vida, optando por apreciar cuánto se ha crecido gracias a la adversidad.

Transforma el estrés: haz un recurso de la adversidad

Recuerda una experiencia estresante en la que hayas perseverado o aprendido algo valioso. Dedica unos momentos a pensar en lo que te enseñó sobre tus fortalezas y a enfrentar el estrés. Luego, escribe durante quince minutos sobre esa experiencia, tocando algunas o todas las preguntas siguientes:

- ¿Qué te ayudó a superar esa situación? ¿Qué recursos y fortalezas personales utilizaste? ¿Buscaste información, consejo o cualquier otro tipo de apoyo?
- ¿Qué te enseñó esta experiencia acerca de cómo encarar la adversidad?
- ¿En qué sentido esta experiencia te hizo más fuerte?

Piensa ahora en una situación que te da problemas en la actualidad.

- ¿Qué fortalezas y recursos puedes emplear en esta situación?
- ¿Quisieras desarrollar ciertas fortalezas o habilidades de respuesta? De ser así, ¿qué puedes hacer para utilizar esta situación como oportunidad para crecer?

Crecimiento postraumático

Durante un curso reciente de la nueva ciencia del estrés, una de mis alumnas, Cassandra Nelson, me contó una experiencia particularmente punzante que vivieron ella y su esposo. Nelson accedió a que la reprodujera completa, en sus propias palabras:

Durante la semana cuarenta y uno de mi embarazo de mi segunda criatura, noté que el bebé dejaba de moverse. Poco después de nuestra llegada a la unidad de maternidad del hospital, a mi esposo y a mí nos avisaron que el corazón de nuestra nena había dejado de latir. En menos de veinticuatro horas, las decisiones por tomar cambiaron de qué marca de pañales usar a si queríamos que se hiciera una autopsia y el cuerpo fuera cremado. En un parto con cesárea, nuestra hermosa hija de tres kilos y medio de peso llegó al mundo, inmóvil y sin vida. La envolvieron en la usual cobija con motivos infantiles y la depositaron en nuestros brazos. La llamamos Margaux.

Margaux era pelirroja y de mejillas rechonchas como su hermana mayor. Lucía muy tranquila, como si durmiera. El torrente de emociones era confuso y agobiante. La arrullamos mirando sus pequeños rasgos. Mi esposo no cesaba de decir "¡Qué bella es!", mientras la enfermera lo sacaba junto con Margaux en una silla de ruedas, para que a mí me terminaran de suturar.

Una vez en casa, mi esposo y yo íbamos y veníamos entre un estado catatónico y una mezcolanza de ira y sollozos. Nos obligamos a asistir al grupo de apoyo de una organización no lucrativa local, HAND of the Peninsula (Helping After Neonatal Death). Escuchar las experiencias de otras parejas nos hizo descubrir formas de mantener vivo el recuerdo de nuestra hija y de seguir adelante al mismo tiempo. Relacionarnos con personas a través de HAND nos ayudó a calmar los temores sobre nuestro futuro y a tener esperanza. Nos sentimos llenos de la energía que necesitábamos mientras nuestra vida cambiaba de rumbo, hacia nuevas e inesperadas direcciones.

Luego de nuestra pérdida, mi esposo y yo experimentamos cambios enormes en nuestra vida. Las amistades tóxicas desaparecieron; las sanas y duraderas se reforzaron y nacieron nuevas y maravillosas. Nuestros valores personales se aclararon. Aprendí a perdonar a mi cuerpo por no haber sostenido la vida de nuestra hija; aprendí a amarlo de nuevo por medio del yoga y la pintura. Mi esposo cuidaba del suyo con buena alimentación y ejercicio; ahora que tiene más de cuarenta, está más sano que cuando tenía veinte. En el trabajo acepté un puesto más difícil, algo que no habría considerado antes de nuestra pérdida. Y también comencé a cuidar de mi alma; estudiaba el judaísmo, al que me convertiría después.

Nos armamos de valor para seguir adelante y tener otro bebé, pese a los temores y problemas de fecundidad que no paraban de asomar su repugnante cabeza. Por fin nos embarazamos, permanecimos así y tuvimos nuestra tercera criatura, un niño saludable.

Mi esposo y yo descubrimos que nuestra empatía se había ampliado. Al nacer nuestro hijo, empezamos a organizar reuniones de duelo para otros padres que habían perdido un bebé antes o después de nacer. Queríamos ayudar a otros que pasaban por la misma dolorosa experiencia que nosotros. También sentíamos más empatía uno por otro. Nuestra relación se profundizó. Pusimos más empeño en nuestra comunicación. Dejábamos pasar las pequeñas cosas que antes nos atemorizaban, enojaban o irritaban. Y ahora sentimos más gratitud y alegría que nunca antes por las bendiciones que hemos recibido y disfrutamos mucho el tiempo que pasamos juntos.

Muchas veces he reflexionado en cuánto he crecido gracias a la experiencia de haber perdido a nuestra hija. A veces me siento culpable de lo mucho que mi vida ha prosperado desde su muerte. A esto suelen seguirle pequeñas afirmaciones del universo que sugieren que el espíritu de mi hija está conmigo, siempre, animándome a continuar. Este sentimiento me impulsa a comprometerme más con la vida y me permite aceptar sus retos. Actuar me hace sentir que mi energía honra la memoria de mi hija. Aunque perdió la vida antes de nacer, encendió en mí una hoguera que sigue iluminándome.

Hoy Nelson, de cuarenta y dos años de edad, es madre de tres hijos y una científica forense y continúa ofreciendo sus servicios a HAND of the Peninsula en San Mateo, California. Aunque única, su historia refleja las de muchos que han experimentado un trauma o pérdida. Esta experiencia hace sufrir terriblemente, pero al mismo tiempo inspira cambios positivos.

Los psicólogos llaman a este fenómeno *crecimiento postraumático*.[8] Esta clase de crecimiento ha sido reportada por sobrevivientes de casi todos los traumas físicos y psicológicos imaginables, como violencia, abuso, accidentes, desastres naturales, ataques terroristas, enfermedades potencialmente mortales y hasta largos vuelos espaciales. Asimismo, se ha documentado entre quienes viven con estrés permanente, como cuidar de un hijo con un trastorno de desarrollo, adaptarse a una lesión de la médula espinal, trabajar como paramédico en casos de traumatismo y vivir con una enfermedad crónica. Incluso ha sido reportada por quienes han experimentado los traumas más terribles, como las víctimas de violación y los prisioneros de guerra. El crecimiento postraumático se ha documentado en niños y adultos y en numerosas culturas y países, como Estados Unidos, Canadá, Australia, el Reino Unido, Noruega, Alemania, Francia, Italia, España, Turquía, Rusia, la India, Israel, Irak, China, Japón, Malasia, Tailandia, Taiwán, Chile, Perú, Venezuela y más.

Cuando la gente describe cómo ha crecido a partir de un suceso traumático, reporta el mismo tipo de cambios que Nelson y su esposo experimentaron. He aquí algunas de las formas de crecimiento más comúnmente reportadas:

- "Me siento más cerca de los demás, y con más compasión por ellos."
- "Descubrí que soy más fuerte de lo que creía."
- "Aprecio más el valor de la vida."
- "Mi fe es más firme."
- "Abrí un nuevo sendero a mi existencia."

La frecuencia del crecimiento postraumático es difícil de medir. Sin embargo, está lejos de ser inusual: setenta y cuatro por ciento de los jóvenes israelíes expuestos a ataques terroristas reportan crecimiento postraumático; ochenta y tres por ciento de mujeres con VIH/sida reportan crecimiento relacionado con su diagnóstico y enfermedad; noventa y nueve por ciento de los empleados de ambulancias de emergencia reportan crecimiento como resultado del trauma al que los expone su trabajo.[9] Como se declaró en 2013 en una revisión de investigaciones sobre crecimiento postraumático: "El crecimiento no es un fenómeno raro, únicamente reportado por individuos excepcionales".[10]

El crecimiento postraumático no significa que la gente se recupere por completo de la adversidad, intocada por el trauma. Que pueda ver cambios positivos en ella o en su vida no quiere decir que ya no sufra. De hecho, la gente suele reportar crecimiento y daño como producto del mismo suceso traumático.[11] Un análisis de cuarenta y dos estudios llevado a cabo en 2014 reveló incluso que la severidad de la angustia postraumática predice acertadamente el grado de crecimiento postraumático.[12] Esto ha llevado a muchos investigadores a creer que la angustia y el crecimiento postraumáticos no son fenómenos aparte, sin relación entre sí. Alegan que la angustia postraumática es el motor del crecimiento postraumático. Ella pone en marcha un proceso psicológico que da origen a cambios positivos.[13]

Éste fue el caso de Jennifer White, quien tenía veintitrés años cuando, en julio de 2011, se suicidó su madre, Joanie.[14] Dos años después, White seguía sumida en el dolor. Había esparcido las cenizas de su mamá en un lago en Texas, ido a terapia, participado en un grupo de apoyo y asistido a pláticas de toma de conciencia del suicidio. Pero seguía sintiéndose enojada y lastimada, harta de preguntarse si habría podido evitar la muerte de su madre y desesperada por reencontrarse con ella de algún modo.

Un día, vio que se pedían voluntarios para pintar una escuela primaria en Los Ángeles, donde ella vivía entonces. Ese anuncio le recordó cómo se habían conocido sus padres, en el John Sealy Hospital de Galveston, Texas. Su madre era enfermera, su padre concluía su residencia quirúrgica y se conocieron el día en que ella se ofreció a pintar personajes de Plaza Sésamo en las paredes del área de pediatría. Para sentirse más cerca de su madre, White se anotó para pintar aquella escuela. Cuando llegó, le dieron una de las tareas menos exquisitas: quitar la pintura antigua de una alambrada que cubría medio lado del edificio. White pasó horas quitando la pintura con una pequeña espátula mientras los demás salían a almorzar. Cuando terminó, ayudó a repintar la alambrada de un vivo color azul.

En esas horas, ella se sintió más unida a su madre de lo que se había sentido desde su muerte. "La sentí ahí", dijo. "Eso era algo que habríamos hecho juntas." Aquella fue la primera vez desde la muerte de su madre que White sintió la esperanza de poder seguir sosteniendo una relación con ella, aun después de su muerte.

Ese día fue un momento decisivo para White. Poco después fundó Hope After Project, una pequeña organización que ayuda a la gente a planear proyectos de servicio para celebrar la vida de sus seres queridos. Ella organizó un proyecto de un jardín comunitario en East Harlem, un viaje de un día a cuidar y alimentar gatitos en Kitten Rescue en Los Ángeles, un proyecto para hacer y enviar paquetes de socorro a hombres y mujeres en el ejército, y un día de aseo y cocina para pacientes de cáncer residentes en el Hope Lodge de la American Cancer Society, en Kansas City. Ayuda a recaudar fondos para financiar esos proyectos de servicio, incluso los amigos y familiares de las personas celebradas son invitados a participar. White describe su vida presente a cargo de Hope After Project como un giro de ciento ochenta grados de su vida anterior, como actriz en Los Ángeles.

Pese a apreciar estos cambios y el nuevo significado que encontró en la vida, White se apresuró a señalar que eso no ha aliviado el dolor por el fallecimiento de su madre. "Me gusta ser mejor ahora que antes de que ella muriera, pero eso no quiere decir que no quisiera que ella estuviera aquí todavía", dice. También insistió en esto: "No es bueno que mamá haya muerto, pero pude encontrar algo bueno en eso".

Ésta es una distinción crítica y esencial de comprender, sobre cómo puede fortalecernos la adversidad. La ciencia del crecimiento postraumático no afirma que haya algo inherentemente bueno en sufrir. Ni que todo suceso traumático derive en crecimiento. Cuando sufrir genera algo bueno, la fuente de ese crecimiento reside en ti: tus fortalezas, tus valores y cómo has decidido reaccionar a la adversidad. No le pertenece al trauma.

Decide ver el lado positivo de la adversidad

Hasta aquí hemos visto que la adversidad puede volvernos más resistentes y que el trauma nos puede hacer crecer. Además, el adoptar este punto de vista respecto a nuestros retos pasados nos ayuda a persistir ante el estrés presente. Pero ¿y cuando estamos en medio de una situación estresante? ¿Existe algún beneficio de creer que la adversidad nos ayuda a crecer mientras estamos hundidos hasta el cuello en ella?

Un modo de contestar esto es buscar personas en circunstancias estresantes y preguntarles si ven algún beneficio en su situación. De ser así, ¿esto produce un mejor resultado? La respuesta parece ser sí. Los hombres que encuentran un lado positivo en su primer infarto —un cambio de prioridades, mayor aprecio por la vida, mejor relación con su familia— tienden a no tener otro infarto y a vivir ocho años más.[15] Las mujeres seropositivas que perciben algo positivo de su diagnóstico —como decidir cuidar más su salud o dejar de consumir drogas— tienen un mejor funcionamiento inmunológico y son menos propensas a morir de sida en cinco años.[16] Entre hombres y mujeres con dolor o enfermedad crónicos, ver algo positivo en su sufrimiento predice mejoras en sus funciones físicas.[17] En todos estos estudios, los investigadores descartaron de antemano el estado de salud de los participantes; ver el lado positivo en sus problemas de salud no fue consecuencia de que estuvieran más sanos en primer término. Más bien, ver ese aspecto favorable parece haber generado tales resultados positivos.

Buscar lo bueno en el estrés no sólo mejora la salud física. También protege contra la depresión y afianza las relaciones. Por ejemplo, quienes encuentran un beneficio en cuidar de su cónyuge con mal de Parkinson —como más paciencia y aceptación o un propósito más sólido— son más felices en su matrimonio, igual que su pareja.[18] En adolescentes con diabetes, encontrar beneficios reduce el riesgo de depresión y mueve a cumplir con el monitoreo de azúcar en la sangre y las restricciones dietéticas.[19] Los soldados estadunidenses que advierten beneficios en su despliegue, convienen en enunciados como "Esto me dio más seguridad en mis aptitudes" o "Pude demostrar mi arrojo", y tienden a no desarrollar trastorno de estrés postraumático (TEP) ni depresión. El efecto protector es más fuerte en los más expuestos a traumas y combates.[20]

¿Por qué ayuda ver el beneficio en esas circunstancias? La principal razón es que percibir el lado positivo de la adversidad hace que la gente la enfrente de otra manera. Éste es un clásico efecto de actitud. Quienes encuentran beneficios en sus dificultades reportan un propósito más firme en la vida, esperanza en el futuro y confianza en su capacidad de respuesta al estrés presente.[21] Tienden entonces a dar pasos proactivos para lidiar con el estrés y a hacer un mejor uso del apoyo social.[22] Tienden igualmente a no depender de estrategias de evasión para escapar de la ansiedad. Incluso, su respuesta biológica a ésta es distinta. En el laboratorio, quienes encuentran un beneficio en sus problemas reaccionan más saludablemente al estrés y se recuperan más rápido.[23] Por esto —antes que por algún tipo de pensamiento mágico—, encontrar beneficios predice resultados tan variados como menos depresión, más satisfacción matrimonial, menos infartos y mejor funcionamiento inmunológico.

Debo admitir que mientras escribo sobre estas investigaciones, me cuesta trabajo aceptar el término *encontrar beneficios*. Me molesta, así como otros objetan el *crecimiento postraumático* o el lugar común de que "Lo que no te mata, te hace más fuerte". A mis oídos, *encontrar beneficios* suena como la clase de pensamiento positivo que pretende eludir la realidad del sufrimiento: "Busquemos el lado brillante, para no tener que sentir dolor ni pensar en la pérdida".

Pero pese a mi reacción alérgica, estas investigaciones no sugieren que la mentalidad más útil sea una insistencia insensatamente optimista en convertir todo lo malo en bueno. Más bien, es la capacidad para advertir lo bueno al encarar cosas difíciles. De hecho, ser capaz de ver tanto lo bueno como lo malo, a largo plazo se asocia con mejores resultados que concentrarse únicamente en el lado positivo. Por ejemplo, quienes reportan cambios, tanto positivos como negativos, tras un ataque terrorista tienden a sostener un mayor crecimiento postraumático que quienes sólo reportan, en principio, cambios positivos, como ya no dar la vida por algo garantizado.[24] Lo mismo puede decirse de las alarmas médicas. Los sobrevivientes de una enfermedad potencialmente mortal, así como sus cuidadores, tienden a experimentar un crecimiento personal duradero y de sus relaciones si reportan los mismos beneficios, como aprender a vivir el presente, los costos, así como la fatiga o el temor al futuro.[25] Buscar lo bueno en el estrés ayuda más cuando admites con realismo el sufrimiento que también está presente.

Invitar a otros a ver lo bueno en circunstancias difíciles es una tarea complicada, pero algunos científicos ya han demostrado que puede transformar la experiencia de la gente respecto del estrés diario así como del sufrimiento severo. En un estudio, investigadores de la University of Miami pidieron a la gente que pensara en una ocasión en que hubiera sido lastimada. Los participantes dieron con sustanciales —pero dolorosos— relatos de infidelidad, rechazo, deshonestidad, crítica y desilusión. Después, los investigadores les pidieron escribir durante veinte minutos cómo había mejorado su vida a partir de esa experiencia, o cómo ésta les había ayudado a mejorar como personas. Tras escribir desde este punto de vista, los sujetos se sintieron menos molestos por la experiencia. Sintieron más perdón y menos deseo de venganza. Asimismo reportaron menos deseo de evitar a la persona implicada o todo recuerdo de la experiencia.[26]

Asombrosamente, otro estudio determinó que incluso una versión de dos minutos de esta intervención sobre la mentalidad puede transformar la experiencia de pensar en un incidente doloroso.[27] En este estudio, realizado en Hope College, en Holand, Michigan, se pidió a los participantes hacer el siguiente ejercicio:

En los dos minutos siguientes, intenten concebir [su experiencia] como una oportunidad para crecer, aprender o ser más fuertes. Piensen en los beneficios que hayan podido obtener de su experiencia, como conocimiento de sí mismos, discernimiento o mejoras de una relación. Presten especial atención a los pensamientos, sentimientos y reacciones físicas que tienen al pensar en cómo se beneficiaron de su experiencia.

Durante esos dos minutos de reflexión, los participantes estuvieron conectados a un aparato electromiográfico que midió la actividad de sus músculos faciales. En comparación con participantes a quienes se pidió pensar en una experiencia dolorosa sin buscar su lado positivo, los que pensaron en los beneficios mostraron menos tensión en la frente y más activación del cigomático mayor, el músculo de la mejilla que levanta la boca al sonreír. En otras palabras, ofrecieron una cara feliz. Hasta sus reacciones cardiovasculares fueron distintas. Sin buscar un lado positivo, pensar en esa experiencia resultó en una habitual respuesta a amenazas: alto ritmo cardiaco y presión arterial. En cambio, cuando los participantes contemplaron los beneficios, su corazón mostró una respuesta de atender-y-amistar, congruente con la psicología de gratitud y relación.

Ese reseteo de mentalidad también transformó el estado de ánimo. Luego de dos minutos de reflexión, los participantes reportaron menos enojo y más alegría, gratitud y perdón. Más aún, sintieron más control, quizás uno de los medios principales por los que encontrar beneficios conduce a una mejor respuesta. Otros estudios muestran cómo actúa este cambio en el cerebro. Encontrar beneficios se asoció con mayor actividad en la corteza frontal izquierda, la parte del cerebro con un papel relevante en la motivación positiva y la respuesta activa.[28]

Otras intervenciones sobre la mentalidad adoptan un enfoque de largo plazo, como pedir a la gente que escriba o reflexione todos los días en los beneficios de una situación difícil durante varias semanas. Con posterioridad a una intervención de éstas en adultos con trastornos autoinmunes como lupus y artritis reumatoide, los participantes reportaron menos fatiga y dolor. Aquellos que más forcejaban con la ansiedad antes de la intervención mostraron las principales mejoras en bienestar físico.[29] Mujeres que escribieron sobre los beneficios de su experiencia de cáncer terminaron reportando menos angustia y tuvieron menos citas médicas subsecuentes por problemas de cáncer. Curiosamente, las que más recurrían a estrategias de evasión, como negación y distracción, tuvieron la más alta reducción de angustia.[30]

En otra intervención se pidió a personas que cuidaban de un pariente con Alzheimer llevar un audiodiario de sus experiencias positivas como cuidadoras.[31] Cada noche se tomaban un minuto para grabar al menos una experiencia edificante de ese día. Al inicio del estudio, todos los cuidadores estaban entre ligera y moderadamente deprimidos; luego de varias semanas de grabar su diario, estaban mucho menos deprimidos. La práctica de ver motivos cotidianos de alegría en el cuidado de un enfermo fue más eficaz para reducir la depresión que una intervención de comparación, enfocada en el manejo del estrés.

En todos estos estudios, los participantes se mostraron confundidos al principio. Incluso tuvieron problemas para entender las instrucciones. "¿Quieren que escriba sobre los beneficios de tener cáncer? ¿Sobre lo bueno de cuidar a mi esposo con Alzheimer?" Les costaba trabajo escribir o decir cualquier cosa. Pero, en todos los casos, al final apreciaron el proceso. Quienes más se beneficiaron fueron los que se habían hundido en su ansiedad, evasión y depresión. Ver el lado positivo no resuelve una situación difícil, pero ayuda a equilibrar la angustia con esperanza.

Pese a las evidencias de que encontrar beneficios ayuda a las personas a sobrellevar su situación, no es una estrategia que deba recomendarse informalmente a otros. Como me dijo una alumna: "Si alguna vez alguien me sugiriera que debo buscar un beneficio en la muerte de mi esposo, ¡lo mandaría al diablo!". Esto es comprensible. Aun los terapeutas expertos en la búsqueda de beneficios son alentados a escuchar los que un paciente mencione y no tratar de convencerlo de ver el lado positivo de su sufrimiento.

Transforma el estrés: decide buscar un lado positivo en la adversidad

Elige una situación difícil actual o una experiencia estresante reciente. ¿Qué beneficios, si alguno, has recibido de ese estrés? ¿En qué ha mejorado tu vida gracias a él? ¿Has cambiado en forma positiva a raíz de tratar de enfrentar esta experiencia?

A continuación aparece una lista de los cambios positivos más comúnmente reportados en respuesta a la pena, la pérdida o el trauma. Determina si ves señales de estos beneficios en ti:

- *Una sensación de fuerza personal.* ¿En qué forma esta experiencia ha puesto tu fuerza de manifiesto? ¿Ha cambiado lo que piensas de ti y de lo que eres capaz? ¿Cómo has crecido o cambiado en lo personal por tener que enfrentar esta experiencia? ¿Qué fortalezas has empleado para responder a ella?
- *Más aprecio por la vida.* ¿Sientes más aprecio por la vida o más gusto por las experiencias cotidianas? ¿Tiendes a saborear los momentos simples? ¿Te sientes más dispuesto a correr riesgos importantes? ¿Concedes más tiempo y energía a lo que más te alegra o importa?

- *Crecimiento espiritual.* ¿En qué forma esta experiencia te ayudó a crecer espiritualmente? ¿Has experimentado una fe renovada, o vuelto a buscar a comunidades valiosas para ti? ¿Has ahondado en tu comprensión de una tradición religiosa o espiritual, o en tu disposición a confiar en ella? ¿Sientes que has crecido en sabiduría o perspectiva?
- *Mejor trato social y relaciones con los demás.* ¿Cómo ha fortalecido esta experiencia tu relación con amigos, familiares u otros miembros de tu comunidad? ¿Te ha dado más empatía por las dificultades de otros? ¿Te ha motivado a hacer cambios positivos en tus relaciones?
- *Identificación de nuevas posibilidades y rumbos de vida.* ¿Qué cambios positivos has hecho en tu vida a raíz de esta experiencia? ¿Te has fijado nuevas metas? ¿Te has tomado tiempo para hacer cosas que no habías considerado antes? ¿Has encontrado un nuevo propósito o canalizado tu experiencia a ayudar a los demás?

Habiendo dicho esto, cuando se le elige libremente, la búsqueda de beneficios puede ser muy potenciadora. Si quieres hacer la prueba, el ejercicio de la página 201 es un buen punto de partida. Concíbelo como una opción para tener perspectivas opuestas al instante, no como una práctica de mero pensamiento positivo. No es que quieras deshacerte de la angustia que sientes o restar importancia a resultados negativos que hayas experimentado. Opta simplemente por prestar atención, durante un breve periodo, a lo bueno que ves en la situación, o en ti mismo al enfrentarla.

A menudo me preguntan si es posible encontrar un beneficio en toda experiencia estresante; por ejemplo, ¿hay un lado positivo en atorarse en el tráfico? Quizá, pero la búsqueda de beneficios no debe ser una respuesta automática a toda frustración menor. Los hechos triviales no son ideales para buscar crecimiento y cambio positivo. Si quieres buscar beneficios en ellos, es difícil que encuentres una respuesta auténtica. Tampoco todo trauma tiene un lado positivo y no deberías forzar una interpretación positiva de cada caso de sufrimiento. Buscar beneficios funciona cuando una experiencia estresante te afecta mucho en particular. También puede ser muy útil en situaciones que no puedes controlar, cambiar o dejar. Aunque éstas podrían ser las experiencias en las que menos beneficios crees poder ver al inicio, son justo las que tienden a verse más transformadas por la disposición a buscar crecimiento y cambio positivo.

Al principio podría parecerte difícil encontrar beneficios en una experiencia estresante. Igual que con cualquier otro cambio de mentalidad, es natural sentirse contrariado por una nueva forma de pensar. Este ejercicio podría ser especialmente difícil si parece una negación del dolor o sufrimiento que has experimentado. Si lo sientes así, dedica unos minutos a escribir lo que piensas o sientes, como dolor o angustia, al pensar en esa experiencia. Después, si quieres, escribe sobre el crecimiento o cambios positivos que te *gustaría* experimentar. En algún momento futuro, ¿qué cambio y crecimiento podrían ocurrir?

Cómo volver contagiosos el crecimiento y la resiliencia

En 2002, Mary Wiltenburg, reportera del *Christian Science Monitor* de veintiséis años de edad, pasó una semana con Sue Mladenik, madre de cuatro chicos que estaba por viajar a Beijing para adoptar a una niña de un año. Mladenik era viuda. Su esposo, Jeff Mladenik, abordó el vuelo 11 de American Airlines de Boston a Los Ángeles la mañana del 11 de septiembre de 2001. Wiltenburg visitó a la familia Mladenik para hacer un reportaje sobre el primer aniversario de los ataques terroristas de esa fecha, una actualización sobre cómo le iba a una persona un año después. Como recordó Wiltenburg, el dolor de Mladenik seguía a flor de piel a cada momento. Ella apenas si dormía unas horas cada noche. Oleadas de pesar la invadían en forma inesperada, como al ver en la tienda las galletas favoritas de Jeff. Ya no llevaba a su hija menor a lugares como el zoológico, donde tropezaban con demasiadas "familias felices con mamá y papá". Y le enojaba, en lugar de consolarla, la profusión de bienintencionados que hacían comentarios como "Al menos ahora ya está en un lugar mejor".

El artículo de Wiltenburg sobre el primer año de Mladenik después del 11 de septiembre comenzaba así: "Ella tardó cinco días en salir de su recámara, diez meses en lavar las sábanas en las que dormían juntos y más de un año en sacar los calcetines sucios de la mochila deportiva de Jeff".[32] Era un relato honesto sobre una familia devastada por la pérdida. Lo único que mantenía viva a Sue era su responsabilidad con sus cinco hijos, entre ellos la pequeña que Jeff y ella habían planeado adoptar.

Tras hacer su reportaje, Wiltenburg no podía dejar de pensar en la extrema crudeza del sufrimiento aún presente en la familia Mladenik. Durante mucho tiempo, la periodista tuvo pesadillas con choques de aviones.

En 2011, su jefe le preguntó si estaba dispuesta a volver a visitar a la familia Mladenik. ¿Cómo le iba diez años después de los ataques del 11 de septiembre? Wiltenburg no dejó pasar la oportunidad. Esta vez, encontró a una familia que aún sufría, pero que había salido adelante. Sue había adoptado a dos niñas chinas y ya era abuela. En 2002, le había aterrado la cercanía del primer aniversario de los ataques. En 2011, ese día se había vuelto de asueto. Cada 11 de septiembre, el "equipo Mladenik" se reúne para celebrar la vida de Jeff. En el décimo aniversario, quince miembros de la familia planeaban visitar el 9/11 Memorial Museum y participar en una carrera de cinco kilómetros en Nueva York en honor a Jeff.

Sue Mladenik le dijo a Wiltenburg que ya estaba menos enojada que en 2002. Había reconstruido su vida alrededor de su familia, con la meta de asegurarse de que sus hijos recordaran a su padre. También había encontrado un nuevo propósito en la vida, dedicando su tiempo a causas que Jeff y ella habían apoyado. El dolor aún estaba ahí, lo mismo que muchos momentos de pesar y confusión, pero también había significado y un intenso deseo de encarar el futuro.

Para Wiltenburg, esta puesta al día de la vida de Mladenik fue un importante epílogo del artículo original sobre la crudeza del dolor y una tragedia sin sentido. Escribir este reportaje le afectó tanto como el de 2002, pero esta vez se sintió llena de esperanza, no perseguida por pesadillas. "Creo que cualquiera y quizás especialmente alguien como yo, cuyas pérdidas han sido menores y menos públicas, puede aprender de la historia de los Mladenik", me dijo. "En cierto sentido, todos estamos destrozados. Para la mayoría, la gran pregunta es: ¿cómo vivir satisfactoriamente pese a, o dentro de, esa devastación? Todos quisiéramos saber cómo vivir con cosas que duelen."

Imágenes y voces de esperanza

El seguimiento de diez años por Wiltenburg de la familia Mladenik es un ejemplo de un nuevo tipo de periodismo: los relatos de restauración. Este género de relatos rechaza el enfoque usual de informar acerca de traumas y tragedias. En vez de comunicar sólo los detalles más horrendos de las repercusiones inmediatas, se narran historias de crecimiento y curación.

Las noticias a las que estamos expuestos en los medios tienen un impacto real en nuestro bienestar. En una destacada encuesta estadunidense, la exposición a noticias fue una de las fuentes más comúnmente reportadas de estrés diario. De las personas que reportaron altos niveles de estrés, cuarenta por ciento mencionó ver, leer u oír noticias como una contribución relevante a su estrés.

El estrés causado por las noticias, en contraste con el causado por la vida, se distingue por su capacidad para generar desesperanza. Se ha demostrado sistemáticamente que ver noticiarios de televisión luego de un desastre natural o ataque terrorista aumenta el riesgo de depresión o TEP. Un estudio impactante determinó que quienes vieron seis o más horas de noticias sobre los atentados del maratón de Boston de 2013 tendieron a presentar síntomas de TEP en mayor medida que quienes los presenciaron personalmente.[33] Los noticiarios tradicionales no son los únicos en infundir miedo y desesperanza; casos trágicos, de traumas y amenazas predominan en muchas modalidades mediáticas. De hecho, un estudio de 2014 entre adultos estadunidenses reveló que la mejor predicción de temor y angustia en la gente es cuánto tiempo destina a ver *talks shows* en la televisión.[34]

Descubrimientos como éste motivaron el surgimiento de Images and Voices of Hope (IVOH), organización dedicada a cambiar la forma en que traumas, tragedias y desastres se describen en las noticias.[35] IVOH instruye a profesionales de los medios para que difundan casos de resiliencia y recuperación. Esta organización ha trabajado con periodistas y fotógrafos de los principales periódicos de Estados Unidos. Los relatos de restauración que IVOH promueve no son artículos triviales que pretendan que el sufrimiento de una persona o comunidad ya no existe. ¿Cómo se reconstruye una comunidad después de un desastre? ¿Cómo retoma la gente su vida luego de una tragedia? ¿Cómo se crea significado a partir del sufrimiento?

De acuerdo con Mallary Jean Tenore, directora ejecutiva de IVOH, cuando la gente oye, lee o ve relatos de restauración se siente más esperanzada, animosa e inspirada para crear un cambio en su vida. La resiliencia reflejada en esos relatos es contagiosa. Ésta es una de las grandes lecciones del periodismo de restauración: hay fuerza en las historias que contamos y en las que ponemos atención.

La idea de que podemos experimentar crecimiento postraumático a partir de las historias de otros no son meros buenos deseos. Nuevas investigaciones demuestran que la gente puede encontrar significado en experimentar crecimiento personal a partir de experiencias traumáticas de otros. Los psicólogos llaman a esto "resiliencia indirecta" y "crecimiento indirecto". Se observó inicialmente en psicoterapeutas y otros prestadores de servicios de salud mental, quienes solían decirse estimulados por la resiliencia y recuperación de sus pacientes. El crecimiento indirecto era más comúnmente reportado por profesionales que trabajan con personas que han sufrido mucho: enfermeras de niños gravemente heridos en un centro de tratamiento de quemaduras; trabajadores sociales de refugiados y víctimas de violencia política o tortura; psicólogos de padres acongojados.[36] Estas personas dijeron encontrar esperanza en aquéllas y sentirse mejor con su capacidad de resiliencia y enfrentar mejor sus problemas.

El crecimiento indirecto no se limita a las profesiones asistenciales. En un estudio efectuado por investigadores de la Bond University de Australia, se pidió a adultos describir el suceso más traumático al que hubieran estado expuestos indirectamente en los dos últimos años. Los participantes reportaron acontecimientos como abortos, accidentes, la muerte de un ser querido, una enfermedad grave o delincuencia. Estos hechos les ocurrieron a amigos, familiares, cónyuges o incluso a personas extrañas; algunos fueron conocidos a través de las noticias. Los participantes no sólo reportaron crecimiento indirecto, sino también que éste aumentó su aptitud para encontrar significado en su vida.[37]

¿Cómo adquirir resiliencia y crecimiento a partir del sufrimiento de otra persona, no sólo angustia y compasión? El factor esencial parece ser la empatía genuina. Hay que estar dispuesto a sentir su angustia e imaginar en su experiencia. También se debe ser capaz de ver fuerza junto al sufrimiento. Una de las principales barreras contra la resiliencia indirecta es la lástima. Cuando sientes lástima por alguien, lamentas su sufrimiento, pero no ves su fortaleza ni te ves a ti mismo en su caso. En muchos sentidos, la lástima es una emoción más inofensiva que la empatía genuina. Te protege de compartir demasiada angustia ajena. Puedes mantener la ficción de que nunca sufrirás así. Sin embargo, además de disminuir a la persona objeto de tu lástima, también bloqueas tu capacidad de experimentar crecimiento indirecto. El proceso de aprender y crecer a partir del sufrimiento de otro parece requerir verse afectado por ese dolor.[38] No se trata de presenciar pasivamente la resiliencia ajena, sino de permitir ser tocado por el sufrimiento y la fortaleza de otros.

Un terapeuta matrimonial y familiar que trabajó con sobrevivientes de tortura reflexionó en que la resiliencia indirecta requiere un cambio radical de mentalidad sobre cómo relacionarse con el sufrimiento de un paciente:

> Solemos creer que el trauma indirecto es una especie de radiación que infectó a alguien [...] y que se nos transmite a nosotros, así que debemos tener barreras, limpiarnos y todas esas metáforas. Pero la resiliencia indirecta puede concebirse como un flujo de energía [...] Sale de ellos, es una suerte de amor, o esperanza, o energía pura, la fuerza de la vida. Y esto también te infecta o afecta.[39]

Las investigaciones demuestran que el solo hecho de prestar atención al concepto de resiliencia indirecta vuelve más probable esta respuesta; el sólo hecho de contarle a la gente sobre el crecimiento postraumático aumenta las posibilidades de que la experimente en sí misma. Incluso ahora, habiendo leído estas páginas, tú tiendes ya a sentirte fortalecido por el sufrimiento y crecimiento de otros. En presencia del sufrimiento de otra persona, intenta atestiguar tanto su dolor como sus recursos. Déjate tocar por su experiencia, pero admira también su resiliencia.

Contar historias que inspiran resiliencia

Cuando un paciente recorre los pasillos del St. Jude Children's Research Hospital de Memphis, Tennessee, ve el mural de la esperanza. Este muro está cubierto por fotografías enmarcadas de adultos que sostienen fotos de ellos mismos cuando niños. Cada uno es un sobreviviente de cáncer infantil u otra afección potencialmente mortal. Las fotos de infancia se remontan a los días de su tratamiento en St. Jude. En esas fotos antiguas, algunos están calvos, debido a la quimioterapia; otros posan con su médico o sus padres. Los adultos que las sostienen son prueba de que es posible sanar. Más todavía, la mitad de ellos trabajan ahora en St. Jude como médicos, enfermeras o investigadores. Transformaron la tragedia en propósito y regresaron a St. Jude a restituir a la comunidad la ayuda que les prestó.

Hay muchas maneras de contar historias de resiliencia y crecimiento. A veces la narración ocurre mediante reportajes, pero otras a través de obras de arte, fotografías y otras imágenes. A veces llega por medio de páginas en internet, cartas o conversaciones personales. Toda organización o comunidad puede optar por compartir historias de crecimiento, unión y resiliencia. Considera estos ejemplos:

- Un boletín para padres de estudiantes de secundaria informa que los empleados donaron días de permiso por enfermedad a una maestra que luchaba contra el cáncer de mama, junto con la nueva noticia de que ella ya está en remisión y ha vuelto al aula.
- El director general de una compañía decide aprovechar una reunión de la empresa para presentar al equipo que salvó a un producto defectuoso.
- El líder de una iglesia invita a una integrante de la comunidad a contarle a ésta que ella llegó a la iglesia necesitada de techo y comida, y ahora ofrece sus servicios a esos mismos programas para ayudar a otros.
- Una cafetería exhibe cuadros de su personal para contribuir a la reconstrucción de un parque comunitario dañado por una tormenta.
- Un centro de terapia física pide a pacientes a punto de rehabilitarse que escriban cartas sobre sus complicaciones y crecimiento para animar a futuros pacientes.

Éste es el tipo de historias en las que me percaté cuando comencé a buscarlas. Cabe mencionar que la exposición a historias e imágenes como éstas hace que la gente tienda a experimentar crecimiento a partir de sus dificultades. Por ejemplo, en Queensland, Australia, doscientos cuarenta y seis nuevos policías fueron asignados al azar al programa especial Promoting Resilient Officers, que les planteó la idea de que la adversidad puede derivar en crecimiento. Como parte de este programa, los nuevos agentes vieron un video en que un policía de alto rango habló de sus veinte años de experiencia en la corporación. En él explicaba qué se sentía trabajar en el equipo de agresiones sexuales y cómo su vida había cambiado a raíz de las experiencias traumáticas que había soportado al paso del tiempo. Estas historias fueron cuidadosamente elegidas para mostrar diferentes aspectos del crecimiento postraumático, como más aprecio por la vida, una sensación de fortaleza personal y crecimiento espiritual.

Los investigadores esperaban que oír estos casos de crecimiento postraumático ayudara a los nuevos policías al enfrentar sucesos traumáticos en el cumplimiento de su deber. Los primeros resultados sugieren efectos positivos. Seis meses después de haber participado en el programa, los nuevos agentes que experimentaron un trauma en el trabajo o en su vida personal reportaron un crecimiento postraumático significativamente más alto que los del grupo de control, que no pasaron por ese programa.[40]

Transforma el estrés: cuenta tu historia de crecimiento y resiliencia

Una de las mejores formas de notar, valorar y expresar tu crecimiento es reflexionar en un momento difícil en tu vida como si fueras un periodista que escribe un relato de restauración. ¿Cómo describiría ese narrador los retos que has enfrentado? ¿Qué momento identificaría un buen observador como decisivo en tu historia, un momento en que renovaste tu compromiso o encontraste significado? Si un periodista te siguiera por una semana, ¿qué evidencias encontraría de tu fortaleza y resiliencia? ¿Qué acciones dan fe de tu crecimiento o expresan tus valores? ¿Qué dirían tus amigos, familiares, compañeros de trabajo u otros que han acompañado tu trayecto para describir cómo has cambiado o crecido? ¿Qué objetos de tu casa u oficina querría retratar un fotógrafo como evidencia de tu crecimiento o resiliencia?

Si lo deseas, dedica unos minutos a escribir tu versión de cualquier experiencia que juzgues estresante y fuente de crecimiento o significado, o bien emplea para hacerlo otro medio de tu agrado, como un collage fotográfico, un dibujo o un video. Este ejercicio puede ser muy personal, así que no es necesario que lo compartas, pero podría ser maravilloso que lo hicieras.

Todos contamos historias y las que decidimos relatar pueden crear una cultura de resiliencia. ¿Cómo cuentas las historias de tu familia?, ¿de tu comunidad?, ¿de tu compañía?, ¿de tu vida? Considera cómo podrías dar cabida a historias que reflejen la fortaleza, valor, compasión y resiliencia que hay en ti y en tu comunidad.

Reflexiones finales

Páginas atrás mencioné que, luego de tomar mi curso de la nueva ciencia del estrés, mis alumnos tienden a reprobar los enunciados "Si por arte de magia pudiera eliminar todas las experiencias dolorosas que he tenido en mi vida, lo haría" y "Mis experiencias y recuerdos dolorosos me impiden llevar una vida que yo valore". ¿Qué sientes al pensar en estos enunciados? ¿Eliminarías todas las experiencias dolorosas de tu existencia?

Tu respuesta a esta pregunta importa. Quienes aprueban enunciados como ésos están menos satisfechos con sus vidas actuales y más ansiosos por el futuro, y tienden a deprimirse más. Estos efectos no parecen ser resultado directo de las experiencias dolorosas de una persona, sino de su actitud hacia ellas.[41] Pero es posible aprender a pensar de otra manera en tus dificultades. Los estudios revelan que cuando la gente acepta las penurias de su pasado, se vuelve más feliz, menos deprimida y más resiliente.

Decidir ver el lado positivo de nuestras experiencias más dolorosas es una parte de cómo podemos cambiar nuestra relación con el estrés. Aceptar la adversidad pasada es una parte de cómo encontrar valor para crecer a partir de nuestros problemas presentes. En muchos sentidos, ésta es la actitud que nos permite aceptar y transformar el estrés. Y aunque he compartido contigo algo de la información científica que sirve de base a la mentalidad de crecimiento ante la adversidad, las pruebas a favor de este punto de vista ya están a tu alrededor. Si te fijas, verás las señales de ello en tu vida, en la de quienes admiras y aun en las historias de personas a las que no conoces.

7 Reflexiones finales

Durante la mayor parte de su historia, la ciencia del estrés se ha concentrado en una pregunta: "¿El estrés es malo para ti?" (Después alcanzó otro grado: "¿Qué tan malo?")

Pero lo interesante de la ciencia del estrés es que, pese a la idea abrumadoramente aceptada de que es dañino, las investigaciones cuentan una historia distinta: que es dañino *excepto cuando no lo es*. Piensa en los ejemplos que vimos en este libro: el estrés aumenta el riesgo de problemas de salud, excepto cuando la gente restituye con regularidad a sus comunidades parte de lo que éstas le han dado. El estrés aumenta el riesgo de muerte, excepto cuando la gente tiene un propósito en la vida. El estrés aumenta el riesgo de depresión, excepto cuando la gente ve un beneficio en sus dificultades. El estrés es paralizante, excepto cuando la gente se percibe como capaz. El estrés es extenuante, excepto cuando te ayuda a desempeñarte. El estrés vuelve egoísta a la gente, excepto cuando la vuelve altruista. Para cada resultado dañino que se te pueda ocurrir, hay una excepción que anula la esperada asociación entre el estrés y algo malo, y que a menudo la remplaza por un beneficio inesperado.

Lo que vuelve tan interesantes estas excepciones es que difícilmente son excepcionales en absoluto. Todo lo que nos protege de los temibles peligros de la ansiedad es alcanzable. Piensa en los ejercicios y estrategias de actitud que se describieron en este libro: optar por recordar tus valores más importantes para que sea más fácil encontrar significado en el estrés de todos los días. Sostener francas y sinceras conversaciones sobre tus problemas para que te sientas menos solo en tu sufrimiento. Ver la respuesta de tu cuerpo al estrés como un recurso, de tal manera que puedas confiar en que manejarás la presión y estarás a la altura de las circunstancias. Tomarte la molestia de ayudar a alguien para que puedas tener acceso a la biología de la esperanza y la valentía. Estas estrategias no sólo son accesibles, sino que tampoco requieren lograr algo que la mayoría cree tener que hacer, pero que resulta una meta imposible y autodestructiva: evitar el estrés.

Antes que determinar de una vez por todas si el estrés es malo o bueno, ahora lo que más me interesa es entender la importancia de la actitud que asumimos ante él. Una pregunta mejor para cada uno de nosotros, como individuos que tratan de sobrellevar el estrés, quizá sea: "¿Creo tener la capacidad de transformar el estrés en algo bueno?". Las mentalidades no son verdades en blanco y negro sobre el mundo. Se basan en evidencias, pero también son actitudes que decidimos asumir ante la vida.

La ciencia también nos dice que el estrés tiende a ser dañino cuando se le aplican tres cosas:

1. Te sientes incompetente ante él;
2. Te aparta de los demás, y
3. Parece completamente absurdo y contrario a tu voluntad.

Como vimos, lo que piensas del estrés nutre cada uno de esos factores. Cuando lo ves como inevitablemente dañino y por evitar, tiendes a sentir todas esas cosas: dudas de tu aptitud para manejar los retos que enfrentas, te sientes solo en tu sufrimiento y te crees incapaz de dotar de sentido tus afanes. En contraste, aceptar y abrazar el estrés transforma estos estados en una experiencia distinta. La desconfianza en ti mismo es remplazada por la seguridad, el miedo se vuelve valentía, el aislamiento se convierte en relación y el sufrimiento da origen al significado. Y todo esto sin haberte deshecho del estrés.

No hace mucho recibí un correo de Jeremy Jamieson, el psicólogo que estudia que aceptar la ansiedad puede favorecer el desempeño. Me escribió que reconsideraba otra sensación impopular: la fatiga. Jamieson, de treinta y tres años de edad, tiene ahora en casa a un bebé de un año. Escribió: "Mi esposa y yo estuvimos reflexionando en que sentirnos exhaustos al final del día es una señal de que lo dimos todo".

Este correo me hizo sonreír porque era una ilustración muy simple de la mentalidad de Jamieson sobre el estrés. Él no veía su estado físico como signo de que algo estaba mal en él o en su vida y eso le permitía advertir el significado de uno de los aspectos más estresantes de ser papá por vez primera. Este correo me recordó pensamientos parecidos que he tenido desde que empecé a replantear el estrés. Ahora me descubro reevaluándolo casi sin esfuerzo, aun si primero me sorprendo quejándome por costumbre: "¡Qué estresante es esto!".

Cuando me comprometí con el proceso de aceptar el estrés, no imaginé lo mucho que afectaría mi experiencia diaria de vida. Para mi sorpresa, comencé a sentir una oleada de gratitud en situaciones que también describiría como muy estresantes. No fue un cambio intencional de mentalidad; la gratitud aparecía por sí sola. Aún no termino de entender por qué éste fue un cambio tan grande para mí, pero quizá tiene algo que ver con lo más tóxico en mi experiencia del estrés antes de que lo aceptara: el hábito de rechazar en mi vida las cosas que me causaban tensión por encontrar tan angustiante la experiencia del estrés.

He observado que los efectos de aceptar el estrés parecen seguir este patrón: modifican justo lo más tóxico en la relación de cada persona con el estrés. Los estudiantes me dicen que se sienten menos temerosos, menos solos o más entusiastas con la vida. Se sienten menos víctimas de su existencia, o menos culpables por tener una vida estresante. Algunos pueden confiar más en los demás, otros pueden defenderse por primera vez. Algunos descubren que ciertas cosas de su pasado les enojan menos y que tienen más esperanzas en el futuro. ¿Mi hipótesis práctica? Que en cada caso, eso bastó para transformar su experiencia del estrés.

Cuando termines este libro, quizás aún no tengas una noción clara de cómo sus ideas echarán raíces en tu vida. Esto forma parte de la magia de las intervenciones sobre la mentalidad. Si la ciencia está en lo cierto, podrías no recordar incluso de qué trató este libro. Si yo te siguiera durante un año y al final te preguntara cuál fue tu parte favorita, ¿recordarías la historia de las ratas de Selye? ¿O pensarías en los corredores de Sole Train animándose unos a otros? ¿Continuarías reconsiderando el aceleramiento de tu corazón o tratando de recordar tus metas trascendentes?

¿O te sería difícil recordar cualquiera de esos detalles?

No importa. Confío en que recordarás lo que más necesitabas oír, quizá no en la forma intelectual de poder repetir de memoria un estudio o historia específica, sino como suelen afianzarse las nuevas actitudes: en el corazón, donde te alientan, te inspiran y cambian tu manera de verte a ti mismo y de ver el mundo.

Una parte tan sustancial de este libro ha consistido en contar historias que me gustaría terminar con una más.

Hace poco, una de mis mejores amigas me contó que, en lugar de propósitos de Año Nuevo, su familia había empezado a establecer metas anuales sobre el estrés. Cada año, ella, su esposo y su hijo adolescente deciden cómo quieren crecer el año venidero. Después eligen un proyecto personal tanto significativo como difícil. Platican de cuál será el filo de su estrés: lo que esperan que será desafiante, aquello que podría hacerles sentir ansiedad y las fortalezas que desean desarrollar.

Me enamoré de esta idea y la puse en práctica de inmediato. No sólo en propósitos de Año Nuevo, sino también como una orientación hacia la vida. De hecho, escribir este libro fue una de mis grandes metas de estrés en los dos últimos años. Sabía que sería difícil hacer justicia a la enorme variedad de investigaciones científicas y, sobre todo, me preocupaba mi capacidad para honrar el increíble espectro de lo que la gente quiere decir al hablar del estrés. La fortaleza que tuve que desarrollar fue mi disposición a seguir pidiendo a la gente que me dijera la verdad sobre su experiencia con el estrés, aun si esto volvía más complicado escribir el libro o me obligaba a tolerar preguntas que estaba segura que no podría responder muy bien.

Como este libro es una intervención sobre la mentalidad, tal vez ya hayas advertido que esta historia es también una invitación a que fijes tus propias metas del estrés. Todo nuevo comienzo o transición es una oportunidad para pensar en cómo quieres desafiarte: los cumpleaños, el inicio de un nuevo año o periodo escolar, las noches de domingo o cada mañana al planear el día. Aun ahora podrías preguntarte: "¿Cómo quiero crecer gracias al estrés?". Si hay algo que he aprendido es que cualquier momento puede ser crucial para tu manera de experimentar el estrés si tú decides que lo sea.

Agradecimientos

Escribir un libro es estresante y lo digo en buen sentido. Pero no habría podido hacerlo sin muchas otras personas. He aquí la historia de este volumen en agradecimientos.

Tal vez tú adquiriste este libro porque viste un video de la charla que di en TEDGlobal en Edimburgo, en 2013. En realidad, había empezado a trabajar en un libro sobre el estrés siete años antes de dar la charla "How to Make Stress Your Friend". Sin embargo, sin la experiencia de la conferencia en TED, no habría tenido el valor de escribir esta obra. Así que gracias a los organizadores de TED, Bruno Giussani y Chris Anderson, por mostrarme que el mundo estaba listo para reconsiderar el estrés. Gracias en especial también a mi hermana gemela y veterana de las charlas en TED, Jane McGonigal, quien me convenció de que dar una plática en TED era una buena idea (parecía un poco estresante...) y que después convenció a los organizadores de TED de que me incluyeran en el gran punto rojo.

Gracias a todo el equipo de Avery y Penguin Random House. Esto comenzó cuando envié una lista de posibles temas para mi siguiente libro y todos dijeron de inmediato que el que más querían era el que yo más temía —más me emocionaba— escribir. Así que gracias a ustedes por ver el lado positivo del estrés antes de que escribiera sobre él. Especial gratitud a Megan Newman, editora de este libro; lo que más apreciaste en el primer borrador de este manuscrito resultaron ser también los elementos más significativos para mí y eso me dio seguridad para conservarlos. Gracias enormes a Brian Tart, William Shinker y Lisa Johnson, quienes han hecho de Avery un gran hogar para mí como autora y que creyeron en este libro desde el principio. Por supuesto, probablemente tú nunca te habrías enterado de este volumen sin Lindsay Gordon y Casey Maloney, un equipo de ensueño en el mundo de la publicidad editorial. Para todos en Avery y Penguin Random House, también aprecio todas las comidas veganas que consumieron en mi honor.

Si tú leíste los agradecimientos de mi libro anterior, ya sabes que tengo el mejor agente literario del mundo, Ted Weinstein. Así que si eres escritor y aún no le has enviado tu propuesta, todo lo que puedo decirte es... ¿por qué no? Tengo también un asombroso equipo de apoyo internacional y quiero dar las gracias, en particular, a Manami Tamaoki y a toda la Tuttle-Mori Agency de Tokio, Japón, por relacionarme con un público al otro lado del mundo.

Gracias enormes a los investigadores que me enviaron correos, me llamaron, se comunicaron a través de Skype o se reunieron personalmente conmigo para ayudarme a comprender su trabajo, en especial a Miranda Beltzer, Steve Cole, Jennifer Crocker, Alia Crum, Jeremy Jamieson, Susan Loeb, Ashley Martin, Crystal Park, Michael Poulin, Jane Shakespeare-Finch, Martin Turner, Mark Seery, Greg Walton, Monica Worline y David Yeager. Mi más profunda gratitud por dedicar su vida a crear ciencia que mitiga el sufrimiento e incrementa el significado de la vida de otros. Si cometí algún error en mis intentos por trasladar la ciencia a un público más amplio, por favor perdónenme y corríjanme.

Gracias igualmente a los desarrolladores de programas, directores, maestros y otras personas en el frente cuyo trabajo cambia la vida de tantos y que conversaron conmigo para este libro: Aaron Altose, de Cuyahoga Community College; Sue Cotter, de la Community Services Agency de Modesto; Jessica Leffler y Natalie Stavas, de Sole Train; Diana Adamson y Noel Ramirez, de ScholarMatch; Lennon Flowers, de la Dinner Party; Jennifer White, de Hope After Project; Mallary Jean Tenore, de Images and Voices of Hope, y Mary Wiltenburg del *Christian Science Monitor*. Es un don poder compartir con los lectores el trabajo e historias de ustedes.

Gracias a mis alumnos de Stanford, en especial a quienes tomaron mi curso New Science of Stress en Continuing Studies. Creyeron que se librarían de su estrés, pero les dije que lo aceptarían y casi nadie abandonó el curso. Gracias por eso, por hacer preguntas difíciles y, sobre todo, a quienes de forma tan generosa compartieron sus historias para este libro. Consideren oficial su cambio de mentalidad.

Se necesita una ciudad para conseguir que un autor deje de atrasarse y termine un libro, aun si ese autor ya escribió otro antes sobre la fuerza de voluntad. Así que gracias a mis tres colegas redactoras —Leah Weiss Ekstrom, Marina Krakovsky y Jane McGonigal— que revisaron todo cada tanto para confirmar que estuviera haciendo algo que pudiera resultar en un libro. Gracias también a Connie Hale, cuyos útiles consejos sobre mi primer borrador volvieron mucho más legibles los resultados.

El agradecimiento más grande es para mi esposo, Brian Kidd, quien ya me ha acompañado tres veces en el proceso de escribir un libro y quien asegura que cada vez es menos traumático para él y nuestro hogar. Ojalá que también en esta ocasión él se beneficie de un poco de crecimiento postraumático indirecto.

Notas

Introducción

[1] Abiola Keller, Kristen Litzelman, Lauren E. Wisk *et al.*, "Does the Perception That Stress Affects Health Matter? The Association with Health and Mortality", en *Health Psychology*, vol. 31, núm. 5, 2011, pp. 677-684.

[2] Becca R. Levy, Martin D. Slade, Suzanne R. Kunkel y Stanislav V. Kasl, "Longevity Increased by Positive Self-Perceptions of Aging", en *Journal of Personality and Social Psychology*, vol. 83, núm. 2, 2002, pp. 261-270.

[3] John C. Barefoot, Kimberly E. Maynard, Jean C. Beckham, Beverly H. Brummett, Karen Hooker y Ilene C. Siegler, "Trust, Health, and Longevity", en *Journal of Behavioral Medicine*, vol. 21, núm. 6, 1998, pp. 517-526.

[4] Jochim Hansen, Susanne Winzeler y Sascha Topolinski, "When the Death Makes You Smoke: A Terror Management Perspective on the Effectiveness of Cigarette On-Pack Warnings", en *Journal of Experimental Social Psychology*, vol. 46, núm. 1, 2010, pp. 226-228.

[5] Brenda Major, Jeffrey M. Hunger, Debra P. Bunyan y Carol T. Miller, "The Ironic Effects of Weight Stigma", en *Journal of Experimental Social Psychology*, núm. 51, 2014, pp. 74-80.

[6] Gjalt-Jorn Ygram Peters, Robert A. C. Ruiter y Gerjo Kok, "Threatening Communication: A Critical Re-Analysis and a Revised Meta-Analytic Test of Fear Appeal Theory", en *Health Psychology Review*, núm. 7, sup. 1, 2013, pp. S8–S31; Gjalt-Jorn Y. Peters, Robert A. C. Ruiter y Gerjo Kok, "Threatening Communication: A Qualitative Study of Fear Appeal Effectiveness Beliefs Among Intervention Developers, Policymakers, Politicians, Scientists, and Advertising Professionals", en *International Journal of Psychology*, vol. 49, núm. 2, 2014, pp. 71-79.

Capítulo 1. Cómo cambiar tu noción del estrés

[1] Alia J. Crum y Ellen J. Langer, "Mind-Set Matters: Exercise and the Placebo Effect", en *Psychological Science*, vol. 18, núm. 2, 2007, pp. 165-171.

[2] Alia J. Crum, William R. Corbin, Kelly D. Brownell y Peter Salovey, "Mind over Milkshakes: Mindsets, Not Just Nutrients, Determine Ghrelin Response", en *Health Psychology*, vol. 30, núm. 4, 2011, pp. 424-429.

[3] Alia J. Crum, Modupe Akinola, Ashley Martin y Sean Fath, "Improving Stress Without Reducing Stress: The Benefits of a Stress Is Enhancing Mindset in Both Challenging and Threatening Contexts", manuscrito inédito, en proceso, 2015. Datos parcialmente presentados en A. M. Martin, Alia J. Crum y Modupe A. Akinola, "The Buffering Effects of Stress Mindset on Cognitive Functioning During Stress", cartel presentado en la Society for Personality and Social Psychology Conference de 2014, Austin, Texas.

[4] M. Boudarene, J. J. Legros y M. Timsit-Berthier, "[Study of the Stress Response: Role of Anxiety, cortisol and DHEAs]", en *L'Encéphale*, vol. 28, núm. 2, 2001, pp. 139-146.

[5] Stephanie Wemm, Tiniza Koone, Eric R. Blough, Steven Mewaldt y Massimo Bardi, "The Role of DHEA in Relation to Problem Solving and Academic Performance", en *Biological Psychology*, vol. 85, núm. 1, 2010, pp. 53-61.

[6] Charles A. Morgan, Steve Southwick, Gary Hazlett, Ann Rasmusson, Gary Hoyt, Zoran Zimolo y Dennis Charney, "Relationships Among Plasma Dehydroepiandrosterone Sulfate and Cortisol Levels, Symptoms of Dissociation, and Objective Performance in Humans Exposed to Acute Stress", en *Archives of General Psychiatry*, vol. 61, núm. 8, 2004, pp. 819-825. *Véase también* Ann M. Rasmusson, Meena Vythilingam y Charles A. Morgan III, "The Neuroendocrinology of Posttraumatic Stress Disorder: New Directions", en *CNS Spectrums*, vol. 8, núm. 9, 2003, pp. 651-667.

[7] Dante Cicchetti y Fred A. Rogosch, "Adaptive Coping Under Conditions of Extreme Stress: Multilevel Influences on the Determinants of Resilience in Maltreated Children", en *New Directions for Child and Adolescent Development*, núm. 124, 2009, pp. 47-59.

[8] Para una excelente introducción al concepto de las mentalidades, *véase* Carol Dweck, *Mindset: The New Psychology of Success*, Random House, 2006.

[9] Becca R. Levy, Alan B. Zonderman, Martin D. Slade y Luigi Ferrucci, "Age Stereotypes Held Earlier in Life Predict Cardiovascular Events in Later Life", en *Psychological Science*, vol. 20, núm. 3, 2009, pp. 296-298.

[10] Becca R. Levy, Martin D. Slade, Jeanine May y Eugene A. Caracciolo, "Physical Recovery After Acute Myocardial Infarction: Positive Age Self-Stereotypes as a Resource", en *International Journal of Aging and Human Development*, vol. 62, núm. 4, 2006, pp. 285-301.

[11] Becca R. Levy, Martin D. Slade, Terrence E. Murphy y Thomas M. Gill, "Association Between Positive Age Stereotypes and Recovery from Disability in Older Persons", en *JAMA*, vol. 308, núm. 19, 2012, pp. 1972-1973.

[12] El trabajo de Laura Carstensen, psicóloga de Stanford, demuestra que la gente es más feliz al envejecer, entre otros beneficios psicológicos de la edad. *Véase*, por ejemplo, Laura L. Carstensen, Bulent Turan, Susanne Scheibe, Nilam Ram, Hal Ersner-Hershfield, Gregory R. Samanez-Larkin, Kathryn P. Brooks y John R. Nesselroade, "Emotional Experience Improves with Age: Evidence Based on Over 10 Years of Experience Sampling", en *Psychology and Aging*, vol. 26, núm. 1, 2011, pp. 21-33.

[13] Julia K. Wolff, Lisa M. Warner, Jochen P. Ziegelmann y Susanne Wurm, "What Do Targeting Positive Views on Aging Add to a Physical Activity Intervention in Older Adults? Results from a Randomised Controlled Trial", en *Psychology and Health* (pruebas, 2014), pp. 1-18.

[14] Susanne Wurm, Lisa M. Warner, Jochen P. Ziegelmann, Julia K. Wolff y Benjamin Schüz, "How Do Negative Self-Perceptions of Aging Become a Self-Fulfilling Prophecy?", en *Psychology and Aging*, vol. 28, núm. 4, 2013, pp. 1088-1097.

[15] Becca R. Levy, Martin D. Slade, Suzanne R. Kunkel y Stanislav V. Kasl, "Longevity Increased by Positive Self-Perceptions of Aging", en *Journal of Personality and Social Psychology*, vol. 83, núm. 2, 2002, pp. 261-270.

[16] Becca Levy, Ori Ashman y Itiel Dror, "To Be or Not to Be: The Effects of Aging Stereotypes on the Will to Live", en OMEGA *Journal of Death and Dying*, vol. 40, núm. 3, 2000, pp. 409-420.

[17] Estos factores se tomaron de la Stress Mindset Measure, originalmente publicada en Alia J. Crum, Peter Salovey y Shawn Achor, "Rethinking Stress: The Role of Mindsets in Determining the Stress Response", en *Journal of Personality and Social Psychology*, vol. 104, núm. 4, 2013, pp. 716-733. The Stress Mindset Measure se reproduce con autorización. Copyright 2013 por la American Psychological Association.

[18] *Ibid.*

[19] La encuesta "Burden of Stress in America", de NPR/Robert Wood Johnson Foundation/Harvard School of Public Health, se realizó del 5 de marzo al 8 de abril de 2014, con una muestra de 2,505 entrevistados.

[20] "Stress in America" es una encuesta anual levantada por Harris Interactive a nombre de la American Psychological Association. El informe completo de la correspondiente a 2013 fue publicado por la American Psychological Association el 11 de febrero de 2014, http://www.apa.org/news/press/releases/stress/2013/stress-report.pdf.

[21] *Véase* nota 18.

[22] Alia Crum, "Rethinking Stress: The Role of Mindsets in Determining the Stress Response", tesis de doctorado, Yale University, 2012.

[23] Alexandra Michel, "Transcending Socialization: A Nine-Year Ethnography of the Body's Role in Organizational Control and Knowledge Workers' Transformation", en *Administrative Science Quarterly*, vol. 56, núm. 3, 2012, pp. 325-368.

[24] Tsai Feng-Jen y Chang-Chuan Chan, "The Impact of the 2008 Financial Crisis on Psychological Work Stress Among Financial Workers and Lawyers", en *International Archives of Occupational and Environmental Health*, vol. 84, núm. 4, 2011, pp. 445-452.

[25] John Aidan Byrne, "The Casualties of Wall Street", WealthManagement.com. 1o. de junio de 2009, http://wealthmanagement.com/practice-management/casualties-wall-street, consultado el 9 de agosto de 2014.

[26] UBS Annual Report 2008, disponible en http://www.ubs.com/global/en/about_ubs/investor_relations/restatement.html, consultado el 10 de agosto de 2014.

[27] Alia Crum, Peter Salovey y Shawn Achor, "Evaluating a Mindset Training Program to Unleash the Enhancing Nature of Stress", en *Academy of Management Proceedings*, núm. 1, 2011, pp. 1-6.

[28] Para una introducción a las breves intervenciones sobre mentalidad, véase Gregory M. Walton, "The New Science of Wise Psychological Interventions", en *Current Directions in Psychological Science*, vol. 23, núm. 1, 2014, pp. 73-82.

[29] Gregory M. Walton y Geoffrey L. Cohen, "A Brief Social-Belonging Intervention Improves Academic and Health Outcomes of Minority Students", en *Science*, vol. 331, núm. 6023, 2011, pp. 1447-1451. Entrevista personal con Greg Walton del 20 de febrero de 2014.

[30] David S. Yeager y Gregory M. Walton, "Social-Psychological Interventions in Education: They're Not Magic", en *Review of Educational Research*, vol. 81, núm. 2, 2011, pp. 267-301; David S. Yeager, Dave Paunesku, Gregory M. Walton y Carol S. Dweck, "How Can We Instill Productive Mindsets at Scale? A Review of the Evidence and an Initial R&D Agenda", informe oficial preparado para la reunión en la Casa Blanca "Excellence in Education: The Importance of Academic Mindsets", 10 de mayo de 2013.

[31] Gregory M. Walton, Christine Logel, Jennifer M. Peach, Steven J. Spencer y Mark P. Zanna, "Two Brief Interventions to Mitigate a 'Chilly Climate' Transform Women's Experience, Relationships, and Achievement in Engineering", 2014, en prensa.

[32] David Scott Yeager, Rebecca Johnson, Brian James Spitzer, Kali H. Trzesniewski, Joseph Powers y Carol S. Dweck, "The Far-Reaching Effects of Believing People Can Change: Implicit Theories of Personality Shape Stress, Health, and Achievement During Adolescence", en *Journal of Personality and Social Psychology*, vol. 106, núm. 6, 2014, pp. 867-881. *Véase también* Adriana Sum Miu, David Scott Yeager, David Sherman, James Pennebaker y Kali Trzesniewski, "Preventing Depression by Teaching Adolescents That People Can Change: Nine-Month Effects of a Brief Incremental Theory of Personality Intervention", 2014, en prensa. Detalles de la entrevista personal con David Yeager, 23 de mayo de 2014.

[33] John M. Kelley, Ted J. Kaptchuk, Cristina Cusin, Samuel Lipkin y Maurizio Fava, "Open-Label Placebo for Major Depressive Disorder: A Pilot Randomized Controlled Trial", en *Psychotherapy and Psychosomatics*, vol. 81, núm. 5, 2012, pp. 312-314. *Véase también* Slavenka Kam-Hansen, Moshe Jakubowski, John M. Kelley, Irving Kirsch, David C. Hoaglin, Ted J. Kaptchuk y Rami Burstein, "Altered Placebo and Drug Labeling Changes the Outcome of Episodic Migraine Attacks", en *Science Translational Medicine*, vol. 6, núm. 218, 2014, pp. 218ra5-218ra5.

[34] Arielle Silverman, Christine Logel y Geoffrey L. Cohen, "Self-Affirmation as a Deliberate Coping Strategy: The Moderating Role of Choice", en *Journal of Experimental Social Psychology*, vol. 49, núm. 1, 2013, pp. 93-98; Geoffrey L. Cohen y David K. Sherman, "The Psychology of Change: Self-Affirmation and Social Psychological Intervention", en *Annual Review of Psychology*, núm. 65, 2014, pp. 333-371.

Capítulo 2. Más allá de pelear-o-huir

[1] Douglas L. Delahanty, A. Jay Raimonde y Eileen Spoonster. "Initial Posttraumatic Urinary Cortisol Levels Predict Subsequent PTSD Symptoms in Motor Vehicle Ac-

cident Victims", en *Biological Psychiatry*, vol. 48, núm. 9, 2000, pp. 940-947. *Véase también* Kate Walsh, Nicole R. Nugent, Amelia Kotte, Ananda B. Amstadter, Sheila Wang, Constance Guille, Ron Acierno, Dean G. Kilpatrick y Heidi S. Resnick, "Cortisol at the Emergency Room Rape Visit as a Predictor of PTSD and Depression Symptoms over Time", en *Psychoneuroendocrinology*, vol. 38, núm. 11, 2013, pp 2520-2528; Douglas L. Delahanty, Crystal Gabert-Quillen, Sarah A. Ostrowski, Nicole R. Nugent, Beth Fischer, Adam Morris, Roger K. Pitman, John Bon y William Fallon, "The Efficacy of Initial Hydrocortisone Administration at Preventing Posttraumatic Distress in Adult Trauma Patients: A Randomized Trial", en *CNS Spectrums*, vol. 18, núm. 2, 2013, pp. 103-111; Thomas Ehring, Anke Ehlers, Anthony J. Cleare y Edward Glucksman, "Do Acute Psychological and Psychobiological Responses to Trauma Predict Subsequent Symptom Severities of PTSD and Depression?", en *Psychiatry Research*, vol. 161, núm. 1, 2008, pp. 67-75.

[2] Dominique J-F. de Quervain, Dorothée Bentz, Tanja Michael, Olivia C. Bolt, Brenda K. Wiederhold, Jürgen Margraf y Frank H. Wilhelm, "Glucocorticoids Enhance Extinction-Based Psychotherapy", en *Proceedings of the National Academy of Sciences*, vol. 108, núm. 16, 2011, pp. 6621-6625; Dominique J-F. de Quervain y Jürgen Margraf, "Glucocorticoids for the Treatment of Post-Traumatic Stress Disorder and Phobias: A Novel Therapeutic Approach", en *European Journal of Pharmacology*, vol. 583, núm. 2, 2008, pp. 365-371.

[3] Amanda Aerni, Rafael Traber, Christoph Hock, Benno Roozendaal, Gustav Schelling, Andreas Papassotiropoulos, Roger M. Nitsch, Ulrich Schnyder y Dominique J-F. de Quervain, "Low-Dose Cortisol for Symptoms of Posttraumatic Stress Disorder", en *American Journal of Psychiatry*, vol. 161, núm. 8, 2004, pp. 1488-1490.

[4] Florian Weis, Erich Kilger, Benno Roozendaal, Dominique J-F. de Quervain, Peter Lamm, Michael Schmidt, Martin Schmölz, Josef Briegel y Gustav Schelling, "Stress Doses of Hydrocortisone Reduce Chronic Stress Symptoms and Improve Health-Related Quality of Life in High-Risk Patients After Cardiac Surgery: A Randomized Study", en *Journal of Thoracic and Cardiovascular Surgery*, vol. 131, núm. 2, 2006, pp. 277-282; Gustav Schelling, Benno Roozendaal, Till Krauseneck, Martin Schmoelz, Dominique J-F. de Quervain y Josef Briegel, "Efficacy of Hydrocortisone in Preventing Posttraumatic Stress Disorder Following Critical Illness and Major Surgery", en *Annals of the New York Academy of Sciences*, vol. 1071, núm. 1, 2006, pp. 46-53.

[5] Dorothée Bentz, Tanja Michael, Dominique J-F. de Quervain y Frank H. Wilhelm, "Enhancing Exposure Therapy for Anxiety Disorders with Glucocorticoids: From Basic Mechanisms of Emotional Learning to Clinical Applications", en *Journal of Anxiety Disorders*, vol. 24, núm. 2, 2010, pp. 223-230.

[6] Hans Selye, *The Stress of Life*, McGraw Hill, 1956. *Véase también* Hans Selye, *The Stress of My Life: A Scientist's Memoirs*, McClelland and Stewart, Toronto, 1977; Hans Selye, Stress Without Distress, Springer U.S., 1976.

[7] Mark P. Petticrew y Kelley Lee, "The 'Father of Stress' Meets 'Big Tobacco': Hans Selye and the Tobacco Industry", en *American Journal of Public Health*, vol. 101, núm. 3, 2011, pp. 411-418.

8 Citado en Robert M. Oates Jr., *Celebrating the Dawn: Maharishi Mahesh Yogi and the TM Technique*, G.P. Putnam's Sons, Nueva York, 1976.

9 La encuesta "Burden of Stress in America", de NPR/Robert Wood Johnson Foundation/Harvard School of Public Health, se realizó del 5 de marzo al 8 de abril de 2014, con una muestra de 2,505 entrevistados.

10 Christine Schetter, "Psychological Science on Pregnancy: Stress Processes, Biopsychosocial Models, and Emerging Research Issues", en *Annual Review of Psychology*, núm. 62, 2011, pp. 531-558.

11 Janet A. DiPietro, Katie T. Kivlighan, Kathleen A. Costigan, Suzanne E. Rubin, Dorothy E. Shiffler, Janice L. Henderson y Joseph P. Pillion, "Prenatal Antecedents of Newborn Neurological Maturation", en *Child Development*, vol. 81, núm. 1, 2010, pp. 115-130.

12 Melissa H. Watt, Lisa A. Eaton, Karmel W. Choi, Jennifer Velloza, Seth C. Kalichman, Donald Skinner y Kathleen J. Sikkema, "'It's Better for Me to Drink, at Least the Stress Is Going Away': Perspectives on Alcohol Use During Pregnancy Among South African Women Attending Drinking Establishments", en *Social Science and Medicine*, núm. 116, 2014, pp. 119-125.

13 David M. Lyons, Karen J. Parker y Alan F. Schatzberg, "Animal Models of Early Life Stress: Implications For Understanding Resilience", en *Developmental Psychobiology*, vol. 52, núm. 7, 2010, pp. 616-624. *Véase también* David M. Lyons y Karen J. Parker, "Stress Inoculation-Induced Indications of Resilience in Monkeys", en *Journal of Traumatic Stress*, vol. 20, núm. 4, 2007, pp. 423-433; Karen J. Parker, Christine L. Buckmaster, Steven E. Lindley, Alan F. Schatzberg y David M. Lyons, "Hypothalamic-Pituitary-Adrenal Axis Physiology and Cognitive Control of Behavior in Stress Inoculated Monkeys", en *International Journal of Behavioral Development*, vol. 36, núm. 1, 2012, pp. 45-52.

14 Walter Bradford Cannon, *Bodily Changes in Pain, Hunger, Fear, and Rage: An Account of Recent Researches into the Function of Emotional Excitement*, D. Appleton and Company, 1915. La cita sobre la respiración del gato aparece en la página 15.

15 George S. Everly Jr. y Jeffrey M. Lating, "The Anatomy and Physiology of the Human Stress Response", en George S. Everly Jr. y Jeffrey M. Lating, eds., *A Clinical Guide to the Treatment of the Human Stress Response*, Springer, Nueva York, 2013, pp. 17-51.

16 Martijn J. Van den Assem, Dennie Van Dolder y Richard H. Thaler, "Split or Steal? Cooperative Behavior When the Stakes Are Large", en *Management Science*, vol. 58, núm. 1, 2012, pp. 2-20.

17 Bernadette von Dawans, Urs Fischbacher, Clemens Kirschbaum, Ernst Fehr y Markus Heinrichs, "The Social Dimension of Stress Reactivity: Acute Stress Increases Prosocial Behavior in Humans", en *Psychological Science*, vol. 23, núm. 6, 2012, pp. 651-660.

18 Margaret E. Kemeny, "The Psychobiology of Stress", en *Current Directions in Psychological Science*, vol. 12, núm. 4, 2003, pp. 124-129. *Véase también* Sally S. Dickerson, Tara L. Gruenewald y Margaret E. Kemeny. "When the Social Self Is Threatened: Shame, Physiology, and Health", en *Journal of Personality*, vol. 72, núm. 6, 2004, pp. 1191-1216.

19 Fox News/Associated Press, "Oregon Man Pinned Under 3,000-Pound Tractor Saved by Teen Daughters", 11 de abril de 2013. http://www.foxnews.com/us/2013/04/11/oregon-man-pinned-under-3000-pound-tractor-saved-by-two-teen-daughters.

20 Amber L. Allison, Jeremy C. Peres, Christian Boettger, Uwe Leonbacher, Paul D. Hastings y Elizabeth A. Shirtcliff, "Fight, Flight, or Fall: Autonomic Nervous System Reactivity During Skydiving", en Personality and Individual Differences, vol. 53, núm. 3, 2012, pp. 218-223.

21 Mark D. Seery, "The Biopsychosocial Model of Challenge and Threat: Using the Heart to Measure the Mind", en Social and Personality Psychology Compass, vol. 7, núm. 9, 2013, pp. 637-653.

22 Corinna Peifer, "Psychophysiological Correlates of Flow-Experience", en Stephan Engeser, ed., Advances in Flow Research, Springer, Nueva York, 2012, pp. 139-164.

23 Shelley E. Taylor, "Tend and Befriend: Biobehavioral Bases of Affiliation Under Stress", en Current Directions in Psychological Science, vol. 15, núm. 6, 2006, pp. 273-277; Tony W. Buchanan y Stephanie D. Preston, "Stress Leads to Prosocial Action in Immediate Need Situations", en Frontiers in Behavioral Neuroscience, vol. 8, núm. 5, 2014, pp. 1-6.

24 Maryam Moghimian, Mahdieh Faghihi, Seyed Morteza Karimian, Alireza Imani, Fariba Houshmand y Yaser Azizi, "The Role of Central Oxytocin in Stress-Induced Cardioprotection in Ischemic-Reperfused Heart Model", en Journal of Cardiology, vol. 61, núm. 1, 2013, pp. 79-86.

25 Heidemarie K. Laurent, Sean M. Laurent y Douglas A. Granger, "Salivary Nerve Growth Factor Response to Stress Related to Resilience", en Physiology and Behavior, núm. 129, 2014, pp. 130-134.

26 Serkan Het, Daniela Schoofs, Nicolas Rohleder y Oliver T. Wolf, "Stress-Induced Cortisol Level Elevations Are Associated with Reduced Negative Affect After Stress: Indications for a Mood-Buffering Cortisol Effect", en Psychosomatic Medicine, vol. 74, núm. 1, 2012, pp. 23-32; Kate Walsh, Nicole R. Nugent, Amelia Kotte, Ananda B. Amstadter, Sheila Wang, Constance Guille, Ron Acierno, Dean G. Kilpatrick y Heidi S. Resnick, op. cit.

27 Jane G. Stout y Nilanjana Dasgupta, "Mastering One's Destiny: Mastery Goals Promote Challenge and Success Despite Social Identity Threat", en Personality and Social Psychology Bulletin, vol. 39, núm. 6, 2013, pp. 748-762.

28 Blaise Pierrehumbert, Raffaella Torrisi, Daniel Laufer, Oliver Halfon, François Ansermet y M. Beck Popovic, "Oxytocin Response to an Experimental Psychosocial Challenge in Adults Exposed to Traumatic Experiences During Childhood or Adolescence", en Neuroscience, vol. 166, núm. 1, 2010, pp. 168-177.

29 Jay Belsky y Michael Pluess, "Beyond Diathesis Stress: Differential Susceptibility to Environmental Influences", en Psychological Bulletin, vol. 135, núm. 6, 2009, pp. 885-908; Michael Pluess y Jay Belsky, "Vantage Sensitivity: Individual Differences in Response to Positive Experiences", en Psychological Bulletin, vol. 139, núm. 4, 2013, pp. 901-916.

30 Marco J. Del Giudice, Benjamin Hinnant, Bruce J. Ellis y Mona El-Sheikh, "Adaptive Patterns of Stress Responsivity: A Preliminary Investigation", en Developmental

Psychology, vol. 48, núm. 3, 2012, pp. 775-790; Marco J. Del Giudice, "Early Stress and Human Behavioral Development: Emerging Evolutionary Perspectives", en *Journal of Developmental Origins of Health and Disease*, vol. 5, núm. 5, 2014, pp. 270-280.

Capítulo 3. Una vida significativa es una vida estresante

[1] Weiting Ng, Ed Diener, Raksha Aurora y James Harter, "Affluence, Feelings of Stress, and Well-Being", en *Social Indicators Research*, vol. 94, núm. 2, 2009, pp. 257-271; Goran Holmqvist y Luisa Natali, "Exploring the Late Impact of the Great Recession Using Gallup World Poll Data", Innocenti Working Paper No. 2014-14, UNICEF Office of Research, Florencia.

[2] Louis Tay, Ed Diener, Fritz Drasgow y Jeroen K. Vermunt, "Multilevel Mixed-Measurement IRT Analysis: An Explication and Application to Self-Reported Emotions Across the World", en *Organizational Research Methods*, vol. 14, núm. 1, 2011, pp. 177-207.

[3] Roy F. Baumeister, Kathleen D. Vohs, Jennifer L. Aaker y Emily N. Garbinsky, "Some Key Differences Between a Happy Life and a Meaningful Life", en *Journal of Positive Psychology*, vol. 8, núm. 6, 2013, pp. 505-516.

[4] "Stress in America" es una encuesta anual levantada por Harris Interactive a nombre de la American Psychological Association. El informe completo de la correspondiente a 2013 fue publicado por la American Psychological Association el 11 de febrero de 2014.

[5] Kalms Annual Stress Report, encuesta aplicada a dos mil hombres y mujeres en el Reino Unido. Sus resultados se publicaron el 4 de noviembre de 2013.

[6] Susan Crompton, "What's Stressing the Stressed? Main Sources of Stress Among Workers", en Canadian Social Trends Component of Statistics Canada Catalogue no. 11-008-X. Encuesta aplicada a 1,750 adultos de entre veinte y sesenta y cuatro años. Los resultados se publicaron el 13 de octubre de 2011.

[7] Los datos sobre el cuidado de los hijos proceden de entrevistas con 131,159 adultos estadunidenses realizadas del 2 de enero al 25 de septiembre de 2014 como parte del Gallup-Healthways Well-Being Index. *Véase* http:// www.gallup.com/poll/178631/ adults-children-home-greater-joy-stress.aspx. Los datos sobre emprendedores proceden de entrevistas con 273,175 adultos estadunidenses realizadas del 2 de enero de 2011 al 30 de septiembre de 2012. *Véase* http://www.gallup.com/poll/159131/ entrepreneurship-comes-stress-optimism.aspx.

[8] Christopher K. Hsee, Adelle X. Yang y Liangyan Wang, "Idleness Aversion and the Need for Justifiable Busyness", en *Psychological Science*, vol. 21, núm. 7, 2010, pp. 926-930.

[9] Gabriel H. Sahlgren, "Work Longer, Live Healthier: The Relationship Between Economic Activity, Health and Government Policy", Institute for Economic Affairs Discussion Paper, 16 de mayo de 2013.

[10] Annie Britton y Martin J. Shipley, "Bored to Death?", en *International Journal of Epidemiology*, vol. 39, núm. 2, 2010, pp. 370-371.

[11] Patrick L. Hill y Nicholas A. Turiano, "Purpose in Life as a Predictor of Mortality Across Adulthood", en *Psychological Science*, núm. 25, 2014, pp. 1482-1486. *Véase también* Patricia A. Boyle, Lisa L. Barnes, Aron S. Buchman y David A. Bennett, "Purpose in Life Is Associated with Mortality Among Community-Dwelling Older Persons", en *Psychosomatic Medicine*, vol. 71, núm. 5, 2009, pp. 574-579; Neal Krause, "Meaning in Life and Mortality", en *Journals of Gerontology Series B: Psychological Sciences and Social Sciences*, vol. 64, núm. 4, 2009, pp. 517-527.

[12] Andrew Steptoe, Angus Deaton y Arthur A. Stone, "Subjective Wellbeing, Health, and Ageing", en *Lancet*, 2014, en prensa, doi: 10.1016/S01406736(13)61489-0.

[13] Carolyn M. Aldwin, Yu-Jin Jeong, Heidi Igarashi, Soyoung Choun y Avron Spiro, "Do Hassles Mediate Between Life Events and Mortality in Older Men? Longitudinal Findings from the VA Normative Aging Study", en *Experimental Gerontology*, núm. 59, 2014, pp. 74-80.

[14] Nicholas A. Hazel y Benjamin L. Hankin, "A Trait-State-Error Model of Adult Hassles over Two Years: Magnitude, Sources, and Predictors of Stress Continuity", en *Journal of Social and Clinical Psychology*, vol. 33, núm. 2, 2014, pp. 103-123.

[15] Kelli A. Keough y Hazel Rose Markus, "The Role of the Self in Building the Bridge from Philosophy to Biology", en *Psychological Inquiry*, vol. 9, núm. 1, 1998, pp. 49-53.

[16] Geoffrey L. Cohen y David K. Sherman, "The Psychology of Change: Self-Affirmation and Social Psychological Intervention", en *Annual Review of Psychology*, núm. 65, 2014, pp. 333-371.

[17] Sander L. Koole, Karianne Smeets, Ad Van Knippenberg y Ap Dijksterhuis, "The Cessation of Rumination Through Self-Affirmation", en *Journal of Personality and Social Psychology*, vol. 77, núm. 1, 1999, pp. 111-125.

[18] David K. Sherman, Kimberly A. Hartson, Kevin R. Binning, Valerie Purdie-Vaughns, Julio Garcia, Suzanne Taborsky-Barba, Sarah Tomassetti, A. David Nussbaum y Geoffrey L. Cohen, "Deflecting the Trajectory and Changing the Narrative: How Self-Affirmation Affects Academic Performance and Motivation Under Identity Threat", en *Journal of Personality and Social Psychology*, vol. 104, núm. 4, 2013, pp. 591-618; Phyllis A. Siegel, Joanne Scillitoe y Rochelle Parks-Yancy, "Reducing the Tendency to Self- Handicap: The Effect of Self-Affirmation", en *Journal of Experimental Social Psychology*, vol. 41, núm. 6, 2005, pp. 589-597.

[19] Omid Fotuhi, "Implicit Processes in Smoking Interventions", tesis de doctorado, University of Waterloo; Gregory M. Walton, Christine Logel, Jennifer M. Peach, Steven J. Spencer y Mark P. Zanna, "Two Brief Interventions to Mitigate a 'Chilly Climate' Transform Women's Experience, Relationships, and Achievement in Engineering", en *Journal of Educational Psychology*, 2014, en prensa.

[20] Michael S. Krasner, Ronald M. Epstein, Howard Beckman, Anthony L. Suchman, Benjamin Chapman, Christopher J. Mooney y Timothy E. Quill, "Association of an Educational Program in Mindful Communication with Burnout, Empathy, and Attitudes Among Primary Care Physicians", en *JAMA*, vol. 302, núm. 12, 2009, pp. 1284-1293. Detalles sobre esta intervención también fueron tomados de los instructivos para facilitadores provistos por los creadores del programa.

[21] Citado en Howard B. Beckman, Melissa Wendland, Christopher Mooney, Michael S. Krasner, Timothy E. Quill, Anthony L. Suchman y Ronald M. Epstein, "The Impact of a Program in Mindful Communication on Primary Care Physicians", en *Academic Medicine*, vol. 87, núm. 6, 2012, pp. 815-819.

[22] Andrew J. Elliot, Constantine Sedikides, Kou Murayama, Ayumi Tanaka, Todd M. Thrash y Rachel R. Mapes, "Cross-Cultural Generality and Specificity in Self-Regulation: Avoidance of Personal Goals and Multiple Aspects of Well-Being in the United States and Japan", en *Emotion*, vol. 12, núm. 5, 2012, pp. 1031-1040.

[23] *Ibid.*

[24] Daniela Oertig, Julia Schüler, Jessica Schnelle, Veronika Brandstätter, Marieke Roskes y Andrew J. Elliot, "Avoidance of Goal Pursuit Depletes Self-Regulatory Resources", en *Journal of Personality*, vol. 81, núm. 4, 2013, pp. 365-375.

[25] Charles J. Holahan, Rudolf H. Moos, Carole K. Holahan, Penny L. Brennan y Kathleen K. Schutte, "Stress Generation, Avoidance Coping, and Depressive Symptoms: A 10-year model", en *Journal of Consulting and Clinical Psychology*, vol. 73, núm. 4, 2005, pp. 658-666.

[26] Richard M. Ryan, Veronika Huta y Edward L. Deci, "Living Well: A Self-Determination Theory Perspective on Eudaimonia", en *The Exploration of Happiness*, Springer Netherlands, 2013, pp. 117-139.

Parte 2. Transforma el estrés. ¿Qué significa ser bueno para el estrés?

[1] Salvatore R. Maddi, "The Story of Hardiness: Twenty Years of Theorizing, Research, and Practice", en *Consulting Psychology Journal: Practice and Research*, vol. 54, núm. 3, 2002, pp. 173-185. La cita aparece en la página 174.

[2] Salvatore R. Maddi, "On Hardiness and Other Pathways to Resilience", en *American Psychologist*, vol. 60, núm. 3, 2005, pp. 261-262; Salvatore R. Maddi, "The Courage and Strategies of Hardiness as Helpful in Growing Despite Major, Disruptive Stresses", en *American Psychologist*, vol. 63, núm. 6, 2008, pp. 563-564; Suzanne C. Kobasa, Salvatore R. Maddi y Stephen Kahn, "Hardiness and Health: A Prospective Study", en *Journal of Personality and Social Psychology*, vol. 42, núm. 1, 1982, pp. 168-177.

[3] Citado originalmente en Madeline Drexer, "Life After Death: Helping Former Child Soldiers Become Whole Again", en *Harvard Public Health Review*, otoño de 2011, pp. 18-25.

[4] *Ibid.*; Theresa S. Betancourt, Stephanie Simmons, Ivelina Borisova, Stephanie E. Brewer, Uzo Iweala y Marie de la Soudière, "High Hopes, Grim Reality: Reintegration and the Education of Former Child Soldiers in Sierra Leone", en *Comparative Education Review*, vol. 52, núm. 4, 2008, pp. 565-587; Theresa S. Betancourt, Robert T. Brennan, Julia Rubin-Smith, Garrett M. Fitzmaurice y Stephen E. Gilman, "Sierra Leone's Former Child Soldiers: A Longitudinal Study of Risk, Protective Factors, and Mental Health", en *Journal of the American Academy of Child and Adolescent Psychiatry*, vol. 49, núm. 6, 2010, pp. 606-615; Theresa Stichick Betancourt, Sarah Meyers-Ohki, Sara N. Stulac, Amy Elizabeth Barrera, Christina Mushashi y William R. Beardslee,

"Nothing Can Defeat Combined Hands (Abashize hamwe ntakibananira): Protective Processes and Resilience in Rwandan Children and Families Affected by HIV/AIDS", en *Social Science and Medicine*, vol. 73, núm. 5, 2011, pp. 693-701.

Capítulo 4. Actúa: Cómo te ayuda la ansiedad a estar a la altura de las circunstancias

[1] Alison Wood Brooks, "Get Excited: Reappraising Pre-Performance Anxiety as Excitement", en *Journal of Experimental Psychology: General*, vol. 143, núm. 3, 2014, pp. 1144-1158.

[2] Richard A. Dienstbier, "Arousal and Physiological Toughness: Implications for Mental and Physical Health", en *Psychological Review*, vol. 96, núm. 1, 1989, pp. 84-100.

[3] Charles A. Morgan, Sheila Wang, Ann Rasmusson, Gary Hazlett, George Anderson y Dennis S. Charney, "Relationship Among Plasma Cortisol, Catecholamines, Neuropeptide Y, and Human Performance During Exposure to Uncontrollable Stress", en *Psychosomatic Medicine*, vol. 63, núm. 3, 2001, pp. 412-422.

[4] James L. Meyerhoff, William Norris, George A. Saviolakis, Terry Wollert, Bob Burge, Valerie Atkins y Charles Spielberger, "Evaluating Performance of Law Enforcement Personnel During a Stressful Training Scenario", en *Annals of the New York Academy of Sciences*, vol. 1032, núm. 1, 2004, pp. 250-253.

[5] Jeremy P. Jamieson, Wendy Berry Mendes, Erin Blackstock y Toni Schmader, "Turning the Knots in Your Stomach into Bows: Reappraising Arousal Improves Performance on the GRE", en *Journal of Experimental Social Psychology*, vol. 46, núm. 1, 2010, pp. 208-212.

[6] Juliane Strack y Francisco Esteves, "Exams? Why Worry? The Relationship Between Interpreting Anxiety as Facilitative, Stress Appraisals, Emotional Exhaustion, and Academic Performance", en *Anxiety, Stress, and Coping: An International Journal*, 2014, pp. 1–10. doi: 10.1080/10615806.2014.931942.

[7] Juliane Strack, Paulo N. Lopes y Francisco Esteves, "Will You Thrive Under Pressure or Burn Out? Linking Anxiety Motivation and Emotional Exhaustion", en *Cognition and Emotion*, publicado electrónicamente el 3 de junio de 2014, pp. 1-14, doi: 10.1080/02699931.2014.922934.

[8] Amber L. Allison, Jeremy C. Peres, Christian Boettger, Uwe Leonbacher, Paul D. Hastings y Elizabeth A. Shirtcliff, "Fight, Flight, or Fall: Autonomic Nervous System Reactivity During Skydiving", en *Personality and Individual Differences*, vol. 53, núm. 3, 2012, pp. 218-223.

[9] Rachel Adelson, "Nervous About Numbers: Brain Patterns Reflect Math Anxiety", en *Association for Psychological Science Observer*, vol. 27, núm. 7, 2014, pp. 35-37.

[10] Brad McKay, Rebecca Lewthwaite y Gabriele Wulf, "Enhanced Expectancies Improve Performance Under Pressure", en *Frontiers in Psychology*, núm. 3, 2012, pp. 1-5.

[11] La información sobre la intervención sobre la mentalidad del estrés en el Cuyahoga Community College procede de entrevistas y conversaciones personales con Aaron Altose y Jeremy Jamieson. Para más información sobre la Achieving the Dream

Network, *véase* http://achievingthedream.org; sobre la Carnegie Foundation for the Advancement of Teaching y la Alpha Lab Research Network, *véase* http://commons.carnegiefoundation.org.

[12] Loriena A. Yancura, Carolyn M. Aldwin, Michael R. Levenson y Avron Spiro, "Coping, Affect, and the Metabolic Syndrome in Older Men: How Does Coping Get Under the Skin?", en *Journals of Gerontology Series B: Psychological Sciences and Social Sciences*, vol. 61, núm. 5, 2006, pp. P295-P303.

[13] Angela L. Jefferson, Jayandra J. Himali, Alexa S. Beiser, Rhoda Au, Joseph M. Massaro, Sudha Seshadri, Philimon Gona *et al.*, "Cardiac Index Is Associated with Brain Aging: The Framingham Heart Study", en *Circulation*, vol. 122, núm. 7, 2010, pp. 690-697.

[14] Frank R. C. de Wit, Karen A. Jehn y Daan Scheepers, "Negotiating Within Groups: A Psychophysiological Approach", en *Research on Managing Groups and Teams*, núm. 14, 2011, pp. 207-238.

[15] Mark D. Seery, Max Weisbuch, Maria A. Hetenyi y Jim Blascovich, "Cardiovascular Measures Independently Predict Performance in a University Course", en *Psychophysiology*, vol. 47, núm. 3, 2010, pp. 535-539; Martin J. Turner, Marc V. Jones, David Sheffield y Sophie L. Cross, "Cardiovascular Indices of Challenge and Threat States Predict Competitive Performance", en *International Journal of Psychophysiology*, vol. 86, núm. 1, 2012, pp. 48-57.

[16] Samuel J. Vine, Paul Freeman, Lee J. Moore, Roy Chandra-Ramanan y Mark R. Wilson, "Evaluating Stress as a Challenge Is Associated with Superior Attentional Control and Motor Skill Performance: Testing the Predictions of the Biopsychosocial Model of Challenge and Threat", en *Journal of Experimental Psychology: Applied*, vol. 19, núm. 3, 2013, pp. 185-194.

[17] Samuel J. Vine, Liis Uiga, Aureliu Lavric, Lee J. Moore, Krasimira Tsaneva-Atanasova y Mark R. Wilson, "Individual Reactions to Stress Predict Performance During a Critical Aviation Incident", en *Anxiety, Stress, and Coping*, 2014 (lectura de pruebas), pp. 1-22.

[18] Guido A. van Wingen, Elbert Geuze, Eric Vermetten y Guillén Fernández, "Perceived Threat Predicts the Neural Sequelae of Combat Stress", en *Molecular Psychiatry*, vol. 16, núm. 6, 2011, pp. 664-671.

[19] Nurit Shnabel, Valerie Purdie-Vaughns, Jonathan E. Cook, Julio Garcia y Geoffrey L. Cohen, "Demystifying Values-Affirmation Interventions: Writing About Social Belonging Is a Key to Buffering Against Identity Threat", en *Personality and Social Psychology Bulletin*, vol. 39, núm. 5, 2013, pp. 663-676; Denise C. Cooper, Julian F. Thayer y Shari R. Waldstein, "Coping with Racism: The Impact of Prayer on Cardiovascular Reactivity and Post-Stress Recovery in African American Women", en *Annals of Behavioral Medicine*, vol. 47, núm. 2, 2014, pp. 218-230; Neal Krause, "The Perceived Prayers of Others, Stress, and Change in Depressive Symptoms over Time", en *Review of Religious Research*, vol. 53, núm. 3, 2011, pp. 341-356.

[20] Andrew P. Allen, Paul J. Kennedy, John F. Cryan, Timothy G. Dinan y Gerard Clarke, "Biological and Psychological Markers of Stress in Humans: Focus on the

Trier Social Stress Test", en *Neuroscience and Biobehavioral Reviews*, núm. 38, 2014, pp. 94-124.

[21] Ian M. Lyons y Sian L. Beilock, "When Math Hurts: Math Anxiety Predicts Pain Network Activation in Anticipation of Doing Math", en *PLOS ONE*, vol. 7, núm. 10, 2012, p. e48076. *Véase también* Erin A. Maloney, Marjorie W. Schaeffer y Sian L. Beilock, "Mathematics Anxiety and Stereotype Threat: Shared Mechanisms, Negative Consequences and Promising Interventions", en *Research in Mathematics Education*, vol. 15, núm. 2, 2013, pp. 115-128.

[22] Jeremy P. Jamieson, Matthew K. Nock y Wendy Berry Mendes, "Mind over Matter: Reappraising Arousal Improves Cardiovascular and Cognitive Responses to Stress", en *Journal of Experimental Psychology: General*, vol. 141, núm. 3, 2012, pp. 417-422. *Véase también* Jeremy P. Jamieson, Matthew K. Nock y Wendy Berry Mendes, "Changing the Conceptualization of Stress in Social Anxiety Disorder Affective and Physiological Consequences", en *Clinical Psychological Science*, vol. 1, núm. 4, 2013, pp. 363-374.

[23] Miranda L. Beltzer, Matthew K. Nock, Brett J. Peters y Jeremy P. Jamieson, "Rethinking Butterflies: The Affective, Physiological, and Performance Effects of Reappraising Arousal During Social Evaluation", en *Emotion*, vol. 14, núm. 4, 2014, pp. 761-768.

[24] Iris Mauss, Frank Wilhelm y James Gross, "Is There Less to Social Anxiety Than Meets the Eye? Emotion Experience, Expression, and Bodily Responding", en *Cognition and Emotion*, vol. 18, núm. 5, 2004, pp. 631-642. *Véase también* Emily R. Anderson y Debra A. Hope, "The Relationship Among Social Phobia, Objective and Perceived Physiological Reactivity, and Anxiety Sensitivity in an Adolescent Population", en *Journal of Anxiety Disorders*, vol. 23, núm. 1, 2009, pp. 18-26.

[25] Entrevista personal con Sue Cotter, 4 de diciembre de 2014.

[26] Jessica E. Lambert, Charles C. Benight, Tamra Wong y Lesley E. Johnson, "Cognitive Bias in the Interpretation of Physiological Sensations, Coping Self-Efficacy, and Psychological Distress After Intimate Partner Violence", en *Psychological Trauma: Theory, Research, Practice, and Policy*, vol. 5, núm. 5, 2013, pp. 494-500.

[27] Charles C. Benight y Albert Bandura, "Social Cognitive Theory of Posttraumatic Recovery: The Role of Perceived Self-Efficacy", en *Behaviour Research and Therapy*, vol. 42, núm. 10, 2004, pp. 1129-1148.

CAPÍTULO 5. RELACIÓNATE: CÓMO CREA RESILIENCIA EL CALOR HUMANO

[1] Shelley E. Taylor, Laura Cousino Klein, Brian P. Lewis, Tara L. Gruenewald, Regan A. R. Gurung y John A. Updegraff, "Biobehavioral Responses to Stress in Females: Tend-and-Befriend, Not Fight-or-Flight", en *Psychological Review*, vol. 107, núm. 3, 2000, pp. 411-429; Shelley E. Taylor y Sarah L. Master, "Social Responses to Stress: The Tend-and-Befriend Mode", en Richard Contrada y Andrew Baum, eds., *The Handbook of Stress Science: Biology, Psychology, and Health*, Springer, Nueva York, 2011, pp. 101-109.

[2] David C. Geary y Mark V. Flinn, "Sex Differences in Behavioral and Hormonal Response to Social Threat: Commentary on Taylor et al. (2000)", en *Psychological Review*, vol. 104, núm. 4, 2002, pp. 745-750; Tony W. Buchanan y Stephanie D. Preston, "Stress Leads to Prosocial Action in Immediate Need Situations", en *Frontiers in Behavioral Neuroscience*, vol. 8, núm. 5, 2014, pp. 1-6; Nicolas Koranyi y Klaus Rothermund, "Automatic Coping Mechanisms in Committed Relationships: Increased Interpersonal Trust as a Response to Stress", en *Journal of Experimental Social Psychology*, vol. 48, núm. 1, 2012, pp. 180-185.

[3] Dacher Keltner, Aleksandr Kogan, Paul K. Piff y Sarina R. Saturn, "The Sociocultural Appraisals, Values, and Emotions (SAVE) Framework of Prosociality: Core Processes from Gene to Meme", en *Annual Review of Psychology*, núm 65, 2014, pp. 425-460.

[4] Tristen K. Inagaki y Naomi I. Eisenberger, "Neural Correlates of Giving Support to a Loved One", en *Psychosomatic Medicine*, vol. 74, núm. 1, 2012, pp. 3-7.

[5] Lyndall Strazdins, Amy L. Griffin, Dorothy H. Broom, Cathy Banwell, Rosemary Korda, Jane Dixon, Francesco Paolucci y John Glover, "Time Scarcity: Another Health Inequality?", en *Environment and Planning, Part A*, vol. 43, núm. 3, 2011, pp. 545-559.

[6] Cassie Mogilner, Zoë Chance y Michael I. Norton, "Giving Time Gives You Time", en *Psychological Science*, vol. 23, núm. 10, 2012, pp. 1233-1238.

[7] Lara B. Aknin, Elizabeth W. Dunn y Michael I. Norton, "Happiness Runs in a Circular Motion: Evidence for a Positive Feedback Loop Between Prosocial Spending and Happiness", en *Journal of Happiness Studies*, vol. 13, núm. 2, 2012, pp. 347-355.

[8] William T. Harbaugh, Ulrich Mayr y Daniel R. Burghart, "Neural Responses to Taxation and Voluntary Giving Reveal Motives for Charitable Donations", en *Science*, vol. 316, núm. 5831, 2007, pp. 1622-1625.

[9] Entrevista personal con Jennifer Crocker, 29 de abril de 2014.

[10] No he tomado el taller Learning as Leadership que inspiró la investigación de Jennifer Crocker, pero puedes saber más sobre los programas de esa misma institución en www.learnaslead.com.

[11] Lara Nuer, "Learning as Leadership: A Methodology for Organizational Change Through Personal Mastery", en *Performance Improvement*, vol. 38, núm. 10, 1999, pp. 9-13.

[12] Jennifer Crocker, Marc-Andre Olivier y Noah Nuer, "Self-Image Goals and Compassionate Goals: Costs and Benefits", en *Self and Identity*, vol. 8, núm. 2-3, 2009, pp. 251-269; Jennifer Crocker, "The Paradoxical Consequences of Interpersonal Goals: Relationships, Distress, and the Self", en *Psychological Studies*, vol. 56, núm. 1, 2011, pp. 142-150; Jennifer Crocker, Amy Canevello y M. Liu, "Five Consequences of Self-Image and Compassionate Goals", en *Advances in Experimental Social Psychology*, núm. 45, 2012, pp. 229-277.

[13] James L. Abelson, Thane M. Erickson, Stefanie E. Mayer, Jennifer Crocker, Hedieh Briggs, Nestor L. Lopez-Duran e Israel Liberzon, "Brief Cognitive Intervention Can Modulate Neuroendocrine Stress Responses to the Trier Social Stress Test: Buffering Effects of a Compassionate Goal Orientation", en *Psychoneuroendocrinology*, núm. 44, 2014, pp. 60-70.

[14] David S. Yeager, Marlone Henderson, David Paunesku, Gregory M. Walton, Sidney D'Mello, Brian J. Spitzer y Angela Lee Duckworth, "Boring but Important: A Self-Transcendent Purpose for Learning Fosters Academic Self-Regulation", en *Regulation*, 2014, en prensa.

[15] Anthony I. Jack, Richard E. Boyatzis, Masud S. Khawaja, Angela M. Passarelli y Regina L. Leckie, "Visioning in the Brain: An fMRI Study of Inspirational Coaching and Mentoring", en *Social Neuroscience*, vol. 8, núm. 4, 2013, pp. 369-384.

[16] Entrevista personal con Monica Worline, 5 de agosto de 2014.

[17] Morela Hernandez, Megan F. Hess y Jared D. Harris, "Leaning into the Wind: Hardship, Stakeholder Relationships, and Organizational Resilience", en *Academy of Management Proceedings*, núm. 1, 2013.

[18] Patricia Frazier, Christiaan Greer, Susanne Gabrielsen, Howard Tennen, Crystal Park y Patricia Tomich, "The Relation Between Trauma Exposure and Prosocial Behavior", en *Psychological Trauma: Theory, Research, Practice, and Policy*, vol. 5, núm. 3, 2013, pp. 286-294.

[19] Ervin Staub y Johanna Vollhardt, "Altruism Born of Suffering: The Roots of Caring and Helping After Victimization and Other Trauma", en *American Journal of Orthopsychiatry*, vol. 78, núm. 3, 2008, pp. 267-280.

[20] Johanna R. Vollhardt y Ervin Staub, "Inclusive Altruism Born of Suffering: The Relationship Between Adversity and Prosocial Attitudes and Behavior Toward Disadvantaged Outgroups", en *American Journal of Orthopsychiatry*, vol. 81, núm. 3, 2011, pp. 307-315.

[21] Peter James Taylor, Patricia Gooding, Alex M. Wood y Nicholas Tarrier, "The Role of Defeat and Entrapment in Depression, Anxiety, and Suicide", en *Psychological Bulletin*, vol. 137, núm. 3, 2011, pp. 391-420.

[22] Seana Lowe Steffen y Alice Fothergill, "9/11 Volunteerism: A Pathway to Personal Healing and Community Engagement", en *Social Science Journal*, vol. 46, núm. 1, 2009, pp. 29-46.

[23] Ioana A. Cristea, Emanuele Legge, Marta Prosperi, Mario Guazzelli, Daniel David y Claudio Gentili, "Moderating Effects of Empathic Concern and Personal Distress on the Emotional Reactions of Disaster Volunteers", en *Disasters*, vol. 38, núm. 4, 2014, pp. 740-752.

[24] Stephanie L. Brown, R. Michael Brown, James S. House y Dylan M. Smith, "Coping with Spousal Loss: Potential Buffering Effects of Self-Reported Helping Behavior", en *Personality and Social Psychology Bulletin*, vol. 34, núm. 6, 2008, pp. 849-861.

[25] Jennifer M. Doran, Ani Kalayjian, Loren Toussaint y Diana Maria Mendez, "Posttraumatic Stress and Meaning Making in Mexico City", en *Psychology and Developing Societies*, vol. 26, núm. 1, 2014, pp. 91-114.

[26] Paul Arnstein, Michelle Vidal, Carol Wells-Federman, Betty Morgan y Margaret Caudill, "From Chronic Pain Patient to Peer: Benefits and Risks of Volunteering", en *Pain Management Nursing*, vol. 3, núm. 3, 2002, pp. 94-103.

[27] Stuart B. Kleinman, "A Terrorist Hijacking: Victims' Experiences Initially and 9 Years Later", en *Journal of Traumatic Stress*, vol. 2, núm. 1, 1989, pp. 49-58.

28 Gwynn B. Sullivan y Martin J. Sullivan, "Promoting Wellness in Cardiac Rehabilitation: Exploring the Role of Altruism", en *Journal of Cardiovascular Nursing*, vol. 11, núm. 3, 1997, pp. 43-52.

29 Michael J. Poulin y E. Alison Holman, "Helping Hands, Healthy Body? Oxytocin Receptor Gene and Prosocial Behavior Interact to Buffer the Association Between Stress and Physical Health", en *Hormones and Behavior*, vol. 63, núm. 3, 2013, pp. 510-517.

30 Michael J. Poulin, Stephanie L. Brown, Amanda J. Dillard y Dylan M. Smith, "Giving to Others and the Association Between Stress and Mortality", en *American Journal of Public Health*, vol. 103, núm. 9, 2013, pp. 1649-1655.

31 Michael J. Poulin y E. Alison Holman, *op. cit.*

32 Las citas de practicantes de EMS Corps y del director de la Alameda County Health Care Services Agency, Alex Briscoe, se tomaron de los siguientes videos, producidos por Emergency Medical Services Corps (EMS Corps): "Providing an Opportunity for Young Men to Become Competent and Successful Health Care Providers", http://www.rwjf.org/en/about-rwjf/newsroom/newsroom-content/2014/01/ems-corps-video.html, y "EMS Corps Students Reflect on Heart 2 Heart Door-to-Door Blood Pressure Screening Event", https://www.youtube.com/watch?v= gSkwqLqP2tE.

33 Hannah M. C. Schreier, Kimberly A. Schonert-Reichl y Edith Chen, "Effect of Volunteering on Risk Factors for Cardiovascular Disease in Adolescents: A Randomized Controlled Trial", en *JAMA Pediatrics*, vol. 167, núm. 4, 2013, pp. 327-332.

34 Rick Yount, Elspeth Cameron Ritchie, Matthew St. Laurent, Perry Chumley y Meg Daley Olmert, "The Role of Service Dog Training in the Treatment of Combat-Related PTSD", en *Psychiatric Annals*, vol. 43, núm. 6, 2013, 292-295.

35 Cita de un preso cuidador sobre su experiencia con un compañero moribundo, en Susan J. Loeb, Christopher S. Hollenbeak, Janice Penrod, Carol A. Smith, Erin Kitt-Lewis y Sarah B. Crouse, "Care and Companionship in an Isolating Environment: Inmates Attending to Dying Peers", en *Journal of Forensic Nursing*, vol. 9, núm. 1, 2013, pp. 35-44; la cita aparece en la página 39.

36 *Ibid.* Véase también Kevin N. Wright y Laura Bronstein, "An Organizational Analysis of Prison Hospice", en *Prison Journal*, vol. 87, núm. 4, 2007, pp. 391-407.

37 Kristin G. Cloyes, Susan J. Rosenkranz, Dawn Wold, Patricia H. Berry y Katherine P. Supiano, "To Be Truly Alive: Motivation Among Prison Inmate Hospice Volunteers and the Transformative Process of End-of-Life Peer Care Service", en *American Journal of Hospice and Palliative Medicine*, 2013, pp. 1–14.

38 *Ibid.*

39 Estos puntos proceden de las subescalas de aislamiento y humanidad común de la Self-Compassion Scale de Kristin Neff; Kristin D. Neff, "The Development and Validation of a Scale to Measure Self-Compassion", en *Self and Identity*, vol. 2, núm. 3, 2003, pp. 223-250.

40 *Ibid.*; Ashley Batts Allen y Mark R. Leary, "Self-Compassion, Stress, and Coping", en *Social and Personality Psychology Compass*, vol. 4, núm. 2, 2010, pp. 107-118.

41 Paul Gilbert, Kristen McEwan, Francisco Catarino y Rita Baião, "Fears of Compassion in a Depressed Population Implication for Psychotherapy", en *Journal of*

Depression and Anxiety S 2, 2014, doi: 10.4172/2167-1044.S2-003; Hooria Jazaieri, Geshe Thupten Jinpa, Kelly McGonigal, Erika L. Rosenberg, Joel Finkelstein, Emiliana Simon-Thomas, Margaret Cullen, James R. Doty, James J. Gross y Philippe R. Goldin, "Enhancing Compassion: A Randomized Controlled Trial of a Compassion Cultivation Training Program", en *Journal of Happiness Studies*, vol. 14, núm. 4, 2013, pp. 1113-1126.

[42] Laura K. Barnard y John F. Curry, "The Relationship of Clergy Burnout to Self-Compassion and Other Personality Dimensions", en *Pastoral Psychology*, vol. 61, núm. 2, 2012, pp. 149-163; Kelley Raab, "Mindfulness, Self-Compassion, and Empathy Among Health Care Professionals: A Review of the Literature", en *Journal of Health Care Chaplaincy*, vol. 20, núm. 3, 2014, pp. 95-108; Ramazan Abaci y Devrim Arda, "Relationship Between Self-Compassion and Job Satisfaction in White Collar Workers", en *Procedia —Social and Behavioral Sciences*, núm. 106, 2013, pp. 2241-2247.

[43] Alexander H. Jordan, Benoît Monin, Carol S. Dweck, Benjamin J. Lovett, Oliver P. John y James J. Gross, "Misery Has More Company Than People Think: Underestimating the Prevalence of Others' Negative Emotions", en *Personality and Social Psychology Bulletin*, vol. 37, núm. 1, 2011, pp. 120-135.

[44] Susan M. Orsillo y Lizabeth Roemer, *The Mindful Way through Anxiety: Break Free from Chronic Worry and Reclaim Your Life*, Guilford Press, 2011.

[45] Kelly McGonigal, "The Mindful Way to Self-Compassion", en *Shambala Sun*, julio de 2011, p. 77.

[46] Adam J. Fay, Alexander H. Jordan y Joyce Ehrlinger, "How Social Norms Promote Misleading Social Feedback and Inaccurate Self-Assessment", en *Social and Personality Psychology Compass*, vol. 6, núm. 2, 2012, pp. 206-216.

[47] Moira Burke, Cameron Marlow y Thomas Lento, "Social Network Activity and Social Well-Being", en *Proceedings of the SIGCHI Conference on Human Factors in Computing Systems*, Association for Computing Machinery, 2010, pp. 1909-1912; Lai Lei Lou, Zheng Yan, Amanda Nickerson y Robert McMorris, "An Examination of the Reciprocal Relationship of Loneliness and Facebook Use Among First-Year College Students", en *Journal of Educational Computing Research*, vol. 46, núm. 1, 2012, pp. 105-117; Hanna Krasnova, Helena Wenninger, Thomas Widjaja y Peter Buxmann, "Envy on Facebook: A Hidden Threat to Users' Life Satisfaction?", 2013.

[48] Para más información sobre mis investigaciones en el Stanford Center for Compassion and Altruism Research and Education (ccare.stanford.edu) sobre el cultivo de una mentalidad de humanidad común, véase Hooria Jazaieri, Kelly McGonigal, Thupten Jinpa, James R. Doty, James J. Gross y Philippe R. Goldin, "A Randomized Controlled Trial of Compassion Cultivation Training: Effects on Mindfulness, Affect, and Emotion Regulation", en *Motivation and Emotion*, vol. 38, núm. 1, 2014, pp. 23—35; Hooria Jazaieri, Geshe Thupten Jinpa, Kelly McGonigal, Erika L. Rosenberg, Joel Finkelstein, Emiliana Simon-Thomas, Margaret Cullen, James R. Doty, James J. Gross y Philippe R. Goldin, *op. cit.*

[49] Información sobre la Cena puede hallarse en http://thedinnerparty.org/; entrevista personal con Lennon Flowers, 18 de agosto de 2014.

50 Julie A. Garcia y Jennifer Crocker, "Reasons for Disclosing Depression Matter: The Consequences of Having Egosystem and Ecosystem Goals", en *Social Science and Medicine*, vol. 67, núm. 3, 2008, pp. 453-462; Anna-Kaisa Newheiser y Manuela Barreto, "Hidden Costs of Hiding Stigma: Ironic Interpersonal Consequences of Concealing a Stigmatized Identity in Social Interactions", en *Journal of Experimental Social Psychology*, núm. 52, 2014, pp. 58-70.
51 Más información sobre Sole Train puede encontrarse en http://www.trinityinspires.org/sole-train/; entrevista personal con Jessica Leffler, 21 de marzo de 2014.
52 Martha Ross, "Stress: It's Contagious", en *San Jose Mercury News*, 27 de julio de 2014, pp. D1-D3.
53 Tony W. Buchanan, Sara L. Bagley, R. Brent Stansfield y Stephanie D. Preston, "The Empathic, Physiological Resonance of Stress", en *Social Neuroscience*, vol. 7, núm. 2, 2012, pp. 191-201.

Capítulo 6. Crece: Cómo te hace más fuerte la adversidad

1 Carolyn M. Aldwin, Karen J. Sutton y Margie Lachman, "The Development of Coping Resources in Adulthood", en *Journal of Personality*, vol. 64, núm. 4, 1996, pp. 837-871.
2 Mark D. Seery, E. Alison Holman y Roxane Cohen Silver, "Whatever Does Not Kill Us: Cumulative Lifetime Adversity, Vulnerability, and Resilience", en *Journal of Personality and Social Psychology*, vol. 99, núm. 6, 2010, pp. 1025-1041; Mark D. Seery, "Resilience a Silver Lining to Experiencing Adverse Life Events?", en *Current Directions in Psychological Science*, vol. 20, no. 6, 2011, pp. 390-394; Mark D. Seery, Raphael J. Leo, Shannon P. Lupien, Cheryl L. Kondrak y Jessica L. Almonte, "An Upside to Adversity? Moderate Cumulative Lifetime Adversity Is Associated with Resilient Responses in the Face of Controlled Stressors", en *Psychological Science*, vol. 24, núm. 7, 2013, pp. 1181-1189. Todas las citas, así como algunos detalles e interpretación del estudio, proceden de una conversación personal con Mark Seery, 9 de julio de 2014.
3 Mark D. Seery, Raphael J. Leo, E. Alison Holman y Roxane Cohen Silver, "Lifetime Exposure to Adversity Predicts Functional Impairment and Healthcare Utilization Among Individuals with Chronic Back Pain", en *Pain*, vol. 150, núm. 3, 2010, pp. 507-515.
4 Karena J. Burke y Jane Shakespeare-Finch, "Markers of Resilience in New Police Officers Appraisal of Potentially Traumatizing Events", en *Traumatology*, vol. 17, núm. 4, 2011, pp. 52-60.
5 Para más información sobre ScholarMatch, visita scholarmatch.org.
6 David Scott Yeager, Valerie Purdie-Vaughns, Julio Garcia, Nancy Apfel, Patti Brzustoski, Allison Master, William T. Hessert, Matthew E. Williams y Geoffrey L. Cohen, "Breaking the Cycle of Mistrust: Wise Interventions to Provide Critical Feedback Across The Racial Divide", en *Journal of Experimental Psychology: General*, vol. 143, núm. 2, 2014, pp. 804-824.

[7] Edith Chen y Gregory E. Miller, "Shift-and-Persist Strategies: Why Low Socioeconomic Status Isn't Always Bad for Health", en *Perspectives on Psychological Science*, vol. 7, núm. 2, 2012, pp. 135-158.

[8] Richard G. Tedeschi y Lawrence G. Calhoun, "Posttraumatic Growth: Conceptual Foundations and Empirical Evidence", en *Psychological Inquiry*, vol. 15, núm. 1, 2004, pp. 1-18. Los elementos de muestra del crecimiento postraumático proceden de Richard G. Tedeschi y Lawrence G. Calhoun, "The Posttraumatic Growth Inventory: Measuring the Positive Legacy of Trauma", en *Journal of Traumatic Stress*, vol. 9, núm. 3, 1996, pp. 455-471.

[9] Avital Laufer y Zahava Solomon, "Posttraumatic Symptoms and Posttraumatic Growth Among Israeli Youth Exposed to Terror Incidents", en *Journal of Social and Clinical Psychology*, vol. 25, núm. 4, 2006, pp. 429-447; Karolynn Siegel y Eric W. Schrimshaw, "Perceiving Benefits in Adversity: Stress-Related Growth in Women Living with HIV/AIDS", en *Social Science and Medicine*, vol. 51, núm. 10, 2000, pp. 1543-1554; Jane E. Shakespeare-Finch, S. G. Smith, Kathryn M. Gow, Gary Embelton y L. Baird, "The Prevalence of Post-Traumatic Growth in Emergency Ambulance Personnel", en *Traumatology*, vol. 9, núm. 1, 2003, pp. 58-71.

[10] Dalnim Cho y Crystal L. Park, "Growth Following Trauma: Overview and Current Status", en *Terapia Psicologica*, vol. 31, núm. 1, 2013, pp. 69-79.

[11] Jennifer M. Baker, Caroline Kelly, Lawrence G. Calhoun, Arnie Cann y Richard G. Tedeschi, "An Examination of Posttraumatic Growth and Posttraumatic Depreciation: Two Exploratory Studies", en *Journal of Loss and Trauma*, vol. 13, núm. 5, 2008, pp. 450-465; J. Tsai, R. El-Gabalawy, W. H. Sledge, S. M. Southwick y R. H. Pietrzak, "Post-Traumatic Growth Among Veterans in the USA: Results from the National Health and Resilience in Veterans Study", en *Psychological Medicine*, pp. 1-15.

[12] Jane Shakespeare-Finch y Janine Lurie-Beck, "A Meta-Analytic Clarification of the Relationship Between Posttraumatic Growth and Symptoms of Posttraumatic Distress Disorder", en *Journal of Anxiety Disorders*, vol. 28, núm. 2, 2014, pp. 223-229.

[13] Doris Kehl, Daniela Knuth, Markéta Holubová, Lynn Hulse y Silke Schmidt, "Relationships Between Firefighters' Postevent Distress and Growth at Different Times After Distressing Incidents", en *Traumatology*, vol. 20, núm. 4, 2014, pp. 253-261; Sarah R. Lowe, Emily E. Manove y Jean E. Rhodes, "Posttraumatic Stress and Posttraumatic Growth Among Low-Income Mothers Who Survived Hurricane Katrina", en *Journal of Consulting and Clinical Psychology*, vol. 81, núm. 5, 2013, pp. 877-889.

[14] Información sobre el Hope After Project de Jennifer White, incluida su historia personal y cómo participar, puede conseguirse en http://www.hopeafterproject.com. Entrevista personal, 12 de diciembre de 2014.

[15] Glenn Affleck, Howard Tennen, Sydney Croog y Sol Levine. "Causal Attribution, Perceived Benefits, and Morbidity After a Heart Attack: An 8-Year Study", en *Journal of Consulting and Clinical Psychology*, vol. 55, núm. 1, 1987, pp. 29-35.

[16] Jeannette R. Ickovics, Stephanie Milan, Robert Boland, Ellie Schoenbaum, Paula Schuman, David Vlahov y HIV Epidemiology Research Study (HERS) Group, "Psychological Resources Protect Health: 5-Year Survival and Immune Function

Among HIV-Infected Women from Four U.S. Cities", en *AIDS*, vol. 20, núm. 14, 2006, pp. 1851-1860.

17 Sharon Danoff-Burg y Tracey A. Revenson, "Benefit-Finding Among Patients with Rheumatoid Arthritis: Positive Effects on Interpersonal Relationships", en *Journal of Behavioral Medicine*, vol. 28, núm. 1, 2005, pp. 91-103.

18 Shahrzad Mavandadi, Roseanne Dobkin, Eugenia Mamikonyan, Steven Sayers, Thomas Ten Have y Daniel Weintraub, "Benefit Finding and Relationship Quality in Parkinson's Disease: A Pilot Dyadic Analysis of Husbands and Wives", en *Journal of Family Psychology*, vol. 28, núm. 5, 2014, pp. 728-734.

19 Vincent Tran, Deborah J. Wiebe, Katherine T. Fortenberry, Jorie M. Butler y Cynthia A. Berg, "Benefit Finding, Affective Reactions to Diabetes Stress, and Diabetes Management Among Early Adolescents", en *Health Psychology*, vol. 30, núm. 2, 2011, pp. 212-219.

20 Michael D. Wood, Thomas W. Britt, Jeffrey L. Thomas, Robert P. Klocko y Paul D. Bliese, "Buffering Effects of Benefit Finding in a War Environment", en *Military Psychology*, vol. 23, núm. 2, 2011, pp. 202-219.

21 Tony Cassidy, Marian McLaughlin y Melanie Giles, "Benefit Finding in Response to General Life Stress: Measurement and Correlates", en *Health Psychology and Behavioral Medicine*, vol. 2, núm. 1, 2014, pp. 268-282.

22 Kenneth I. Pakenham, Kate Sofronoff y Christina Samios, "Finding Meaning in Parenting a Child with Asperger Syndrome: Correlates of Sense Making and Benefit Finding", en *Research in Developmental Disabilities*, vol. 25, núm. 3, 2004, pp. 245-264.

23 Julienne E. Bower, Carissa A. Low, Judith Tedlie Moskowitz, Saviz Sepah y Elissa Epel, "Benefit Finding and Physical Health: Positive Psychological Changes and Enhanced Allostasis", en *Social and Personality Psychology Compass*, vol. 2, núm. 1, 2008, pp. 223-244; Julienne E. Bower, Judith Tedlie Moskowitz y Elissa Epel, "Is Benefit Finding Good for Your Health? Pathways Linking Positive Life Changes After Stress and Physical Health Outcomes", en *Current Directions in Psychological Science*, vol. 18, núm. 6, 2009, pp. 337-341.

24 Lisa D. Butler, "Growing Pains: Commentary on the Field Of Posttraumatic Growth and Hobfoll and Colleagues' Recent Contributions to It", en *Applied Psychology*, vol. 56, núm. 3, 2007, pp. 367-378.

25 Cecilia Cheng, Waiman Wong y Kenneth W. Tsang, "Perception of Benefits and Costs During SARS Outbreak: An 18-Month Prospective Study", en *Journal of Consulting and Clinical Psychology*, vol. 74, núm. 5, 2006, pp. 870-879.

26 Michael E. McCullough, Lindsey M. Root y Adam D. Cohen, "Writing About the Benefits of an Interpersonal Transgression Facilitates Forgiveness", en *Journal of Consulting and Clinical Psychology*, vol. 74, núm. 5, 2006, pp. 887-897.

27 Charlotte Witvliet vanOyen, Ross W. Knoll, Nova G. Hinman y Paul A. DeYoung, "Compassion-Focused Reappraisal, Benefit-Focused Reappraisal, and Rumination After an Interpersonal Offense: Emotion-Regulation Implications for Subjective Emotion, Linguistic Responses, and Physiology", en *Journal of Positive Psychology*, vol. 5, núm. 3, 2010, pp. 226-242.

[28] Sirko Rabe, Tanja Zöllner, Andreas Maercker y Anke Karl, "Neural Correlates of Posttraumatic Growth After Severe Motor Vehicle Accidents", en *Journal of Consulting and Clinical Psychology*, vol. 74, núm. 5, 2006, pp. 880-886.

[29] Sharon Danoff-Burg, John D. Agee, Norman R. Romanoff, Joel M. Kremer y James M. Strosberg, "Benefit Finding and Expressive Writing in Adults with Lupus or Rheumatoid Arthritis", en *Psychology and Health*, vol. 21, núm. 5, 2006, pp. 651-665.

[30] Annette L. Stanton, Sharon Danoff-Burg, Lisa A. Sworowski, Charlotte A. Collins, Ann D. Branstetter, Alicia Rodriguez-Hanley, Sarah B. Kirk y Jennifer L. Austenfeld, "Randomized, Controlled Trial of Written Emotional Expression and Benefit Finding in Breast Cancer Patients", en *Journal of Clinical Oncology*, vol. 20, núm. 20, 2002, pp. 4160-4168.

[31] Sheung-Tak Cheng, Rosanna W. L. Lau, Emily P. M. Mak, Natalie S. S. Ng y Linda C. W. Lam. "Benefit-Finding Intervention for Alzheimer Caregivers: Conceptual Framework, Implementation Issues, and Preliminary Efficacy", en *Gerontologist*, vol. 54, núm. 6, 2014, pp. 1049-1058.

[32] Mary Wiltenburg, "She Doesn't Want to Share Her Grief with a Nation", en *Christian Science Monitor*, 3 de septiembre de 2002; Mary Wiltenburg, "9/11 Hijacking Victim's Family Expanded, Even Without Him", en *Christian Science Monitor*, 9 de septiembre de 2011. Entrevista personal con Mary Wiltenburg, 16 de septiembre de 2014.

[33] E. Alison Holman, Dana Rose Garfin y Roxane Cohen Silver, "Media's Role in Broadcasting Acute Stress Following the Boston Marathon Bombings", en *Proceedings of the National Academy of Sciences*, vol. 111, núm. 1, 2014, pp. 93-98; Betty Pfefferbaum, Elana Newman, Summer D. Nelson, Pascal Nitiéma, Rose L. Pfefferbaum y Ambreen Rahman, "Disaster Media Coverage and Psychological Outcomes: Descriptive Findings in the Extant Research", en *Current Psychiatry Reports*, vol. 16, núm. 9, 2014, pp. 1-7.

[34] "The GfK Group Project Report for the National Survey of Fears", 2014, disponible en http://www.chapman.edu/wilkinson/researchcenters/babbie-center/survey-american-fears.aspx.

[35] Más información sobre IVOH puede encontrarse en http://ivoh.org/. Entrevista personal con Mallory Jean Tenore, 12 de febrero de 2014.

[36] Debora Arnold, Lawrence G. Calhoun, Richard Tedeschi y Arnie Cann, "Vicarious Posttraumatic Growth in Psychotherapy", en *Journal of Humanistic Psychology*, vol. 45, núm. 2, 2005, pp. 239-263; Allysa Barrington y Jane E. Shakespeare-Finch, "Giving Voice to Service Providers Who Work with Survivors of Torture and Trauma", en *Qualitative Health Research*, vol. 24, núm. 12, 2014, pp. 1686-1699; Pilar Hernández, David Gangsei y David Engstrom, "Vicarious Resilience: A New Concept in Work With Those Who Survive Trauma", en *Family Process*, vol. 46, núm. 2, 2007, pp. 229-241; Victoria Eugenia Acevedo y Pilar Hernandez-Wolfe, "Vicarious Resilience: An Exploration of Teachers and Children's Resilience in Highly Challenging Social Contexts", en *Journal of Aggression, Maltreatment, and Trauma*, vol. 23, núm. 5, 2014, pp. 473-493; Inocencio Soares, Nataly Tsumura y Mauren Teresa Grubisich Mendes Tacla, "Experience of Nursing Staff Facing the Hospitalization of Burned Children", en *Investigación y Educación en Enfermería*, vol. 32, núm. 1, 2014, pp. 49-59.

[37] Lisa Abel, Casie Walker, Christina Samios y Larissa Morozow, "Vicarious Posttraumatic Growth: Predictors of Growth and Relationships with Adjustment", en *Traumatology*, vol. 20, núm. 1, 2014, pp. 9-18.

[38] Carol Tosone, Jennifer Bauwens y Marc Glassman, "The Shared Traumatic and Professional Posttraumatic Growth Inventory", en *Research on Social Work Practice*, lectura en pruebas, 2014, doi: 10.1177/1049731514549814.

[39] Citado en David Engstrom, Pilar Hernandez y David Gangsei, "Vicarious Resilience: A Qualitative Investigation into Its Description", en *Traumatology*, vol. 14, núm. 3, 2008, pp. 13-21.

[40] Ian M. Shochet, Jane Shakespeare-Finch, Cameron Craig, Colette Roos, Astrid Wurfl, Rebecca Hoge, Ross McD Young y Paula Brough, "The Development and Implementation of the Promoting Resilient Officers (PRO) Program", en *Traumatology*, vol. 17, núm. 4, 2011, pp. 43-51; Jane E. Shakespeare-Finch, Ian M. Shochet, Colette R. Roos, Cameron Craig, Deanne Armstrong, Ross McD Young y Astrid Wurfl, "Promoting Posttraumatic Growth in Police Recruits: Preliminary Results of a Randomised Controlled Resilience Intervention Trial", en *Australian and New Zealand Disaster and Emergency Management Conference*, Association for Sustainability in Business, QT Gold Coast Hotel, Surfers Paradise, 2014.

[41] Steven C. Hayes, Jason B. Luoma, Frank W. Bond, Akihiko Masuda y Jason Lillis, "Acceptance and Commitment Therapy: Model, Processes and Outcomes", en *Behaviour Research and Therapy*, vol. 44, núm. 1, 2006, pp. 1-25. g Frank W. Bond, Steven C. Hayes, Ruth A. Baer, Kenneth M. Carpenter, Nigel Guenole, Holly K. Orcutt, Tom Waltz y Robert D. Zettle, "Preliminary Psychometric Properties of the Acceptance and Action Questionnaire—II: A Revised Measure of Psychological Inflexibility and Experiential Avoidance", en *Behavior Therapy*, vol. 42, núm. 4, 2011, pp. 676-688.

Lista de recuadros

Índice analítico

Esta obra se imprimió y encuadernó
en el mes de mayo de 2016,
en los talleres de Impregráfica Digital, S.A. de C.V.,
Av. Universidad 1330, Col. Del Carmen Coyoacán
Delegación Coyoacán, México, D.F., C.P. 04100